EDGAR CAYCE

PUEDES RECORDAR TUS VIDAS PASADAS

**POR ROBERT C. SMITH
BAJO LA DIRECCIÓN DE
CHARLES THOMAS CAYCE**

Editorial Mirach, S.L.
Villaviciosa de Odón, 28670 MADRID (España)

Título del original en inglés: "EDGAR CAYCE.
YOU CAN REMENBER YOUR PAST LIVES"
Autor: Robert C. Smith, bajo la dirección de Charles Thomas Cayce
Copyright © 1989 by The Association for Research
and Enlightenment, Inc.
Esta edición ha sido publicada por contrato con:
Warner Books, Inc., New York
©Mundial para todas las ediciones en lengua castellana:
Editorial MIRACH, S.L.
Primera edición en castellano, 1995
Traducido por Sonia Dupuy
©de la traducción: Editorial MIRACH, S.L.
ISBN: 84-87476-69-4
Depósito legal: B-24040-1995

Reservados todos los derechos. Ninguna parte de este libro puede ser reproducida en cualquier forma o por cualquier medio, electrónico o mecánico, incluyendo fotocopiadoras, cassettes, etc., sin permiso escrito de la editorial.

Impreso por Editorial Humanitas, S.L. — Centro Industrial Santiga
Talleres 8, Nave 17 — 08210 Barberà del Vallès
Barcelona (ESPAÑA)

ABRE LAS PUERTAS A TU PASADO— Y TODO TU YO...

Las Lecturas de Cayce contienen diversos métodos para recordar vidas pasadas. Esta minuciosa guía te irá introduciendo paulatinamente en las enseñanzas de Cayce, y tu propia conciencia de la reencarnación te ayudará a comprender que las pautas e influencias presentes en tu vida cotidiana pueden tener su origen en otras vidas. Aprenderás:

- Las Leyes de la Reencarnación, y a analizar las pistas de tus vidas pasadas.
- Que las imágenes, sonidos y circunstancias que te rodean pueden despertar recuerdos inconscientes de encarnaciones anteriores.
- A interpretar las pautas o modelos molestos que forman parte de tu vida actual.
- A utilizar las ensoñaciones —experiencias de visualización dirigida— para sacar a la superficie recuerdos inconscientes de tu vida pasada.
- Que los sueños y recuerdos de la infancia pueden abrir las puertas al pasado.
- A vislumbrar el futuro, cuando llegues a conocerte totalmente a ti mismo.

Esta obra tan valiosa se basa en el curso organizado por la Asociación para la Investigación y la Ilustración*, que tanto éxito ha tenido, denominado "Cómo Descubrir Tus Vidas Pasadas", y en las ideas del autor sobre el fenómeno Cayce. Nos revela el amplio conjunto de experiencias que permanecen dentro todos nosotros, y nos muestra cómo algo ocurrido hace miles de años puede ser la clave de lo que llegues a ser el día de mañana.

---

* A.R.E. = *Association for Research and Enlightenment* = Asociación para la Investigación y la Ilustración

Mi Agradecimiento a

Deseo expresar mi más sincero agradecimiento a todos aquellos que realizaron el programa original de la Asociación para la Investigación y la Ilustración, titulado *Cómo Descubrir Tus Vidas Pasadas*: Lynn Sparrow, Phyllis Embleton, Karen Fili, Marilyn Peterson, Nancy C. Pohle y Delores Sloan. La Parte III de este libro es una adaptación de su obra, y la estructura y los planteamientos de las Partes I y II se derivan en una gran medida de dicho trabajo.

Contenido

PARTE I: Conocimientos básicos extraídos
    de las Lecturas de Edgar Cayce 9

Capítulo 1: La Reencarnación 11

Capítulo 2: El Karma 37

Capítulo 3: Habilidad Psíquica e Investigaciones
    sobre las Vidas Pasadas 59

Capítulo 4: Objetivos e Ideales del Estudio de
    Nuestras Vidas Pasadas 77

PARTE II: Prácticas que Habrá que Realizar
    Durante el Curso 95

Capítulo 5: Soñar y Escribir un Diario 97

Capítulo 6: La Meditación 113

PARTE III: Cómo Descubrir tus Vidas Pasadas 131

Introducción 133

Sesión 1: Despertando Recuerdos 141

Sesión 2: El Armario de la Fantasía 151

Sesión 3: Siguiendo la Pista a las Leyes de
    la Reencarnación 161

Sesión 4: Tú y Tu Entorno 171

Sesión 5: Viaje Alrededor del Mundo 196

Sesión 6: Influencias Hereditarias y Medioambientales 205

Sesión 7: Analizando Tus Respuestas Emocionales 216

Sesión 8: Construyendo Teorías sobre las Vidas
Pasadas con Pistas de la Vida Actual 224

Sesión 9: Explorando Tus Aptitudes,
Aficiones e Intereses 232

Sesión 10: Descubriendo Pistas Sobre Tus Vidas Pasadas
a través de los Sueños, la Meditación y tus
Experiencias y Sentimientos Religiosos 247

Sesión 11: Identificando Pautas o Modelos Presentes
en Tu Vida 258

Sesión 12: Ensueños sobre Vidas Pasadas 265

Sesión 13: Construyendo Tus Propias Teorías sobre
tus Vidas Pasadas 270

Sesión 14: Tu Vida Futura 281

Conclusión 284

PARTE I

Conocimientos Básicos
Extraídos de las Lecturas
de Edgar Cayce

CAPITULO 1

La Reencarnación

Introducción

Edgar Cayce realizó a lo largo de toda su vida miles de lecturas, o discursos psíquicos, sobre una gran variedad de temas. Más de 14.000 fueron estenografiadas y han llegado hasta nosotros. De estas 14.000 lecturas, aproximadamente 2.500 son lo que se ha dado en llamar "lecturas de las vidas," es decir, lecturas que hacen referencia a las anteriores encarnaciones de sus destinatarios. Las personas a las que iban dirigidas podían ver en ellas el progreso de su alma a través de sus anteriores experiencias en la Tierra. Esta información les permitía comprender mejor las razones que había detrás de las circunstancias presentes en su vida actual, y les enseñaba a obtener los máximos beneficios de las situaciones en que se encontraban.

Aunque las lecturas de las vidas describen el pasado de otros individuos, indudablemente pueden sernos útiles a nosotros también. La información en sí se refiere a otras personas, pero la visión de la reencarnación derivada de esta información se refiere a cada uno de nosotros. El hecho de analizar el porqué de las sucesivas vidas de la persona nos puede ayudar a comprender la causa de la reencarnación en general. Y el ver cómo una reencarnación afecta a la siguiente reencarnación de la misma alma puede hacernos más capaces de reconocer y de utilizar en nuestra propia vida las influencias de vidas pasadas.

Ahora bien, por mucho que nos ayuden las lecturas de las vidas, no es éste el único medio que Cayce nos ofrece para comprender la reencarnación. Edgar Cayce realizó también muchas lecturas destinadas a individuos que buscaban una orientación a nivel mental y espiritual, y pronunció una serie de discursos dirigidos a grupos que trataban de informarse sobre diversos aspectos de la existencia del ser humano. Cada unos de estos conjuntos de trabajos contiene mucha información sobre la finalidad, el significado y el desarrollo de la vida, y, por tanto, sobre la reencarnación.

Por supuesto, se puede creer en la reencarnación sin estar de acuerdo con la descripción que de ésta nos ofrece Cayce en sus lecturas. Y no es necesario aceptar la filosofía expuesta en la primera parte de este libro para extraer ideas y beneficios del curso sobre el descubrimiento de las vidas pasadas, presentado en la parte tercera del mismo. Pero la imagen de la reencarnación que emerge de la obra de Cayce es coherente, esperanzadora y potencialmente útil para hacer frente a las circunstancias que nos rodean en la vida actual. El familiarizarnos con esta perspectiva puede ayudarnos en una gran medida a comprender el porqué de la reencarnación, cómo se desarrolla y cómo podemos sacar el mejor partido a las oportunidades que nos brinda el presente.

Una idea muy buena es aclarar desde el principio un concepto que da origen a muchos malentendidos. Algunas personas para las que la reencarnación es una idea nueva, relacionan este concepto con una serie de vidas que incluyen experiencias humanas y animales. Aunque algunas escuelas de pensamiento nos enseñan que vamos evolucionando a través de reencarnaciones en animales y seres humanos, no todos opinan lo mismo. Muchas fuentes, incluido el material que Cayce nos ha legado, sostienen que los seres humanos se reencarnan exclusivamente en otros seres humanos, nunca en animales. Las lecturas indican claramente que animales y seres humanos son dos órdenes distintos de la creación, y que los animales no tienen un alma humana. Así pues, al leer este libro, desecha todo pensamiento sobre una vida pasada como animal. Vamos a ocuparnos de tu historia como alma humana, un alma que ha experimentado encarnaciones en seres humanos exclusivamente.

Nuestra Creación

Para captar el porqué de la reencarnación y enterarnos de cómo hemos llegado a estar implicados en ello, hemos de comprender en primer lugar la razón de nuestra existencia. Todos y cada uno de nosotros fuimos creados por Dios como almas, mucho antes de que la Tierra o el universo material empezara a existir. Las lecturas de Cayce manifiestan con toda claridad que fuimos creados porque "Dios tenía deseos de compañía y expresión" (5749-14).

El pensar que fuimos creados para acompañar a Dios puede ayudarnos en una gran medida a comprender nuestra propia naturaleza. Ello implica que hay algo de divino en cada uno de nosotros. Al igual que numerosas sectas cristianas, las lecturas nos dicen que el alma humana fue hecha a imagen de Dios. Las lecturas hicieron que muchas personas se acordaran de que Dios está dentro de nosotros y que allí podemos comulgar con El. De ahí podemos concluir que la percepción de la eterna presencia del Padre dentro de nosotros, y de nuestra relación personal con El, que es patrimonio de cada alma, es uno de los conceptos más importantes que nos es posible tener en cuenta.

Fijémonos durante un minuto en la segunda razón aducida para nuestra creación. El deseo de expresión por parte de Dios. Posiblemente veamos con más claridad algunas de las implicaciones de esta aseveración, si nos paramos a preguntarnos de qué es expresión nuestra creación. Si nos fue dada la existencia, como resultado de la autoexpresión divina, podemos deducir que nuestro ser es una manifestación de Dios. Pero ¿qué es Dios? Una vez más, Cayce está de acuerdo con la tradición religiosa ampliamente difundida en Oriente y Occidente. Sencillamente, "Dios es amor" (1942-3, una de las numerosas referencias a esta cuestión). Así pues, nuestras vidas eran al principio una expresión de amor, y su destino siempre ha sido serlo.

¿Qué nos dice todo esto de nosotros mismos? Por una parte, si Dios es infinito y eterno, todos somos objeto de un amor sin límites, de un amor eterno. También nos dice que al principio cada uno de nosotros era una manifestación divina y perfecta de ese amor. Y nos lleva a la conclusión de que, de acuerdo con los planes del Creador, la finalidad de nuestra existencia es expresar Su amor en todo aquello que hacemos mientras existimos. Nuestro cometido, según nos dicen repetidas veces las lecturas, es "ser compañeros de las Fuerzas Creativas (la expresión Fuerzas Creativas aparece con frecuencia en las lecturas y significa Dios). Pues la finalidad es que todas las almas han de colaborar con Dios en la creación" (4047-2).

La Rebelión de las Almas

Y ¿qué es lo que fue mal? Si nosotros éramos perfectos en el momento de la creación, ¿cómo hemos llegado a nuestra actual imperfección? Si nuestra existencia fue en el principio expresión del amor divino, ¿por qué hay tanto desamor en la vida actual? Si Dios está verdaderamente dentro de nosotros, si cada uno de nosotros tiene una relación íntima y profunda con El, ¿por qué a veces parece estar tan lejos de nuestras experiencias cotidianas?

La respuesta está en el libre albedrío, del que cada hombre fue imbuido por Dios en el momento de la creación. Dios no entra a la fuerza dentro de nosotros. Si lo hiciera, nos convertiríamos en meros autómatas, incapaces de ser compañeros y colaboradores Suyos, como estamos destinados a ser. Todos somos libres de elegir. Mediante el ejercicio de nuestra voluntad, tenemos la posibilidad de actuar de acuerdo con el plan divino, expresando amor exclusivamente, o bien de expresar aquello que es desamor, que es contrario a Dios. Tal como nos dicen las lecturas, "La *voluntad* puede llegar a ser una *con* El, o ser para nuestro ego exclusivamente..." (262-81).

Ante estas alternativas, algunos optaron por actuar de un modo ajeno al plan de Dios. Esta rebelión original no ocurrió en la Tierra, sucedió antes de que el universo material hubiera comenzado a existir. Fue una rebelión espiritual, consistió en optar por expresar espiritualmente cosas que no eran compatibles con el amor divino.

Y ¿qué forma tomó exactamente nuestra rebelión? Cayce nos dice sencillamente: "El ego es el único pecado; es decir, el egoísmo, y todos los demás pecados son simplemente una modificación de esa expresión del ego" (1362-1). Nos apartamos de esa unidad, de ese amor en que fuimos creados para sentir por las otras almas, y escogimos, en cambio, el camino de la propia satisfacción y del propio engrandecimiento. Nuestro libre albedrío y el poder que tenemos como colaboradores de Dios en la creación nos hizo capaces de participar en el amor universal por todo, o, por el contrario, de construir nuestro propio ego personal. Aquellos que se rebelaron optaron por seguir el segundo camino.

Un aspecto del libre albedrío que hemos de tener en cuenta es la ley de la causa y el efecto. Cada elección que realizamos, tanto si implica seguir el camino que nuestro Creador ha trazado para nosotros como si representa apartarnos de este camino y tomar otra dirección, es una causa y tiene un efecto. Eso es una ley, con ello no queremos decir que sea una especie de rito que nos ha sido impuesto de forma arbitraria, sino sencillamente que así funciona en parte el procedimiento de la elección.

Al tratar de comprender los resultados que tuvo el optar por la rebelión, deberíamos tener presente otra ley universal: Igual engendra igual. Ni una decisión guiada por el amor producirá unos resultados carentes de armonía, ni una decisión guiada por el egoísmo producirá unos buenos resultados. Este concepto aparece expresado en la Biblia, en el Antiguo Testamento y en el Nuevo Testamento: "El impío hace ganancias engañosas; el que siembra justicia, ése gana de verdad. El que sigue la justicia va a la vida, el que va tras el mal corre a la muerte". (Prov. 11:18-19; todas las citas bíblicas que aparecen en este libro provienen de la versión jacobea); "De Dios nadie se burla. Lo que el hombre sembrare, eso cosechará" (Gal.6:7).

Cuando tuvo lugar la rebelión de los espíritus, elegimos el ego, el yo, y consiguientemente perdimos de vista la unión amorosa que nuestro Creador había planeado para nosotros. Elegimos la separación. El efecto que ello produjo en nosotros fue una sensación de separación de nuestro Dios, fuente de sabiduría, poder y amor sin límites. Cualquier otro resultado habría constituido una violación de nuestro libre albedrío.

Así entró el mal en nuestra experiencia. El mal es a la vez el hecho de optar por seguir el espíritu de rebelión contra los deseos de Dios, y el resultado de dicha acción. Elegimos actuar de ese modo, y como en el momento de la creación nos fue concedido poder en cuanto colaboradores de Dios en la creación, lo que elegimos expresar cobró existencia. Así surgieron ciertas condiciones y experiencias que no estaban en armonía con el amor universal que estábamos destinados a experimentar gozosamente como compañeros del Creador.

Nuestra Participación en lo Terrenal

Nuestra rebelión y la sensación de separación de Dios que experimentamos a consecuencia de ello se produjeron al principio a nivel espiritual, pues todavía no estábamos inmersos en lo material. Posteriormente la Tierra y el resto del universo material cobraron existencia como manifestaciones del poder creativo de Dios. En un principio, la Tierra y lo que la rodea no fueron proyectados como morada del hombre. Se trataba simplemente del reino tridimensional resultante de la actividad del espíritu de Dios. Como tal, era perfecto a su manera.

Algunos de nosotros, en cuanto almas, llegamos a esta Tierra, que estaba en proceso de desarrollo, y nos sentimos atraídos por ella. Como colaboradores de Dios en la creación, poseíamos la facultad de crear con la mente. Es decir, nuestros pensamientos tenían una realidad, una fuerza, que nos permitía utilizarlos para modificar nuestro medio ambiente físico. Mediante el poder de nuestras imágenes mentales y de sus manifestaciones físicas, denominadas "formas de pensamiento" en las lecturas de Cayce, algunos de nosotros nos proyectamos en la Tierra en desarrollo e influimos en su evolucion de un modo que no estaba en consonancia con el plan de Dios. No es que la participación en lo terrenal fuera algo malo de por sí. Pero al optar por experimentar y utilizar la Tierra de un modo que favorecía las aspiraciones del yo, en lugar de las de Dios, proseguimos nuestra rebelión y provocamos su manifestación material.

Con el tiempo, algunos de nosotros llegamos a estar tan apegados a nuestras actividades carnales y terrenales que empezamos a olvidarnos de nuestra auténtica naturaleza en cuanto seres espirituales e hijos de Dios. Optamos por dar más importancia a las experiencias terrenas y a nuestro yo limitado que a nuestra condición de compañeros del Padre. A consecuencia de ello, dejamos de percibir el espíritu divino que existe dentro de nosotros llegando a estar tan enredados en lo material que ya no pudimos salir de ello.

No todas las almas creadas por Dios eligieron el camino de la rebelión. Hubo algunas, tal vez la gran mayoría, que siguieron actuando tal como el Creador había proyectado. Estas almas eran conscientes de su condición de seres espirituales, compañeros y colaboradores del Padre en la creación. Y en sus experiencias en el universo manifestaron exclusivamente el amor para cuya expresión habían sido creadas.

Algunas almas de estas características fueron atraídas a la Tierra, y descubrieron que muchos de sus semejantes se habían olvidado de su patrimonio espiritual, quedando atrapados en lo material. Entre las almas que no se habían rebelado, hubo algunas que optaron por entrar en la Tierra para ayudar a los que habían desobedecido, para recordarles su unidad con Dios y enseñarles a deshacer su enredo.

Una de estas almas rescatadoras fue el ser que conocemos con el nombre de Adán. El relato bíblico de su creación a partir del barro describe la formación del cuerpo donde habitaría su alma en el mundo tridimensional. El cuerpo de Adán no se parecía al cuerpo distorsionado de las almas que habían ido por mal camino. Su cuerpo y el cuerpo de los que lo acompañaron armonizaban con el plan divino. Eran unos instrumentos aptos para la perfección física de la raza humana y unos vehículos adecuados para nuestro regreso hasta el Padre.

No obstante, con el tiempo, también este segundo grupo de almas fue por mal camino. Una vez más, la participación en lo carnal y terrenal pasó a ser más importante que el espíritu de Dios que existe dentro de nosotros. Una vez más, las elecciones realizadas motivaron nuestro alejamiento de Dios y nos hicieron experimentar una sensación de separación del Padre. Y una vez más, unas almas creadas para expresar el amor de Dios y percibir Su espíritu de forma continuada llegaron a quedar encajonadas en lo material.

Hubo de pasar mucho tiempo hasta que nos fue mostrado, en la persona de Jesús de Nazaret, cómo una vida humana puede ser una expresión perfecta de amor divino. Según las lecturas de Cayce, la misma alma que se había encarnado en Adán, después de muchos siglos y numerosas encarnaciones intermedias, volvió a alcanzar la perfección en Jesús. Ese alma nos mostró el camino de regreso al Padre, cumpliendo el objetivo primero por el cual habíamos entrado por primera vez en la Tierra muchos años antes. Hasta aquí, existe un paralelismo entre el relato de la creación y caída del hombre que nos ofrecen las lecturas de Cayce y el que figura en el libro del Génesis. Ambas fuentes nos hablan de la creación del hombre como alma perfecta, hecho "a imagen y semejanza de Dios..."(Gen. 1:26). Ambas nos hablan de la llegada del alma para habitar la Tierra en un cuerpo físico, y de la entrega de la Tierra al hombre para que mandara sobre ella. Y ambas nos explican cómo finalmente el hombre se alejó de Dios, utilizó su poder de forma egoísta, y de ese modo introdujo el dolor y el sufrimiento en la Tierra.

Existe, sin embargo, una diferencia crucial entre el relato de la creación contenido en las lecturas de Cayce y la interpretación literal que muchas personas hacen del Génesis. En las lecturas de Cayce queda bien claro que no estamos siendo castigados por una transgresión cometida por uno de nuestros antepasados miles de generaciones atrás. Cada uno de nosotros está en la Tierra actualmente porque, *como alma individual*, ha elegido estar aquí. Toda alma que siente que está apartada de Dios lo está porque ha optado por dejar de percibir la presencia divina. Y toda alma que se halla sometida a las circunstancias a veces desagradables de la vida en este planeta, lo está porque ha escogido hundirse en lo material. Estamos experimentando las consecuencias de la mala utilización de nuestro libre albedrío (no las consecuencias de la mala utilización del libre albedrío de otro).

El Permanente Amor del Padre

Si el relato de nuestra creación y caída fuera el resumen de nuestra historia como raza y como almas individuales, sería sin duda una narración triste. Pero en las lecturas de Cayce hay evidentemente un mensaje de esperanza, la seguridad de que cada uno de nosotros puede reconquistar aquello que perdimos. Somos capaces de volver a tomar conciencia del espíritu divino que hay dentro de nosotros, de realizar elecciones que harán que nuestra alma vuelva a estar en armonía con el plan del Creador, y de llegar a ser nuevamente compañeros de Dios y colaboradores de Dios en la creación.

La naturaleza invariable y eterna del amor del Padre pone esa posibilidad a nuestro alcance. Su amor por nosotros ha permanecido constante, incluso cuando tomamos unas decisiones equivocadas y tuvimos nuestra primera caída, y a pesar de las opciones contrarias a Él que hemos realizado desde entonces. Las lecturas de Cayce nos aseguran que "Dios está en los cielos y... Su amor perdura incluso para los que endurecen su corazón..."(262-44). Nuestro libre albedrío nos permite negarnos a dejar que Su amor fluya dentro de nosotros, prefiriendo vivir para satifacer nuestros deseos. También podemos llenarnos la mente de preocupaciones terrenales hasta el punto de olvidarnos del amor de Dios por nosotros. Pero lo que no podemos hacer es destruirlo ni transformarlo en otra cosa, pues es de Dios y, por tanto, eterno.

Al igual que el amor del Creador por nosotros es eterno, también lo es su presencia dentro de nosotros. La acción de Su espíritu nos dio el ser, y la presencia de ese espíritu nos sostiene desde que fuimos creados. Del mismo modo que El estaba con nosotros y dentro de nosotros en el principio, continúa estando dentro de nosotros y continuará estándolo eternamente.

Cuando hablamos de nuestro alejamiento de Dios, cuando decimos que nos *sentimos* separados de Dios, no queremos decir que el espíritu de Dios esté realmente ausente. Lo que nos falta sencillamente es la conciencia de Su presencia. Al optar constantemente por hacer caso omiso de Su voz para poder así hacer caso de nuestro yo, mermamos nuestra capacidad para detectar Su presencia. De resultas de todo ello, llegamos a sentirnos separados de El. Pero Su espíritu permanece en nosotros, aunque no nos demos cuenta.

Por muy descarriados que estemos, si miramos dentro de nosotros mismos, encontraremos a Dios. Nuestra relación personal con el Creador no puede ser destruida. Su infinito amor por nosotros nunca nos faltará, si lo buscamos y vivimos unas vidas compatibles con El. Las lecturas de Cayce contienen numerosos pasajes en los que el Padre nos reconforta asegurándonos que, "aunque estéis muy alejados, si me llamáis os oiré, y contestaré rápidamente" (1326-1).

La Reencarnación, Nuestro Camino de Regreso

Dios, Cuyo amor no tiene fin, nunca nos abandona. Las lecturas no hacen sino repetir lo que dice la Biblia cuando nos aseguran que para cada alma hay un camino de regreso al Padre: "¿Qué es lo más importante de todo lo escrito? *El* no quiere que ningún alma perezca, y desde el principio preparó un camino para escapar" (262-56; cfr. II Pet. 3:9).

¿Qué sabemos de ese camino de regreso que está abierto para nosotros? Si el universo ha de continuar siendo una firme expresión del amor divino que nos dio el ser, nuestras experiencias en el mismo, esas experiencias que nos conducen de vuelta a Dios, han de estar en consonancia con las leyes universales a las que siempre han estado sujetas nuestras almas. Así pues, nuestro regreso ha de atenerse a la ley de la causa y el efecto, ha de producirse mediante el ejercicio de nuestro libre albedrío, y ha de implicar nuestra conversión nuevamente en expresiones perfectas del amor del Padre. Habiendo optado una vez por apartarnos de Dios para experimentar los caminos del yo, debemos ahora aprender a elegir de tal forma que nuestra vida llegue a estar en armonía con la voluntad de nuestro Creador.

Nuestra encarnación en la Tierra se debe fundamentalmente a la necesidad de encontrar un camino para volver a Dios. Aquí, en este mundo material, podemos ver las consecuencias de las elecciones que realizamos. Podemos aprender a través de los desagradables resultados de las elecciones que fortalecen exclusivamente nuestro limitado yo, acentuando la sensación que tenemos de separación de Dios, que por ese camino no se alcanza la auténtica felicidad.

No es que Dios nos castigue por nuestras malas acciones, obligándonos a soportar dolorosas experiencias terrenas. Como nos ama, lo que hace es darnos la oportunidad de ver las desagradables consecuencias de las decisiones contrarias al amor. Y, de ese modo, podemos aprender a tomar decisiones más acertadas, llegar a ser más conscientes del espíritu de Dios que hay dentro de nosotros, reaccionar mejor ante sus incitaciones, y recobrar nuevamente nuestra condición de compañeros del Padre.

Cada uno de los que estamos en la Tierra optamos en algún momento por participar en lo material y utilizarlo contrariamente a los fines para los que Dios nos creó. Escogimos lo material como instrumento de rebelión. Habiendo actuado así, es necesario que ahora aprendamos a utilizar este mismo instrumento de un modo que resulte compatible con el amor divino. Unicamente haciendo esto, podremos contrarrestar el mal uso de nuestro libre albedrío y volver sobre nuestros pasos hasta lograr la unidad plena con el Padre.

La encarnación en la Tierra es el medio gracias al cual podemos aprender a expresar nuestro amor a través de lo material.

Pero ¿por qué es necesaria nuestra *reencarnación*? ¿Por qué hemos de volver a la Tierra una y otra vez, en lugar de aprender la lección en una sola vida? Aquí, nuevamente, queda patente el amor permanente de nuestro Padre. Las lecturas de Cayce señalan que "tal como El dio,... tú habrás de dar *cuenta* de cada *acción* que realices (tras haber penetrado) en el cuerpo" (69-4). Pocos, si es que los ha habido, han dejado de ser conscientes de su unidad con Dios por hacer mal uso, sólo una vez, de su libre albedrío. Nuestra rebelión implicó la realización de numerosas decisiones caracterizadas por el egoísmo a lo largo de un período de tiempo muy prolongado. No es razonable pensar que podemos contrarrestar los efectos de todas estas decisiones en una vida solamente. Por ello, recibimos muchas vidas para encontrar el camino de regreso a Dios, muchas oportunidades para aprender las lecciones que necesitamos aprender, y todo el tiempo que necesitemos para desarrollar nuestra espiritualidad y para aumentar nuestra fortaleza y nuestra capacidad de expresar amor. La paciencia que nuestro Creador tiene con nosotros es verdaderamente infinita.

Aun suponiendo que una vida fuera un período lo bastante largo como para permitirnos aprender lo que necesitamos saber, la reencarnación seguiría siendo un proceso más elevado encaminado al logro de la unión con Dios. Hay varias razones para ello. Una de las cosas más importantes que hemos de redescubrir es nuestra verdadera naturaleza espiritual. Hemos de tomar conciencia de que en esencia somos de Dios, no de la Tierra, y que nuestra verdadera identidad no va unida a ese cuerpo único, a esa personalidad única que nos pertenece cuando vivimos una vida en la Tierra. Nuestro pleno desarrollo espiritual puede tardar siglos en producirse. Si durante todo este tiempo tuviéramos que vivir en un único cuerpo, y que experimentar una única vida física en la Tierra, fácilmente nos identificaríamos con ese cuerpo y con este planeta. Posiblemente nos olvidaríamos de que nuestra auténtica naturaleza no se reduce a ninguna de esas dos cosas.

La reencarnación, por otra parte, nos permite experimentar la vida en una sucesión de vehículos físicos diferentes. Ello nos enseña que lo que somos sobrepasa con mucho las limitaciones de cualquier cuerpo material. La misma experiencia de la muerte física, combinada con la supervivencia del alma, demuestra claramente, una y otra vez, que el cuerpo no es la totalidad de nuestro ser.

La reencarnación es asimismo un antídoto eficaz contra nuestra tendencia a considerar la Tierra como la verdadera morada. Cuando morimos, no nos reencarnamos inmediatamente en otro cuerpo físico. Se nos concede un intervalo en el que no estamos inmersos en lo material, un tiempo en el que experimentamos otros aspectos del ser. Así pues, las sucesivas reencarnaciones —en lugar de una única estancia prolongada sobre la Tierra, durante la cual podríamos llegar a estar tan inmersos en la vida terrena que nos olvidaríamos de nuestra auténtica naturaleza no material— nos ofrecen constantes recordatorios de la existencia de estos otros aspectos y de que nuestra estancia en este mundo material es sólo temporal.

La reencarnación contrarresta asimismo cualquier tendencia que pudiéramos tener a identificarnos con las acciones de una personalidad determinada. El amor divino queda bien patente en el proceso de muerte y renacimiento a través del cual periódicamente asumimos una nueva identidad terrena, según pone de manifiesto el pasaje que figura a continuación: "La vida tal como indican los ojos, el semblante y la expresión de un bebé, nos hace tomar conciencia de las oportunidades, y de la misericordia del Señor, y darnos cuenta de que El no quiere que ningún alma perezca, y por ello nos ha permitido a cada uno —incluso al Niño Cristo— nacer niños para de ese modo tener una nueva oportunidad" (1152-9).

Cada vez que nos reencarnamos, en cierto sentido empezamos de nuevo, aflojamos las ataduras de culpabilidad que nos unen a las faltas pasadas. Por supuesto, hemos de afrontar las consecuencias de tales faltas. Pero no lo hacemos soportando el peso de recuerdos que nos trastornan. La reencarnación nos ayuda a mantener una actitud esperanzada y digna, al tiempo que vamos aprendiendo lo que necesitamos para regresar a nuestro Creador.

Asimismo, deberíamos tener en cuenta no sólo el número de faltas que probablemente hemos cometido al apartarnos de Dios, sino también la variedad de las mismas. El egoísmo puede adoptar muchas formas, y las opciones contrarias al amor pueden realizarse en circunstancias muy diferentes. Podemos hacer mal uso de nuestro libre albedrío de diversas formas, y ello probablemente producirá diversos resultados. Todo el que haya realizado opciones contrarias a Dios en distintas etapas de su vida —y ello sin duda nos ha sucedido a la mayoría— se encontrará en distintas circunstancias a consecuencia de tales opciones. La reencarnación nos permite experimentar cómo se vive en una amplia variedad de situaciones, dado que nacemos y vivimos en circunstancias muy diferentes en cada una de las sucesivas vidas. De ese modo tenemos la oportunidad de vencer los diversos tipos de egoísmo, a los que nos hemos entregado como almas individuales, y de aprender todas las lecciones que tenemos que asimilar.

Según Cayce, el proceso de la reencarnación es necesario para nuestro desarrollo espiritual. Pero las lecturas van más allá. Afirman que hay un fin detrás de *cada reencarnación individual* que experimentamos, tenemos un papel que jugar en el plan de Dios. "Ningún alma entra por casualidad, lo hace para cumplir (lo) que ha tenido y tiene como ideal" (3051-2). Cada vida que vivimos es una oportunidad para una mayor armonización con la voluntad de Dios. Cada nuevo nacimiento nos introduce en un conjunto de circunstancias que podemos utilizar como escalón que nos acerca más a nuestro objetivo: volver a ser nuevamente la expresión perfecta del amor divino, para lo cual hemos sido creados.

Jesús, el Modelo
para Nuestro Regreso al Padre

Evidentemente, la mayoría de nosotros hemos de trabajar bastante para superar todas las imperfecciones que hemos generado dentro de nosotros mismos y volver a lograr la unidad perfecta con el Padre. Pero Dios, que nos ama inmensamente, no nos ha dejado solos, no ha permitido que tratemos de alcanzar a solas este monumental objetivo. Nos ha proporcionado un modelo de lo que cada uno de nosotros podemos llegar a ser, un modelo de cómo podemos vivir la vida. Este modelo ha quedado patente en la vida humana de Jesús, que unió su voluntad a la del Padre y de ese modo llegó a ser la expresión perfecta del amor divino sobre la Tierra.

El modelo que Jesús puso de manifiesto en la Tierra está dentro de todos y cada uno de nosotros. Es la impronta de nuestro Creador, la imagen de Dios, según la cual todas las almas fueron creadas en el principio, una imagen que perdura eternamente. Con nuestro libre albedrío, podemos negarnos a expresarlo, podemos agregar a nuestro carácter tantas características contrarias a Dios que finalmente el modelo de Jesús llegue a estar oculto durante algún tiempo, que permanezca dormido. Pero nunca podremos borrarlo. Cayce llama a esta impronta de nuestro Creador "el Modelo de Cristo", y a nuestra percepción del mismo, "la Conciencia de Cristo". Las lecturas de Cayce contienen una breve descripción de la Conciencia de Cristo: "Es la percepción existente en el interior de cada alma, grabada en la mente cual un modelo y a la espera de ser despertada por la voluntad, de la unidad del alma con Dios..." (5749-14).

Cuando hablamos de Jesús como ejemplo de lo que debe ser nuestra vida, se nos plantean dos problemas. Uno de ellos tiene que ver con la comprensible renuncia por parte de algunas personas a adoptar una creencia que consideran que es un principio de una religión que no es la suya. Tales personas dirán: "No soy cristiano, ni voy a convertirme al cristianismo, así que este sistema de creencias no me va."

Pero lo importante no es la pertenencia a determinada secta religiosa. La verdad ejemplificada por Jesucristo no es propiedad exclusiva de las sectas cristianas. El alma que se encarnó en Jesús "influyó directa o indirectamente en todas las religiones y formas de pensamiento que enseñan que Dios es Uno" (364-9). Si Dios es Uno, la verdad de Su relación con el hombre es la misma con independencia de cuál sea la doctrina religiosa formal de la que esta verdad forme parte. Hay en las lecturas un pasaje que es claramente una combinación del concepto de Jesús como modelo divino para todos los hombres, con la idea de que ese modelo puede ser seguido por todos, cualquiera que sea la religión que profesen: "*Su* amor puesto de manifiesto entre los hombres, tal como muestra el carpintero de Nazaret, es el *único* camino, es la verdad, la luz." Y esto mismo es expresado o manifestado con otras palabras, aun cuando las enseñanzas provengan de Siam (?), Said (?) o Brahma, la doctrina es una; con tal que la doctrina sea para *El* y no para el *yo*" (2067-1). Lo importante es la aceptación del modelo de amor divino que nos presenta la vida de Jesús, tanto si pertenecemos a una secta que se considere cristiana como si no.

A otros posiblemente les cueste aceptar que los hombres hemos de mostrar en nuestra vida el mismo espíritu de amor divino que Jesús manifestó en la suya. Podemos pensar que Jesús fue tan especial que lo que hizo está fuera de nuestro alcance. Efectivamente, hay algo de especial en este alma que llegó a ser una manifestación perfecta de amor divino en una forma humana. Las lecturas de Cayce lo señalan cuando repetidas veces se refieren a Jesús llamándolo nuestro "Hermano Mayor".

Y, sin embargo, esta misma fuente nos dice que este alma se encarnó muchas veces antes de vivir como Jesús y que soportó las mismas tentaciones que el resto de los hombres. Resumiendo, diremos que estuvo sujeto a las mismas leyes universales que gobiernan a todos los hombres. Lo más importante es que estemos muy seguros de que el Modelo de Cristo que ese alma manifestó es la imagen de Dios, a cuya semejanza fuimos hechos todos y cada uno de nosotros. Este modelo no nos es ajeno. Ha formado parte de nuestra naturaleza desde el momento de nuestra creación.

Al vivir la vida según la voluntad de Dios, Jesús demostró activamente el amor, la sabiduría y el poder del Modelo de Cristo. Manifestó este modelo en la Tierra, mostrándonos a todos el camino de regreso al Padre. Pero el papel que juega en nuestra salvación va más allá, no se limita a proporcionarnos un modelo en el cual basar nuestra vida. Las lecturas nos dicen que: "Al igual que Él, tu Maestro, tu Señor, tu Cristo cumplió la ley obedeciéndola, también llegó a ser ley y por tanto tu Salvador, tu Hermano, tu Cristo" (1662-1). Es decir, al vivir de tal forma que toda su existencia y todo su ser expresaron solamente la ley del amor divino, Jesús se hizo uno con esa ley. Al hacerlo, logró la unidad con el amor de Dios, infinito y eterno. Al igual que el amor del Padre hacia nosotros, el Suyo es ilimitado y constante.

Como su amor por nosotros no tiene límites, Jesús está siempre dispuesto a ayudarnos en nuestro viaje espiritual de regreso a Dios. El consuelo y la ayuda que se nos ofrecen a través de Él siempre están a nuestra disposición, siempre bastan para satisfacer nuestras necesidades. Esta verdad ha sido expresada con mucha fuerza en un pasaje perteneciente a una de las lecturas, dirigida a alguien que busca asesoramiento espiritual: "Has de saber que en tales (problemas), si bien puede que tú no seas capaz de hacerles frente solo, hay un amigo, un hermano, que conoce el dolor, que conoce tales perturbaciones. Ha prometido estar siempre presente en tiempos difíciles, en tiempos de dolor, y siempre que haya que superar cualquier prueba, Él puede cumplir esa promesa" (1467-10). En Jesús tenemos un amigo que nos ha mostrado cómo podemos alcanzar la plenitud como hijos de Dios, y que continúa prestándonos cualquier tipo de ayuda para alcanzar ese objetivo, con tal que lo llamemos.

La Naturaleza Humana y Nuestros Niveles de Conciencia

¿Qué nos dicen las lecturas de Cayce sobre la condición del ser humano en la actualidad? En primer lugar, esta fuente hace hincapié en nuestra esencia no material. No es que tengamos alma; *somos* alma, somos unos seres diferenciados creados a imagen de Dios. El alma lleva nuestra individualidad de experiencia en experiencia, tanto en la Tierra como en otras esferas.

En cuanto almas, poseemos ciertos atributos, ciertos componentes que determinan quiénes somos como individuos y como miembros de la raza humana. De uno de estos atributos hemos hablado ya bastante, me refiero a la voluntad, a la capacidad para realizar elecciones que producen efectos. La voluntad, por medio de tales decisiones, juega un papel capital en nuestra diferenciación, y es, por tanto, un componente muy importante de la naturaleza individual del alma.

Un segundo atributo del alma es el espíritu. El espíritu es la chispa de la divinidad interna que nos da la vida. Es la fuente de nuestra creatividad. Mientras las almas son numerosas e individuales, el espíritu es algo que tenemos en común con todo ser vivo, sea humano o no. En realidad no hay más que un espíritu, el espíritu de Dios.

Las lecturas de Cayce hacen asimismo referencia a otra faceta de nuestro ser, la mente. Aunque por mente se entiende lo que comúnmente llamamos intelecto, es mucho más que la capacidad para pensar con lógica. La mente abarca todas las actitudes y formas de pensamiento que hemos generado en todas las experiencias que hemos tenido a lo largo de nuestra existencia. Incluye aquellos elementos mentales de los que no somos conscientes, y también aquellos de los que nos damos cuenta. La mente es el aspecto de nuestro yo que conforma la energía espiritual que fluye por nosotros cuando realizamos un esfuerzo creativo. Es lo que modela los resultados físicos de nuestra creatividad. Así pues, participa de los aspectos espirituales y físicos de nuestra naturaleza.

Además de los componentes que acabamos de mencionar, cada uno de nosotros en su manifestación material posee, por supuesto, un cuerpo físico. Aun cuando lo cierto es que tendemos a identificarnos con nuestro cuerpo físico, lo mejor es considerarlo simplemente como el vehículo que utiliza el alma en su viaje de regreso a Dios. Es la parte de nosotros que se gasta y ha de ser sustituida en cada una de las sucesivas encarnaciones. Las lecturas frecuentemente formulan del siguiente modo la relación entre el espíritu, la mente y el cuerpo: "El espíritu es la vida; la mente es el constructor; lo físico es el resultado" (349-4).

A fin de comprender más plenamente nuestra naturaleza, vamos a analizar los niveles de conciencia, o percepción, que poseemos. Son éstos el nivel superconsciente, el nivel subconsciente y el nivel consciente. Posiblemente, la relación que existe entre estos aspectos de nuestro yo resultará más clara si abordamos el tema señalando el origen de cada uno de ellos.

La percepción superconsciente reconoce que formamos una unidad con el Padre. Ha sido parte de nosotros desde el principio, ha sentido la presencia de Dios en el momento de nuestra creación, y la impronta de esa presencia no puede ser borrada. Por tanto, la superconciencia es inmortal, y como percibe nuestro contacto con Dios, nos permite acceder a la fuente de todo el amor, la sabiduría y el poder. La información que recibimos por este canal no puede, por tanto, ser errónea. Podemos, por supuesto, optar por no prestar atención a los mensajes procedentes de este nivel, o bien llenar hasta tal punto nuestra mente de preocupaciones de origen no divino que seamos incapaces de oír este transmisor de la voz de Dios que está dentro de nosotros. Pero si logramos ser sensibles a la información que procede de la mente superconsciente y reaccionamos ante ello, podemos estar seguros de que toda la información que nos llegue será verdadera y nos ayudará, pues la mente superconsciente habla con la voz de la sabiduría y el amor divinos.

Otro nivel de la mente es el subconsciente. Los seres humanos, en cuanto almas individuales, hemos ido teniendo nuestras propias experiencias, y estos sucesos han ido dejando su huella en nosotros. Todo lo que hacemos y todo lo que nos hacen va acumulándose en este almacén de información. Aquí también se incluyen todas las formas de pensamiento que hemos construido con nuestra mente, todas las imágenes mentales que hemos creado. Esta gran colección de experiencias, impresiones y pensamientos queda registrada en lo que denominamos el subconsciente. Cuando estamos despiertos, el subconsciente se sumerge bajo la mente consciente. Pero en el momento en que la mente consciente deja de actuar —por ejemplo, cuando dormimos o cuando morimos— el subconsciente pasa a un primer plano.

El nivel subconsciente de nuestra percepción presenta una serie de subdivisiones, algunas relativamente accesibles para la mente consciente, otras mucho más profundas. En los niveles más profundos, las mentes subconscientes de todas las almas están en contacto unas con otras. Y, por tanto, nos es posible obtener información procedente de las mentes de otras almas.

El tercer nivel de nuestra percepción, el que nos resulta más familiar, es la mente consciente. Esta parte de nuestra percepción surgió cuando empezamos a tener experiencias en la Tierra. La función de la mente consciente está directamente relacionada con la recepción de la información sobre el mundo material, tridimensional, que nos llega a través de nuestros sentidos físicos, con el tratamiento de esta información y con nuestra respuesta ante la misma. El funcionamiento de la mente consciente va ligado al cerebro físico, los sentidos físicos y el resto de nuestro sistema nervioso central. En nuestra vida cotidiana, cuando estamos despiertos, operamos generalmente a este nivel.

Como se ocupa fundamentalmente de la regulación del cuerpo físico durante la vida física sobre la Tierra, la mente consciente no está en aquellos seres que se hallan entre dos vidas terrenas o en los que nunca se han encarnado en este mundo. Se aparta cuando morimos, entonces la mente subconsciente asume en una gran medida la función que cumple la mente consciente durante nuestras encarnaciones en la Tierra. La mente consciente regula fundamentalmente las acciones materiales que tienen lugar en una sola vida, y, por tanto, no percibe los recuerdos de vidas anteriores.

La Mecánica de la Encarnación

Tal como hemos indicado, sólo se reencarna el alma. El alma es esa parte de nosotros que existe a través de los tiempos, no sólo durante aquellos períodos en los se introduce en un cuerpo físico y habita en la Tierra, sino también en los intervalos comprendidos entre las vidas terrenas. Tanto cuando el alma participa en la vida terrena como cuando no lo hace, pasa por una serie de experiencias que sirven para su evolución, le ayudan a percibir nuevamente su unidad con Dios en el amor.

El concepto de la reencarnación implica que las almas nuevas no se crean en el momento de la concepción ni del nacimiento. Las almas que van a penetrar en un cuerpo nuevo ya existían antes, y han estado en otros cuerpos en vidas anteriores. En las encarnaciones previas, estas almas han pasado por diversas experiencias y han tomado numerosas decisiones. Tales decisiones, que pueden coincidir o no con la voluntad de Dios, han producido unos efectos concretos y han determinado el desarrollo actual de cada alma individual. A causa de las elecciones realizadas por el alma, el individuo alcanza un estado en el cual ha de aprender determinadas lecciones para seguir avanzando por la senda del espíritu. Cada uno tiene, además, ciertas aptitudes que ha desarrollado en vidas anteriores. Dichas aptitudes son consecuencia de las acciones que hubo de realizar, las debilidades que hubo de superar y las fuerzas con que contó para superarlas.

Cada encarnación es una oportunidad que Dios nos da para aprender aquello que necesitamos saber y cumplir la porción del plan divino que podemos ejecutar mejor, teniendo en cuenta el grado de desarrollo que hemos alcanzado. En una lectura Cayce respondió enfáticamente a una señora que preguntó si había alguna acción concreta que ella pudiera realizar para cumplir el fin de su presente encarnación: "¡Si no la hubiera, no te estaría permitido permanecer en la Tierra en estos momentos!" (3051-7).

Ciertas circunstancias son más propicias que otras para aprender determinadas lecciones y lograr ciertos objetivos específicos. Cada vez que nos encarnamos, el alma atrae el conjunto de circunstancias que resulta más adecuado para el cumplimiento del fin individual que ha de alcanzar en esa vida. Por tanto, el cuerpo físico, la familia, el medio ambiente, la cultura y otras circunstancias que rodean nuestro nacimiento reflejan aquello que necesita el alma para su desarrollo, dichas necesidades son el resultado de las elecciones realizadas en anteriores encarnaciones.

No obstante, las circunstancias que rodean nuestro nacimiento no son las únicas circunstancias que se nos presentan a causa de las necesidades concretas del desarrollo individual del alma. La ley de la causa y el efecto actúa durante todas nuestras vidas. Constantemente nos enfrentamos con situaciones generadas por decisiones tomadas en el pasado, que nos dan la oportunidad de aprender aquello que necesitábamos saber, de superar nuestras debilidades y de consolidar y utilizar nuestros valores o fuerzas. Dondequiera que nos encontremos, podemos estar bien seguros de que nuestras circunstancias nos darán la oportunidad de aprender y de crecer. Dice una lectura: "Como quiera que sea el estado en que te encuentres, estás en él por la gracia de Dios; y ahí tienes una oportunidad, puedes aprender una lección..." (3161-1).

El Desarrollo del Alma entre las Vidas Terrenas

El desarrollo de nuestra alma no se produce en su totalidad durante las vidas terrenas. No pasamos directamente de la muerte de un cuerpo físico al nacimiento en otro. Existe entre una vida terrena y otra un intervalo durante el cual nuestra alma experimenta otras etapas de su viaje de regreso al Padre. El alma pasa una parte de ese intervalo en los alrededores de la Tierra, y otra parte en otro lugar.

Inmediatamente después de la muerte física, el alma posiblemente se sentirá desorientada. Algunas almas recién separadas del cuerpo evidentemente no comprenden lo que les ha sucedido. Tardarán algún tiempo en darse cuenta de que la vida física ha concluido: "Muchos individuos han permanecido en ese estado llamado muerte durante lo que vosotros denomináis *años*, sin darse cuenta de que estaban muertos" (1472-2). Otros, presumiblemente aquellos que no se han identificado tanto con el cuerpo y que por ello están más preparados para aceptar una existencia continuada sin éste, posiblemente no pasen por este período de confusión o bien lo hagan con mayor rapidez.

En estos intervalos entre una encarnación y otra, tiene lugar la evaluación del uso que hemos hecho de las oportunidades que nos fueron concedidas en la vida que acaba de concluir. Es ésta otra fase del proceso de desarrollo individual del alma. Se nos permite volver a analizar las elecciones realizadas, para que nos demos cuenta de cuándo hemos utilizado nuestra voluntad para acercarnos más a Dios, y cuándo lo hemos hecho llevados por el egoísmo y el afán de rebeldía. De ese modo podemos determinar qué tipo de decisiones son constructivas y podemos seguir tomando, y cuáles es preferible que evitemos por ser un obstáculo para nuestro desarrollo espiritual.

La evaluación posterior a la encarnación no es uno de esos juicios condenatorios del alma que forman parte de algunas tradiciones religiosas, pues "en el Padre no hay condena, hay amor, para que cada cual encuentre su camino" (1173-11). Es ésta una etapa de formación espiritual, un período que puede ayudarnos a ver los aspectos positivos y negativos de la vida que acabamos de vivir, para que podamos hacerlo mejor cuando nos llegue otra vez la oportunidad de vivir una vida física en la Tierra. Este período de evaluación de la vida es, por tanto, una parte sumamente útil del plan divino, que nos puede ayudar a encontrar la salvación.

Las almas pasan una gran parte de este período en otros planos de su existencia. La Tierra es el plano en el que aprendemos a expresar el amor de Dios de un modo carnal, material. Pero nuestra separación del Padre implicó una rebelión en otras dimensiones de nuestra conciencia, aparte de la física, y, por tanto, nuestro retorno al Padre debe implicar también nuestro desarrollo en los planos no materiales. Tales planos están representados en el universo material por los planetas de nuestro sistema solar. Cada uno de estas esferas nos ofrece la oportunidad de desarrollar un aspecto específico de nuestro ser, como son nuestra mente, nuestro concepto del amor y la belleza, y nuestras cualidades psíquicas y místicas. Al igual que sucede con la Tierra, cada plano no físico juega un papel en la evolución de nuestra alma hasta su reunión con Dios.

Todas nuestras experiencias, tanto si tienen lugar en la Tierra como si acontecen en estas otras dimensiones que existen entre dos encarnaciones terrenas, dejan una huella en nuestra alma. El alma nunca olvida. Toda decisión que hemos tomado, todo aquello que hemos hecho, y todo lo que nos han hecho, queda grabado en el alma, en las capas más profundas de la mente inconsciente. Todo aquello que hemos experimentado a lo largo de nuestra existencia como almas individuales es ahora parte de nosotros y cumple un papel en la conformación de la persona que cada uno de nosotros es durante la vida terrena en curso. Los sucesos acontecidos en nuestras anteriores encarnaciones físicas influyen mucho en la definición de nuestras actuales emociones y sentimientos, mientras que las experiencias por las que hemos pasado en otros planos de nuestra existencia afectan fundamentalmente a nuestras actitudes mentales.

Acaba la Necesidad de Reencarnarnos

Vamos a concluir este análisis general de la reencarnación examinando dónde nos lleva este regreso cíclico a la Tierra. Veremos con más claridad cuál es la culminación de nuestra serie de vidas terrenas si nos centramos durante unos minutos en la finalidad de la reencarnación. Recuerda que este proceso nos permite poner fin a la separación que iniciamos al rebelarnos voluntariamente, y posibilita nuestro retorno a la unidad con el Padre en el amor. Nos enseña cuáles son las consecuencias físicas de las elecciones que hemos realizado llevados por el egoísmo y nos da la oportunidad de aprender a expresar el amor divino en el mundo material. Una vez que hemos aprendido esta lección y hemos corregido los fallos que la mala utilización de la voluntad ha producido en nosotros, la reencarnación física habrá cumplido su objetivo. Al llegar a ese punto, el individuo dejará de estar sujeto a la necesidad de renacer en un cuerpo físico.

Podría parecer que este objetivo está fuera del alcance de la mayoría de nosotros. Si nos remitimos a las lecturas de Cayce, podemos decir que es efectivamente rara la persona que llega a esa fase de desarrollo en la cual no necesita volver a vivir en la Tierra. Muy pocos entre los numerosos destinatarios de las lecturas de Cayce fueron informados de que esta encarnación podría ser la última que tendrían que soportar. Pero es un hecho que *algunas* personas fueron informadas de que ya no tenían necesidad de reencarnarse, que lo habían superado, y ello puede ser para todos un motivo de esperanza.

Por lo general, esas personas no habían realizado grandes hazañas, por lo menos lo que comúnmente se entiende por grandes hazañas. Eran sencillamente unos individuos que vivían la vida en armonía con el espíritu de Dios que hay dentro de nosotros y que amaban servir al prójimo. Al actuar así, demostraban que la reencarnación llega a cumplir su objetivo, que incluso hoy en día almas que se habían rebelado están aprendiendo a utilizar su vida física para expresar el amor de Dios. Así pues, estas personas están completando la etapa material de su viaje de regreso al Padre. Esto es algo a lo que todos debemos aspirar.

Todo esto nos lleva a preguntarnos cómo podemos alcanzar este estado. ¿Qué medidas podemos tomar en cuanto individuos para evolucionar hasta un punto en el que no necesitemos ya reencarnarnos en la Tierra? La filosofía de la reencarnación que nos presentan las lecturas de Cayce deja muy claro que cada alma es responsable de su propia salvación. Fueron las elecciones realizadas por nosotros mismos lo que condujo a nuestra separación de Dios y a nuestra implicación en lo terrenal. Y habremos de vencer nuestro enredo en lo material mediante las elecciones que realicemos. Nuestros pensamientos y actitudes mentales, nuestras acciones, y nuestras ganas de manifestar el espíritu de Dios en nuestra relación con los demás son los instrumentos que nos permitirán elevarnos por encima de nuestra necesidad de reencarnarnos físicamente.

Como hemos de regresar al Padre haciendo uso de nuestra voluntad, el principal prerrequisito para cumplir este objetivo es nuestro deseo sincero de regresar al Padre. Dado que escogimos el camino de la rebeldía, hemos de escoger regresar a la senda divina. Experimentamos la tentación de ser egoístas, estamos rodeados de esta clase de tentaciones. Y consiguientemente a la mayoría de nosotros nos cuesta mucho pensar, hablar y actuar para bien de los demás en lugar de hacerlo en interés propio. Si no deseamos sinceramente vivir toda nuestra vida según la voluntad de Dios —en lugar de hacerlo según nuestra limitada voluntad—, no tenemos muchas posibilidades de hallar la fuerza necesaria para manifestar el amor divino, y de ese modo vencer las ataduras que nos unen a la Tierra.

Si bien somos nosotros los que tenemos que hacer este viaje espiritual, ello no quiere decir que tengamos que hacerlo nosotros solos. Dios no nos ha abandonado para que nos las arreglemos solos. Su amor por nosotros es infinito y eterno. Él nos proporcionará toda la ayuda que necesitemos y estemos dispuestos a aceptar. La manifestación más perfecta de este amor que ha existido en este mundo fue la vida de Jesús, quien nos mostró el camino de regreso al Padre y está dispuesto a ayudarnos en nuestra búsqueda del camino que nos conducirá hasta Dios.

Para poder aprovechar esta ayuda, necesitamos estar dispuestos a recibirla, a aceptarla y a utilizarla en nuestra vida cotidiana, y hemos de creer que está próxima. Todo ello indica que es necesario que tengamos fe. Si nos negamos a acudir a Dios en busca de ayuda, o si lo hacemos como si se tratara de un mero formalismo, sin creer que efectivamente podemos disponer de Su ayuda, lo que hacemos es cerrarnos ante el espíritu de Dios y restringir el alcance de su actuación en nuestra vida.

Cuando pensamos en obtener la ayuda divina, muchos de nosotros imaginamos que Dios va a intervenir a través de unos medios externos, va a cambiar las circunstancias que nos rodean haciéndolas más de nuestro agrado. Pero para percibir la presencia de Dios, no necesitamos que se produzcan acontecimientos externos milagrosos. Para que el poder de Dios opere en nuestra vida, no es necesario que brille un rayo en el cielo, pues todos nosotros tenemos dentro la impronta del Padre, presente en nosotros desde que fuimos creados. Forma parte de nuestra naturaleza la facultad de poder invocar a Dios en la oración y de escuchar Su respuesta en la meditación. De este modo, podemos recibir la orientación divina que deseamos y somos capaces de utilizar en nuestras vidas.

Los deseos de expresar amor, las ganas de invocar a Dios y de pedirLe consejo buscándoLo dentro de nosotros mismos, y la fe en que esta ayuda y estos consejos van a sernos útiles en nuestra vida, son unos elementos internos necesarios para nuestra evolución espiritual. Pero ¿qué hay de nuestra vida externa? ¿Cómo van a influir estas características internas en nuestra forma de vivir en el mundo físico y de relacionarnos con los demás?

Con la cantidad de decisiones que hemos de tomar todos los días, no hay forma posible de enumerar las opciones específicas que nos conducirían nuevamente a Dios. No obstante, podemos discernir ciertas características que las opciones positivas tienen en común. En cada elección de estas características, el bien de los demás estará por delante del bien de nuestro yo; y la voluntad de Dios se tendrá más en cuenta que nuestra propia voluntad. Nuestra separación de Dios se produjo porque nos rebelamos contra Su amor y elegimos viajar por el camino del yo. Para lograr reunirnos con Él, hemos de desandar ese camino, tenemos que dejar de actuar de forma egocéntrica y realizar acciones que reflejen el amor divino universal.

Expresar la voluntad de Dios en lugar de la propia no implica atenernos a una larga lista de síes y noes. Nos enfrentamos a demasiados tipos de decisiones, estamos inmersos en demasiadas circunstancias, y no nos sería posible vivir creativamente si formuláramos un conjunto de reglas relacionadas con cada una de esas posibilidades. Es mejor establecer un criterio único, un ideal, que nos sirva para valorar cada una de las alternativas que se nos presentan en la vida. El Capítulo 4 de este libro contiene unas sugerencias específicas sobre cómo hemos de fijar este patrón. De momento, hemos de tener en cuenta lo siguiente: el ideal ha de ser la expresión de la mejor motivación que podamos concebir; debemos tener muy claro lo que el ideal representa para nosotros, y hemos de esforzarnos por lograr que todos nuestros pensamientos y acciones armonicen con nuestro ideal. Si somos consecuentes con nuestro ideal y realizamos opciones que estén de acuerdo con él, podemos estar seguros de que al menos nos estamos moviendo en la dirección correcta.

Otro atributo que resultará ser extremadamente valioso para reconquistar lo que nos corresponde por haber nacido hijos de Dios es la paciencia, paciencia con nosotros mismos, paciencia con los demás y paciencia con la vida. Muchos de nosotros, sin embargo, no comprendemos bien lo que representa esta virtud. La paciencia prescrita en las lecturas de Cayce no es sometemos, sintiéndonos impotentes, a lo que podríamos considerar erróneamente como las circunstancias predeterminadas de nuestra vida. Más bien, se trata de una fuerza activa: "paciencia persistente, paciencia activa, no una paciencia meramente pasiva" (1968-5). La paciencia activa es ese empuje que nos permite continuar haciendo todo lo posible por relacionarnos afectuosamente con los demás, por mucho que tarden los otros en responder de igual manera. Nos da la fuerza moral necesaria para persistir en nuestros esfuerzos por portarnos lo mejor posible en esta vida, no importa cuántas veces fallemos.

Si hemos de lograr la unidad con un Dios perfecto, debemos finalmente alcanzar la perfección. Pero no hemos de desanimarnos si no lo logramos en un día. Lo que se nos pide es un esfuerzo sincero, consecuente y persistente. Tenemos la seguridad de que, "para lograr la rectitud espiritual, como en el desarrollo del alma, lo que cuenta es 'intentarlo' una y otra vez" (1391-1).

Puede que nos parezca que nos queda mucho camino por recorrer hasta conseguir reunirnos con el Padre. Pero tenemos a nuestro alcance todo aquello que necesitamos para lograr este objetivo. Tenemos voluntad para escoger pensamientos y acciones que manifiesten generosidad, fe, paciencia y el deseo sincero de regresar a Dios; tenemos capacidad para formular y aplicar nuestros ideales; se nos ha prometido una ayuda y una orientación divinas, que podemos recibir a través de la oración y la meditación, y tenemos una vida física, es decir, la oportunidad de mostrar nuestro amor a Dios en el universo material.

La reencarnación no sólo es el proceso en el que estamos inmersos por habernos separado de nuestro Creador. Es también el medio por el cual podemos regresar a Dios. Puede que tengamos que recorrer un largo camino, pero tenemos que llegar al final de este trayecto. El Padre con su infinito amor y su infinita paciencia nos ofrece en la vida física tantas oportunidades como necesitemos, durante el tiempo preciso para conseguirlo.

CAPITULO 2

El Karma

Definición

El karma puede definirse sencillamente diciendo que es la actuación de la ley de la causa y el efecto. Tal como comentamos en el capítulo anterior, el hacer uso de nuestro libre albedrío, el realizar una elección, es una causa y tiene su efecto. Fuimos hechos a imagen de Dios, para colaborar con El en la creación, y como tales tenemos poder creativo. Cada vez que el alma tiene un objetivo y actúa, construimos algo, y lo que construimos se manifiesta en nuestro mundo físico a través de la acción de nuestra mente. El espíritu es la vida, la mente es el constructor, y lo físico es el resultado.

Los pensamientos y acciones guiados por el amor construyen cosas buenas, tanto en el universo externo como dentro de nosotros mismos. Es decir, tales acciones y pensamientos no sólo son una manifestación del amor de Dios en el mundo que nos rodea, a través de ellos creamos también dentro de nosotros mismos un modelo de actuación caracterizado por el amor. Y de ese modo nos transformamos en seres capaces de expresar más fácilmente el amor divino. Por el contrario, las elecciones guiadas por la rebeldía generan cosas malas tanto dentro como fuera de nosotros, producen falta de armonía en el mundo y aumentan nuestra sensación de separación del Padre.

Lo que nosotros construimos determina lo que experimentamos en el mundo físico, pues una de las leyes inmutables del universo es: igual atrae a igual. Lo que hemos generado dentro de nosotros a través de las decisiones que hemos tomado en el pasado atrae hacia nosotros unas manifestaciones similares procedentes de nuestro entorno. De ese modo, nuestras circunstancias externas —dicho de otro modo, nuestro karma— vienen a reflejar ese ser interno que hemos hecho de nosotros mismos. El siguiente extracto es un claro reflejo de las frecuentes referencias al karma existentes en las lecturas de Cayce como proceso por el cual recibimos aquello que hemos creado: "Pues hemos de encontrar nuestro yo. Y lo que siembres —mentalmente, espiritualmente, físicamente— eso finalmente recogerás" (257-249).

Tal vez, si ponemos unos cuantos ejemplos hipotéticos, será más fácil entender el funcionamiento del karma. Supongamos que una persona adquiere la costumbre de compartir sus recursos materiales con los demás. Al actuar de ese modo, construye un modelo interno de generosidad, y crea al mismo tiempo a su alrededor un sentimiento de abundancia. Como igual atrae a igual, su generosidad interna atraerá hacia él/ella expresiones de generosidad procedentes del exterior. Aun cuando esto no siempre se produzca a corto plazo, lo cierto es que a la larga la persona generosa será tratada con más generosidad por los demás que la persona avara.

O supongamos que una persona constantemente adopta una actitud de desconfianza hacia los demás en cuestiones financieras. Hace de sí mismo una persona suspicaz, recelosa, y a través de las acciones que surgen de tal actitud genera desconfianza en el mundo externo. La desconfianza que esta persona muestra hacia los demás probablemente provocará reacciones similares contra él/ella, y con el tiempo es posible que descubra que su propia honestidad está siendo puesta en tela de juicio por sus socios.

La razón por la cual la vida a veces no parece funcionar de este modo, es decir, atrayendo sobre nosotros mismos lo que generamos en este mundo, es que generalmente hay un intervalo entre la causa y su efecto. Las elecciones que realizamos hoy posiblemente no muestren unos resultados hasta mucho tiempo después. Puede que no sintamos en esta vida todas las repercusiones de las elecciones realizadas en el momento actual, y que ello se produzca en la vida siguiente, o en la posterior a ésta.

Si contemplamos el mundo pensando que sólo existe una vida, posiblemente nos parezca que hay injusticia en el mundo, pues las personas gozan o sufren en unas circunstancias que no han creado. Pero el concepto de la reencarnación nos permite adoptar un punto de vista mucho más amplio, según el cual vemos que la situación de cada uno es resultado de las elecciones realizadas por él/ella en el pasado, si bien podría tratarse de un pasado muy lejano. Cayce hace hincapié en el efecto retardado característico del karma diferenciándolo de otros tipos de causa y efecto. Según una lectura, "lo kármico es lo que ha sido traído (procedente de una reencarnación anterior), en tanto que la causa y el efecto pueden existir en una experiencia material (vida) solamente" (2981-2).

Un aspecto del karma relacionado con el desarrollo de este proceso a lo largo de largos períodos de tiempo se denomina principio de continuidad. Como somos colaboradores de Dios en la creación, lo que construimos tiende a continuar produciendo un efecto hasta que hacemos algo para cambiarlo. Esto también ha de aplicarse a lo que generamos dentro de nosotros mismos, no sólo a lo que ponemos de manifiesto en el mundo externo. Continuamos siendo como nos hemos creado a nosotros mismos a través de nuestras opciones pasadas, hasta que decidimos producir cambios en nosotros mismos escogiendo otras cosas. Desde este punto de vista, el karma puede ser considerado como una especie de memoria. Es el historial del alma, que contiene todo aquello que ha creado en sí misma y en el universo externo.

El hecho de considerar que el karma es la memoria del alma puede ayudarnos a captar uno de sus aspectos más pósitivos y esperanzadores. Como cada una de nuestras actividades deja su sello en el alma, "lo alcanzado nunca se pierde" (416-17). Ningún esfuerzo que realicemos es en vano. Nunca es demasiado tarde para tomar decisiones creativas que nos hagan progresar en la dirección que deseamos seguir. Como nuestras elecciones van quedando registradas dentro de nuestra alma, con el tiempo recogeremos el fruto de todos nuestros esfuerzos constructivos, aun cuando algunos no fructifiquen plenamente durante la presente encarnación.

La Finalidad del Karma

El hecho de considerar que el karma es el resultado, bueno o malo, de las elecciones que hemos realizado podría inducirnos a creer que se trata de una recompensa o de un castigo por las acciones que hemos realizado en el pasado. Y esa idea podría llevarnos a engaño, pues pasa por alto la finalidad esencial del karma. Ya hemos visto que la reencarnación es el proceso por el cual podemos dejar de ser rebeldes y retornar al Padre. El karma es el instrumento que nos permite determinar la dirección que hemos de seguir para realizar nuestro viaje de regreso. Cumple esa función, revelándonos los resultados de las elecciones que realizamos.

Nos equivocamos si pensamos que el karma "bueno" es la recompensa divina por actuar correctamente. Nuestro Creador nos ama infinitamente, siempre, con independencia de cuál sea nuestro comportamiento. Este amor emana de *Su* naturaleza, no de nuestras acciones. Dios no nos niega Sus beneficios mientras nos los merecemos. Ahora bien, cuando ponemos de manifiesto mediante las opciones realizadas que estamos dispuestos a emplear nuestras facultades para expresar Su amor, naturalmente recibimos más oportunidades para avanzar por la senda divina. Esto implica, por ejemplo, un aumento de los recursos y técnicas que tenemos a nuestra disposición, para poder proseguir nuestro desarrollo espiritual y manifestar más amor divino a los que nos rodean. Así aprenderemos que si vivimos según el plan que Dios ha trazado para nosotros, llegaremos a estar más cerca de El, que es fuente de todo bien. Aprenderemos que si nos damos a los demás, nosotros mismos tendremos vida en abundancia.

Y, por el contrario, quizá sea una equivocación mayor aún el considerar que el karma "malo" es un castigo divino por nuestras malas acciones. La desgracia kármica es sencillamente un instrumento que nos enseña cuáles son los resultados de las decisiones contrarias al amor. Nos muestra cómo al optar por ser malvados nos alejamos de Dios y de todo lo que El quiere darnos. Asimismo, el karma puede ayudarnos a comprender mejor los efectos nocivos que algunas de nuestras acciones producen en los demás, pues hace que nosotros mismos experimentemos estos mismos efectos en nuestra vida. Ello puede permitirnos alcanzar la sabiduría necesaria para optar por no volver a cometer tales faltas en el futuro.

La lección fundamental que se supone ha de darnos el karma cuando es desagradable, es ayudarnos a comprender nuestros defectos. Cuando actuamos con rebeldía, nos separamos de Dios. Si tales opciones no produjeran unos resultados perceptibles, no podríamos ver lo que estamos creando a través de ellas, y por tanto no podríamos darnos cuenta de que hemos de cambiar. Si así fuera, no tendríamos ninguna motivación para abandonar las costumbres egoístas y regresar a Dios. El karma desagradable nos proporciona esta motivación al permitirnos experimentar personalmente las consecuencias de nuestra rebelión.

Si tenemos en cuenta lo dicho anteriormente, vemos que las expresiones "buen karma" y "mal karma" no son correctas. Tanto si los efectos que percibimos son agradables como si son desagradables, la ley del karma favorece nuestra formación espiritual. Ambos tipos de experiencias cumplen una finalidad que es mostrarnos cómo regresar hasta nuestro Creador. Así pues, incluso el karma "malo" es un instrumento para nuestra salvación.

Por tanto, todas nuestras experiencias manifiestan el amor que Dios siente por nosotros y nos atraen hacia El. Cayce lo repite una y otra vez, afirma en numerosas ocasiones que "la ley es amor. La Ley es Dios. Dios es Amor. Dios es la Ley" (1942-3). Como una señal de tráfico que nos dirige nuevamente hacia el Padre, el karma muestra la unidad de toda fuerza. Tanto si es agradable como si es desagradable, nos muestra cómo opera el amor universal de Dios en nuestras vidas. El karma es, si hacemos buen uso de las lecciones que nos da, una de las principales ayudas con que contamos para reunirnos finalmente con Dios y formar con El una unidad en el amor.

Cómo Opera el Karma

La ley del karma pone de manifiesto que todos y cada uno de nosotros somos responsables de la situación en que nos encontramos en esta vida. Nosotros a través de las elecciones que hemos realizado en el pasado nos hemos hecho a nosotros mismos y hemos creado las circunstancias que nos rodean. Evidentemente, por extensión diremos que a través de las decisiones que tomamos en la actualidad estamos creando nuestro propio futuro, las circunstancias en que estaremos inmersos en las vidas futuras, y los valores y debilidades personales con que habremos de afrontar tales circunstancias. El "karma bueno", tal como lo denominamos, surge de las elecciones que están de acuerdo con el plan de Dios, y lo que comúnmente se denomina "karma malo" resulta de la utilización de nuestro libre albedrío en un acto de rebeldía. Analicemos ahora el mecanismo a través del cual la utilización de la voluntad por parte nuestra da origen al karma, agradable o desagradable.

Tal como ya hemos visto, el alma registra todo lo que va experimentando desde el momento de su creación. Todo lo que ha hecho y todo lo que le han hecho queda grabado en su memoria, al igual que todas las opciones realizadas. Cada vez que elegimos, cada vez que ejercitamos nuestro libre albedrío, construimos dentro de nosotros mismos un modelo de actuación, un cianotipo que influirá en nuestra forma de reaccionar ante una situación dada. Estos modelos, que adquieren una mayor firmeza cada vez que optamos por actuar de acuerdo con ellos, pueden con el tiempo llegar a ser habituales en nosotros y, por tanto, influir en nuestras futuras decisiones. Así pues, dichos modelos tienen una continuidad dentro de nosotros; continúan siendo parte de nosotros hasta que optamos por cambiarlos seleccionando unas formas de actuar alternativas. Tal como dice una de las lecturas de Cayce: "La semilla que siembras pasa a formar parte de tu yo" (261-15).

Si en una situación dada elegimos una y otra vez una forma de actuar que armonice con el plan que Dios ha trazado para nosotros, con el tiempo descubriremos que nos hemos hecho fuertes, y esa fortaleza nos ayudará a seguir avanzando por el buen camino en el futuro. Si, por otra parte, nos acostumbramos a optar por ceder ante los dictados del yo en un área determinada, creamos y reforzamos un modelo que no hará sino aumentar nuestra tendencia a obrar de ese modo hasta que suceda algo que nos haga cambiar. La mayoría de nosotros estamos familiarizados con algún modelo de actuación que consideramos como una "mala costumbre," y nos damos cuenta de lo difícil que es abandonar esa costumbre una vez que la hemos dejado introducirse en nuestra vida.

Los modelos que hemos optado por grabar en la memoria de nuestra alma no son propiedad de nuestro cuerpo físico. Por tanto, no desaparecen con nuestra muerte física, sino que pasan de una encarnación a la siguiente. Las debilidades y valores kármicos nos afectan a muchos niveles. Influyen en las actitudes mentales y en las emociones que habitualmente experimentamos y manifestamos. Nuestros talentos especiales, esas habilidades que, aparentemente, llegan hasta nosotros de un modo tan fácil y tan natural, son con frecuencia consecuencia de esfuerzos realizados por nosotros en vidas anteriores. Incluso nuestro cuerpo físico tiene, a nivel celular, una capacidad de percepción y de reacción ante modelos que hemos creado a través de las elecciones realizadas en nuestro pasado.

Los valores y las debilidades que hemos generado dentro de nosotros mismos ayudan a fijar el objetivo que ha de perseguir el alma cuando se encarna físicamente. Definen aquellas áreas en las que es necesario que crezcamos y evolucionemos para regresar a Dios. El objetivo marcado para una vida en concreto, cualquiera que sea éste, determinará las circunstancias y experiencias que habremos de afrontar durante esa vida, pues ciertas situaciones conducen a nuestro crecimiento en determinadas áreas. La mente, que participa de lo espiritual y de lo físico al mismo tiempo, es el constructor, es el aspecto del ser humano a través del cual las influencias espirituales se manifiestan en el mundo material. Genera en la vida física unas circunstancias que encajan con el objetivo del alma.

Todo ello nos lleva a comprender el porqué de muchas de las circunstancias kármicas que surgen en esta vida. El alma se acuerda de todas las elecciones que ha realizado en el pasado. Sabe cómo se relacionan tales elecciones con su ideal, con ese patrón que representa lo mejor para ella. El alma se da cuenta de cuáles son las acciones que armonizan con ese ideal, y cuáles las que se oponen al mismo.

Las opciones que están de acuerdo con el ideal hacen que el alma llegue a conocer su fuerza, muestran qué fases de la vida serán adecuadas para el desarrollo de una actividad constructiva y creativa. En cambio, las opciones contrarias a dicho ideal crean una conciencia de debilidad. Al conocer esto el alma comprenderá que es necesario experimentar las consecuencias de tales acciones, para aprender la lección y tomar en el futuro otras decisiones, unas decisiones guiadas por el amor. Como respuesta a tales conocimientos anímicos, la mente construye o genera en el mundo físico las circunstancias precisas para que el individuo se enfrente a tales conscuencias kármicas, según la ley de la atracción de iguales.

Vemos aquí cómo el karma puede expandir nuestros horizontes o limitarlos. Las elecciones realizadas de acuerdo con nuestro ideal suelen proporcionarnos la oportunidad de crecer espiritualmente mediante la aplicación constructiva de las habilidades que hemos desarrollado. Las acciones motivadas por la obstinación en lugar de por el amor divino suelen generar unas circunstancias que nos permiten experimentar los resultados negativos de nuestro comportamiento. Con frecuencia tales circunstancias constituyen una limitación de nuestras habilidades. Así, por ejemplo, la persona que abusa de la comida durante una vida posiblemente se encarnará en un cuerpo que sufra trastornos digestivos; eso no sólo le mostrará las consecuencias de sus acciones, sino que además hará que le resulte físicamente imposible continuar siendo un/a glotón/ona. De este modo, no podrá consolidar este modelo negativo, hasta que tenga la fuerza de voluntad necesaria para escoger unos modelos de comportamiento alternativos. Este aspecto restrictivo de muchas circunstancias kármicas, que nos fuerza a interrumpir nuestras actuaciones negativas, es otra muestra del amor de Dios, aun cuando tales circunstancias nos parezcan desagradables.

El Karma Mental y Emocional

Muchas de nuestras características mentales y emocionales se basan en lo que nuestra alma recuerda de aquello que experimentó en vidas anteriores. La idea de que nuestro pasado puede influir en las características de nuestra vida actual no es totalmente nueva. Diversas escuelas de pensamiento también tratan de explicar el estado mental o emocional de la persona haciendo referencia a sus experiencias pasadas, incluidas aquellas que han sido olvidadas conscientemente. La teoría de la reencarnación sencillamente nos permite tener en cuenta los sucesos de muchas vidas, en lugar de considerar exclusivamete los de una vida.

Nuestros recuerdos de vidas pasadas pueden generar en el presente características mentales desfavorables, de diversas formas. Tal vez la explicación más obvia de un temor concreto haya de buscarse en una vida pasada, podría deberse a un recuerdo subconsciente de un suceso importante y desagradable al mismo tiempo, ocurrido en una encarnación anterior. Si una persona se cae y se mata en una vida, posiblemente experimente en la vida siguiente un gran temor a las alturas. Nuestras aversiones pueden tener una causa parecida. Si una persona se encarna y vive una vida muy difícil en cierta región del mundo, podría en la siguiente encarnación mostrar una cierta aversión por la cultura de esa región. Si el acontecimiento inicial de su vida anterior fue traumático, podría tener una reacción más exagerada, que generaría fobias u otras anormalidades mentales.

Las lecturas de Cayce contienen otra posible explicación de los trastornos mentales fundamentada en las vidas pasadas. Se trata de una explicación que podría fácilmente ser pasada por alto. En lugar de centrarse en lo que se le hizo a la persona, hacen hincapié en lo que la persona hizo. El alma, que recuerda las acciones pasadas, registra las elecciones contrarias a su desarrollo espiritual, realizadas por el individuo en anteriores encarnaciones. Conoce las áreas de la vida en las que el individuo ha fallado repetidas veces. Ello puede hacer que el alma no esté segura de sí misma por lo que a esas áreas se refiere, que no confíe en su capacidad para tomar decisiones que estimulen su evolución. Habida cuenta de la extrecha relación existente entre el cuerpo, la mente y el alma, las dudas a nivel espiritual naturalmente influyen en las actitudes mentales y en las manifestaciones físicas que se producen en la vida. La duda, nos dicen las lecturas, conduce al miedo. Y del miedo pueden surgir la aversión, el odio, la ira y muchos otros modelos de pensamiento en modo alguno deseables. "Cuando la duda entra sigilosamente, se convierte en la madre del miedo. El miedo es como el comienzo de las vacilaciones" (538-33).

Por supuesto, no todos los rasgos mentales que van unidos a nosotros y proceden de anteriores encarnaciones son negativos. Las actitudes amorosas que hemos adoptado en el pasado continúan siendo parte de nosotros y podemos recurrir a ellas cuando en nuestra vida cotidiana surja una situación las requiera. Las actitudes mentales que hemos desarrollado también van unidas a nosotros y podemos emplearlas constructivamente en esta vida. Y el conocer los temas que nos han interesado y en los que hemos trabajado puede también ayudarnos en esta vida, pues así sabremos cuáles son los campos que más atractivos nos resultan para trabajar y que son más adecuados para nosotros.

Existen también otros aspectos de nuestra psicología que pueden ser consecuencia de las experiencias que hemos tenido en vidas pasadas. Así, por ejemplo, el hecho de que una persona muestre un temperamento introvertido o extrovertido puede ser la continuación de una tendencia iniciada en una encarnación previa. Por otra parte, podría ser una especie de medida estabilizadora debida a la certeza por parte del alma de que el individuo ha ido demasiado lejos en la dirección opuesta. Los introvertidos de hoy posiblemente sean individuos que, tras haber sido a lo largo de varias vidas unas personas vivaces y extrovertidas, se han dado cuenta de que tienen que ser más sensibles, por lo que han optado por encarnarse en unas circunstancias que estimulan la introspección; en cambio, los extrovertidos puede que hayan sido en vidas anteriores unas personas excesivamente cerradas, y por ello se vean atraídos por unas circunstancias conducentes a un estilo de vida más abierto, donde haya más oportunidades de entablar amistad.

Lo cierto es que, sea cual fuere la característica, siempre es posible dar varias explicaciones basadas en las vidas pasadas, y no existe ninguna fórmula infalible que sirva para determinar cuál de las posibilidades es la que está operando en un caso dado. La teoría de la reencarnación dice que estas características vienen de *alguna parte*, ya sea de la vida actual o de una vida anterior a ésta. Siempre hay una razón para su existencia. Siempre existe la posibilidad de emplearlas positivamente, de tal forma que cumplan su objetivo en relación con nuestro desarrollo espiritual.

El Karma Físico

Hay quien piensa que el hombre se compone de tres elementos separados: cuerpo, mente y espíritu. Pero lo cierto es que estos tres aspectos constituyen un todo, pues están interrelacionados. Nuestras características físicas son la manifestación material de lo que hemos creado en nosotros mismos a través de las elecciones que hemos realizado en el pasado. Cuando afirmamos que el espíritu es la vida, la mente es el constructor y lo físico es el resultado, estamos indicando que nuestros rasgos físicos reflejan nuestro desarrollo espiritual, nuestras actitudes mentales y nuestras emociones. El uso que hagamos de nuestra mente contribuirá a determinar la forma y características de nuestro aspecto físico, de nuestro cuerpo. En las lecturas encontramos la siguiente frase: "Con toda seguridad, las actitudes influyen muchas veces en el estado físico del cuerpo. Nadie puede odiar a su vecino sin padecer del estómago o del hígado al mismo tiempo. Nadie puede estar celoso y dejarse llevar por la ira a causa de sus celos sin tener trastornos digestivos o cardiacos" (4021-1).

Para comprender cómo afecta al cuerpo la información proveniente del alma y de la mente, has de tener en cuenta la afirmación de Cayce en el sentido de que cada célula del cuerpo tiene capacidad de percepción. Cada célula es influenciada por los recuerdos de vidas pasadas que han quedado grabados en el alma. En el interior del cuerpo, diversas células endocrinas actúan como puntos de contacto entre lo espiritual y lo físico. Estos centros, que se denominan chakras en algunas tradiciones religiosas de Oriente, son los puntos a través de los cuales se produce la manifestación física de los recuerdos kármicos registrados en el alma. Entonces los centros glandulares actúan sobre el cuerpo en general para producir las condiciones físicas, ventajosas o problemáticas, más adecuadas para el desarrollo espiritual del individuo.

El hecho de que las condiciones físicas del individuo sean favorables puede deberse a los esfuerzos realizados en una encarnación previa. Cuando una persona se esfuerza para desarrollar una parte de su cuerpo, no sólo fortalece su físico, sino que también construye el modelo de esa fortaleza a nivel mental y espiritual. Aun cuando el cuerpo en sí morirá finalmente, el modelo se mantiene en aquellas partes del individuo que sobreviven a la muerte. De ese modo, puede llevarse hasta una vida posterior, en la cual nuevamente producirá un cuerpo físico dotado de esa fortaleza.

Este concepto no difiere sustancialmente de lo que es comúnmente sabido. En general, se admite que el ejercitar una parte concreta del cuerpo ayuda a su desarrollo y fortalecimiento. El único elemento nuevo que introduce el concepto de la reencarnación es la existencia de modelos relacionados con determinadas facetas de la persona que no están sujetos a una muerte física. Ello permite que las características físicas generadas durante una vida sean introducidas en la vida siguiente.

Así se explica la presencia en la persona de unos rasgos físicos favorables desde su nacimiento o el desarrollo natural de dichos rasgos a una edad temprana sin que el individuo haya hecho nada, aparentemente, para merecer semejante beneficio. El hecho de creer en la reencarnación nos permite ver esto con claridad. Para los que creen en la reencarnación, estos valores, en lugar de surgir de la nada, han sido generados por la persona utilizando el poder de su propia voluntad; lo único que pasa es que dichos valores han sido creados en una vida anterior, han quedado registrados en la memoria del alma y han pasado a otra encarnación.

Asimismo, es posible que los problemas de tipo físico hundan sus raíces en acciones realizadas en vidas pasadas. Los modelos negativos relacionados con el cuerpo se llevan de una vida a la siguiente, igual que sucede con los positivos; y el cuerpo reacciona también ante ellos. Si la persona hace mal uso de una facultad del cuerpo, se construye en la mente un modelo generador de debilidades o flaquezas. Y finalmente el individuo tendrá que enfrentarse con los resultados físicos de ese modelo. Si ello no sucede en esa encarnación, tendrá lugar en otra posterior.

Ahora bien, los problemas físicos kármicos no son siempre consecuencia de un comportamiento directamente autodestructivo. A veces surgen porque el individuo realiza una elección que es nociva para los demás. Posiblemente sea necesario que esa persona experimente trastornos físicos que le hagan darse cuenta de las consecuencias de su acción, con el fin de que comprenda que ha de empezar a seleccionar unas formas de actuar más positivas. Con frecuencia, si bien no siempre, los efectos negativos que la persona siente en su propio cuerpo son iguales o muy parecidos a las dificultades que su comportamiento ha causado a los demás.

Las lecturas de Cayce contienen una afirmación relacionada con los trastornos físicos que posiblemente nos cueste admitir a muchos de nosotros: "Aquello que se materializa es primero concebido en espíritu. Por tanto, tal como hemos indicado, toda enfermedad es un pecado; no necesariamente un pecado de ese momento, tal como el hombre calcula el tiempo, sino un pecado que forma parte de la experiencia en su totalidad" (3395-2). La enfermedad, del tipo que sea, ha cobrado existencia porque en el desarrollo espiritual de la persona o en su actitud mental hay algo que no va bien. El modelo que la mente, que es el constructor, ha establecido para el vehículo físico tiene alguna imperfección. A consecuencia de ello, el cuerpo que se manifiesta como respuesta a tal modelo está asimismo deteriorado.

Ten en cuenta que no es que Dios nos castigue por nuestras malas acciones. Más bien, los trastornos físicos son la consecuencia natural de nuestro alejamiento de Dios, fuente de toda vida. Indican que tenemos algo que aprender. El alma, con la mente como constructor, actúa a través de los centros glandulares endocrinos para generar las condiciones físicas necesarias para que quede claro que las acciones del individuo han de cambiar.

A juzgar por el material que Cayce nos ha dejado, parece que existe una cierta coherencia en relación con el tema de las enfermedades kármicas. Es decir, el hacer mal uso de la voluntad en determinadas cuestiones produce trastornos en determinadas zonas del cuerpo, si bien las lecturas describen una serie de casos que no parecen encajar dentro de las referidas tendencias. A veces la relación entre un error cometido en el pasado y las consecuencias físicas de las que habla Cayce salta a la vista; otras veces la conexión entre una cosa y otra es mucho menos evidente.

Sin duda son muchos los factores implicados en la producción de enfermedades, o de cualquier otro estado kármico. Lo que se puede decir con toda seguridad es que si una persona estuviera en perfecta armonía con la ley universal del amor, la manifestación física sería perfecta. Donde hay una enfermedad, hay una imperfección. Pero ¿quién de nosotros está libre de imperfecciones?

Las Circunstancias Kármicas Externas

Las experiencias de nuestra vida pasada no sólo influyen en nuestra estructura mental y en nuestra constitución física, también influyen en las circunstancias externas de nuestras vidas. La causa fundamental de este efecto, y el mecanismo subyacente por el que funciona, se dejan sentir tanto en las circunstancias que nos rodean como en nuestras características personales. El alma toma nota de todo su pasado, y sabe qué es lo que ha de experimentar para poder evolucionar. Ciertas situaciones pueden proporcionarnos las experiencias que necesitamos. La mente utiliza la información proveniente del alma para crear a nivel físico unas circunstancias que estimulen el crecimiento espiritual. Entonces el alma es atraída hacia dichas circunstancias de acuerdo con el principio de la atracción de iguales.

Esta atracción del alma hacia una situación en la cual pueda desarrollarse se produce cuando la persona está preparada para nacer en el mundo físico. Dicha situación engloba tanto el cuerpo como las circunstancias externas en que nacerá el alma. Las leyes de la herencia genética proporcionan un cuerpo físico adecuado para ciertas experiencais, y son uno de los medios a través de los cuales podemos enfrentarnos a nuestro karma. Asimismo, los medios: social, económico, cultural e interpersonal, en que penetramos al nacer se ven influenciados por las necesidades espirituales surgidas de las elecciones realizadas en el pasado por el alma. En el momento de la encarnación el alma empezará a estar en una situación, y en esa situación, sea cual fuere, podrá desarrollarse utilizando constructivamente las ventajas ofrecidas y aprendiendo las lecciones que haya que aprender a partir de las desventajas.

Unos de los aspectos externos más importantes de las condiciones kármicas son las relaciones interpersonales que desarrollamos a largo de nuestra vida. Las asociaciones de las que llegamos a formar parte no son producto de la casualidad: "No hay un encuentro casual, ni una asociación que no sea importante para el desarrollo de la entidad individual o alma" (1648-2).

Las relaciones que hayamos entablado en anteriores encarnaciones influyen mucho en las personas que conocemos en esta vida, y en la forma de interactuar con ellos. Los recuerdos subconscientes de experiencias que en vidas anteriores hemos tenido con otros individuos, influyen en nuestra forma de reaccionar ante otros individuos en esta vida. Si, por ejemplo, tuvimos una amistad estrecha y gratificante con cierta persona en una vida anterior, cabe esperar que en caso de encontrarnos con dicha persona en esta vida reaccionemos positivamente. En cambio, si nos encontramos con alguien que nos traicionó en una vida pasada, la experiencia que tuvimos entonces podría predisponernos en contra de esa persona y posiblemente reaccionaríamos en un principio dando muestras de desconfianza, antipatía o miedo.

Las relaciones entre padres e hijos son frecuentemente consecuencia de la existencia de unos lazos kármicos. Las lecturas de las vidas de Cayce contienen varios ejemplos de hijos que han nacido de los mismos padres en esta vida y en vidas pasadas. La premisa fundamental es que el alma nace en el seno de determinada familia por algún motivo, quizá por los lazos afectivos creados en anteriores encarnaciones. También podría deberse a que el alma recordara una encarnación previa en la cual esta familia le hubiera proporcionado el estímulo y el apoyo necesarios para crecer y evolucionar, o a que las pasadas relaciones familiares hubieran sido bastante agitadas y quedaran problemas sin resolver. En tal caso, el alma posiblemente habría de nacer en el seno de esa misma familia con el fin de poder resolver esos problemas interpersonales.

Al igual que las relaciones padre/hijo, las existentes entre hermanos, cónjuges, amigos y socios son a veces una repetición de asociaciones establecidas en el pasado. Al igual que sucede con los padres, el alma podría haber tenido en el pasado una experiencia positiva que deseara continuar, o bien una experiencia desagradable, origen de problemas a los que la persona hubiera de hacer frente, tratando de superarlos. Esta última posibilidad podría explicar ciertos casos extremos de hostilidad entre hermanos, incompatibilidad de cónyuges y rivalidad interpersonal que, vistos desde una perspectiva que niega la reencarnación, parecen surgidos de la nada.

Tal vez sea éste el momento adecuado para aconsejar que seamos cautos a la hora de analizar nuestras relaciones interpersonales desde un punto de vista fatalista. Las experiencias que hemos tenido en vidas pasadas y nuestros recuerdos kármicos posiblemente contribuyan a determinar con quién vamos a encontrarnos en esta vida y los sentimientos que vamos a experimentar en relación con tales personas. Pero estas experiencias no *mandan* sobre nuestras asociaciones ni sobre nuestras reacciones. La habilidad para decidir estas cosas es nuestra, y para ello hacemos uso de nuestra voluntad. Las lecturas de Cayce hacen hincapié en el hecho de que, si bien las experiencias que hemos tenido en vidas pasadas producen unos efectos, hemos de *"tener en cuenta* que ningún impulso, ninguna experiencia está por encima de la *voluntad* de la entidad" (1432-1).

No estamos destinados a casarnos con cierta persona, por ejemplo, sólo porque existe una atracción procedente de una encarnación previa. Puede que el impulso esté ahí, pero tenemos poder para no ceder ante tal impulso, si pensamos que esa experiencia podría ser nociva. Igualmente, no estamos destinados a reaccionar negativamente ante una persona por una animosidad existente en el pasado. Escogemos aquello que expresamos en nuestras vidas. Si nuestra reacción inicial es negativa, podemos cambiarla. Tal vez, nos hayamos encontrado con esta persona para tener la oportunidad de hacerlo.

En relación con todo esto, hemos de decir que cuando tratamos de poner remedio a una relación complicada, debemos tener presente que cada alma es responsable de su evolución. Cada alma ha de transformar sus propias actitudes y acciones, en caso de que sean contrarias al amor. No ha de tratar de cambiar las del otro. Cuando una persona preguntó a Cayce sobre una posible "deuda kármica" entre ella y algunos miembros de su familia, se le dijo simple y llanamente que el karma no es una deuda entre personas; lo importante es el desarrollo del alma de cada individuo, y en esta cuestión participan otras personas, que le dan la oportunidad de superar cualquier actitud imperfecta introducida en el yo: "Se trata simplemente del ENCUENTRO con el yo, en relaciones que ELLOS MISMOS tratan de resolver... no de una deuda kármica ENTRE, sino de una deuda *kármica* del YO que puede ser resuelta ENTRE las asociaciones que existan en el momento actual" (1436-3).

Nuestra tarea no es convertir al otro en una persona que sintamos que podemos amar. Es convertirnos a nosotros mismos en personas capaces de amarlo, aun cuando todavía sienta rencor hacia nosotros y continúe tratando de hacernos daño. De ese modo podemos transformar nuestras vidas en expresiones del amor *universal* de Dios.

Los recuerdos kármicos juegan asimismo un papel importante en la elección por nuestra parte de nuestra vocación y de nuestras aficiones. Las habilidades que hemos desarrollado en vidas pasadas y lo que en el pasado ha llegado a interesarnos no son cosas que desaparezcan con la muerte física. Han quedado registrados en el alma y pasan de una vida a otra. Estos recuerdos pueden proporcionarnos unas aptitudes que nos será posible utilizar en nuestra actividad laboral y en nuestro tiempo de ocio, y una motivación para actuar de ese modo. Cayce nos presenta numerosos ejemplos de personas que en su vida actual han trabajado en el mismo campo que en el pasado, y a menudo da a entender que el éxito alcanzado por tales personas en la vida actual se debe, por lo menos en parte, a los esfuerzos realizados en el pasado. Al igual que sucede con los demás atributos que poseemos, las habilidades que provienen de encarnaciones anteriores nos han sido dadas para que las utilicemos constructivamente, a fin de que contribuyan a nuestro desarrollo espiritual.

Hemos hablado de la influencia de nuestras experiencias pasadas en unas cuantas facetas de esta vida. No hemos pretendido abarcar todas las áreas que están sujetas a influencias kármicas, sino simplemente dar una idea de cómo nuestras vidas pasadas pueden ayudar a conformar nuestra vida actual.

Todo factor que incide de un modo importante en un aspecto de nuestra existencia es motivado por algo, y con frecuencia las motivaciones arrancan de nuestras encarnaciones anteriores. Toda situación a la que nos enfrentamos tiene una causa. Las circunstancias que nos rodean, cualesquiera que sean, son algo que nosotros mismos hemos fabricado, algo que puede ser empleado para el crecimiento de nuestra alma. Estemos donde estemos, con toda seguridad, se tratará del lugar adecuado para proseguir nuestro viaje de regreso hasta Dios.

El Karma y la Gracia

Nuestro karma, tal como hemos visto, es consecuencia de lo que hemos construido mediante nuestro libre albedrío. Las elecciones realizadas por nosotros que están de acuerdo con la voluntad de Dios nos han proporcionado una serie de valores que podemos utilizar para manifestar el amor del Padre y regresar a El. En cambio, las elecciones que hemos realizado llevados por un sentimiento de rebeldía han producido las dificultades con que hemos de enfrentarnos conforme desandamos lo andado y retornamos a nuestro Creador. Incluso las dificultades tienen una finalidad. Cada prueba que hemos de pasar constituye un reto que nos ayuda a reformarnos. Cada prueba puede tener una finalidad positiva, pues nos permite adquirir fortaleza espiritual a base de vencer las tendencias egoístas que hay dentro de nosotros y que la han originado. Cayce dijo que las inclinaciones contrapuestas "pueden ser utilizadas como trampolín, y no constituyen un escollo, si la fe en el yo interior, o la confianza en su relación con las Fuerzas Creativas o con Dios, se tiene para una experiencia constructiva, y no para la satisfacción inmoderada de los deseos personales ni para el engrandecimiento personal..." (1494-1).

Superar las dificultades implica utilizar la voluntad para realizar elecciones guiadas por el amor, elecciones divinas, en lugar de las elecciones egoístas que habíamos realizado anteriormente. Esa tarea nos corresponde a nosotros. Nuestros defectos son obra nuestra, y han de ser expiados por nosotros. El instrumento de que disponemos para tal fin es la voluntad, que es más poderosa que los restrictivos modelos kármicos que hemos construido dentro de nosotros. Con nuestra voluntad podemos cambiar nuestras actitudes mentales y las cosas que expresamos en nuestras vidas físicas.

Hemos de hacer frente a nuestro pasado y debemos eliminar nuestras imperfecciones. Pero no es necesario que lo hagamos nosotros solos. El Padre, cuyo amor no conoce límites, no nos deja solos a la hora de lograr nuestra redención. Contamos con Su ayuda, que en forma de gracia está siempre a nuestra disposición. Como esto es así, no hemos de sufrir necesariamente todas las consecuencias desagradables del mal uso de nuestro libre albedrío; pues aunque tenemos que enfrentarnos con las consecuencias de los errores cometidos en el pasado, podemos hacerle frente en gracia de Dios, en lugar de sujetos a la ley kármica de la causa y el efecto.

A veces se habla de pasar de la ley del karma a la ley de la gracia. Pero, dado que tanto el karma como la gracia pueden ser utilizados como instrumentos para retornar a Dios, tal vez sería más exacto considerarlos como facetas de una ley única, la ley del amor divino. El karma nos ofrece la oportunidad de enfrentarnos con los efectos de lo que hemos creado y nos permite corregir aquellos modelos contrarios a Dios que hemos construido dentro de nosotros, con el fin de continuar formando una unidad con el Padre. La gracia es aquel aspecto del amor de Dios que nos promete misericordia y ayuda divinas. Es un don de Dios, un don inmerecido, que recibimos los que nos esforzamos por dominar aquellas facetas de nuestra persona que son contrarias al amor. Si aceptamos ese ofrecimiento de ayuda divina y lo utilizamos en nuestras vidas, viviremos en estado de gracia en lugar de estar sujetos a la ley de la causa y el efecto. Cualquiera de estas dos sendas conduce a Dios; a nosotros nos corresponde escoger la que vamos a seguir.

Posiblemente, el siguiente extracto de las lecturas de Cayce nos ayudará a comprender la relación existente entre el karma y la gracia. A una persona se le dijo que aun cuando hay que hacer frente a la influencia kármica, es necesario tener presente que "si la persona está sometida a la ley de la gracia, ello no será más que un impulso, que cuando la persona consigue que la voluntad de su yo forme una unidad con el Camino, entonces puede impedir, puede vencer y puede elegir aquello que contribuye a crear vida, amor, alegría, felicidad; en lugar de la ley que... causa o hace que el individuo haya de enfrentarse a todo de la forma más dura o difícil" (1771-2). Evidentemente, los efectos producidos en el yo por elecciones que el individuo, llevado por un sentimiento de rebeldía, realizó en el pasado continúan estando presentes a modo de impulsos que éste ha de afrontar y vencer. Pero con ayuda de la gracia, puede lograrse dentro de nosotros mismos, si hacemos que nuestra voluntad forme una unidad con la voluntad de Dios. Si tal transformación del yo se lleva a cabo, acaba con la necesidad de experimentar en la vida física las desagradables consecuencias del mal uso de la voluntad; ya no hemos de enfrentarnos a lo creado "de la forma más dura o difícil".

La clave para utilizar la gracia, tal como acabamos de indicar, estriba en hacer que nuestra voluntad forme una unidad con la voluntad de Dios. Debemos sustituir los modelos kármicos imperfectos que hemos creado dentro de nosotros mismos por el modelo perfecto del amor divino. Este modelo, recuerda, siempre ha sido parte de nosotros, nos lo concedió el Creador en el principio. Cuando lo utilizamos como fundamento de nuestras acciones, en todas las situaciones en que nos encontramos, nos transformamos en expresiones más perfectas del amor de Dios. De ese modo se habrá cumplido el objetivo de la situación en que nos encontramos, por lo que a nuestro desarrollo espiritual se refiere. Tal vez, la mejor explicación de lo que significa actuar según el modelo divino sea la que figura en el Nuevo Testamento: "Amarás al Señor, tu Dios, con todo tu corazón, con toda tu alma, con toda tu mente... Amarás al prójimo como a ti mismo" (Mt. 22:37, 39).

Hay un aspecto en esto del vivir según la ley de la gracia que merece ser puesto de relieve. Se trata de la misericordia. Para ser perdonados por Dios, hemos de estar dispuestos a perdonar a los demás. Así lo indica la Oración del Señor cuando pedimos a Dios: "Perdona nuestras ofensas como también nosotros perdonamos a los que nos ofenden" (Mt. 6:12). Si escogemos la ley del justo castigo, en nuestras relaciones con los demás, recibiremos nuestro justo castigo; si escogemos la misericordia, recibiremos misericordia. El espíritu de Dios que está dentro de nosotros, y que tratamos de magnificar en nuestras vidas, es ese mismo espíritu divino que está dentro del prójimo. No podemos acercarnos a El buscándolo dentro de nosotros mismos si al mismo tiempo nos alejamos de El en los demás. Tal como señala una lectura: "Si tu hermano ha sido creado a imagen y semejanza de tu Hacedor, ¿acaso tienes derecho a criticarlo o a hablar mal, sobre todo injustamente?" (262-109). Siempre podemos pedir a Dios que nos ayude en nuestra vida, pero para experimentar la misericordia inherente a Su amor, hemos de dar muestras de amor en nuestras relaciones con los que nos rodean.

No existe una fórmula mediante la cual podamos establecer una serie de medidas que nos permitan vivir en gracia. Pero las lecturas de Cayce señalan unos principios generales que nos ayudarán a valernos de esa faceta del amor de Dios. A nivel espiritual, es sumamente importante que reconozcamos cuál es nuestro ideal y vivamos según éste. Para ello hemos de determinar cuál es el tipo de vida mejor y más perfecto que podemos concebir, y hacerlo parte de nosotros. Nuestro ideal puede servirnos para guiar nuestros ejercicios de meditación mientras tratamos de sintonizar con el espíritu de Dios que hay dentro de nosotros. Nos proporciona un patrón para medir nuestras motivaciones, deseos y actitudes mentales. Y puede indicarnos lo que hemos de optar por manifestar a través de nuestras acciones físicas y mostrarnos una alternativa frente al hecho de ceder ante los modelos kármicos imperfectos e impulsos contrapuestos que pudiéramos haber traído con nosotros de vidas anteriores. Si acostumbramos a escoger actitudes, emociones y actividades que estén en consonancia con nuestro ideal, nuestras vidas se convertirán en expresiones más perfectas del amor de Dios.

A nivel mental, a fin de vivir bajo la ley de la gracia, hemos de adoptar actitudes que estén de acuerdo con dicha ley. Si queremos que el amor de Dios actúe en nuestras vidas, no podemos dejar de amar a los demás, pues "no se puede recibir sin dar, pues aquel que quiere tener vida, ha de dar vida; aquel que quiere tener alegría, ha de llevar alegría a las vidas de los demás; aquel que quiere tener paz y armonía, ha de conseguir estar en paz consigo mismo y con los demás. Así es la ley, pues igual engendra igual..." (349-17).

Vamos a analizar brevemente algunas de las características mentales que nos permitirán vivir en gracia. Ya hemos señalado cuán importante es estar dispuestos a perdonar. También es necesario confiar en que podemos alcanzar la gracia y que ésta puede influir en nuestra existencia, pues difícilmente esperaríamos utilizar una cosa, si no creyéramos esta cosa que existe. También hemos de tener fe en nosotros mismos, hemos de saber que podemos progresar. Asimismo, la paciencia es algo fundamental, paciencia con nosotros mismos cuando fallamos, y paciencia con los demás cuando no están a la altura de lo que esperábamos de ellos. Y si esperamos poder utilizar la gracia de Dios para hacer frente a las influencias kármicas, es preciso que adoptemos ante el karma una actitud exenta de todo temor; hemos de saber que incluso las dificultades pueden ayudarnos si nos enfrentamos a ellas de la forma adecuada, pues con ello podemos aprender a elegir mejor en el futuro y de ese modo acercarnos más a Dios.

A nivel físico, nuestro reto consiste en expresar nuestra motivación ideal y manifestar nuestras actitudes amorosas a través de las acciones que llevemos a cabo en este mundo. El amor cumple la ley. Mientras conformamos nuestras vidas a la ley del amor, recibimos la gracia de Dios que tal ley proporciona. Una importante directriz que puede ayudarnos a vivir según la ley del amor es la que nos da la Regla de Oro: "Tratad a los hombres de la manera en que vosotros quréis ser por ellos tratados" (LC. 6:31). Si vivimos según este principio, manifestaremos amor, paciencia, espíritu de cooperación, generosidad y amabilidad en nuestro trato con los demás. Cayce con frecuencia se refiere a tales manifestaciones del espíritu del amor como frutos del espíritu, y de tales frutos dicen sus lecturas: "Contra estos no hay ninguna ley; son la ley —amor y vida" (2716-1). Las circunstancias de nuestra vida actual son producto de cómo hemos aplicado la ley del amor en el pasado. Puede que lleve algún tiempo, pero, con toda seguridad, al aplicar este principio en nuestra vida presente, estamos construyendo una futura existencia que será reflejo del amor divino.

Puede que el hecho de crear, nuevamente, nuestras vidas a tan gran escala, nos parezca una labor inmensa, pero para tal empeño tenemos toda la ayuda que podamos necesitar. Nuestro Padre no sólo nos ofrece la oportunidad de hacer que Su amor ilimitado se manifieste en nuestras vidas, nos ha enseñado el Camino para conseguirlo. El Camino es Jesús de Nazaret. A través de Jesús, se nos ofrece la misericordia divina. Jesús es la encarnación del amor de Dios a los hombres. Llegó a ser la ley del amor y, al llegar a ser la ley del amor, la cumplió. Esto es algo que todos podemos hacer, si seguimos el camino que El nos ha mostrado.

Al manifestar perfectamente la ley del amor divino en la Tierra, Jesús puso esta ley a nuestro alcance. A través de Jesús, todos nosotros podemos pedir la gracia divina. El ha hecho que no necesitemos experimentar la acción de la ley de la causa y el efecto en las circunstancias externas de nuestras vidas, pues El ha puesto la ley del amor a nuestro alcance. Si vivimos según esa ley, podemos también nosotros, como El, ser expresiones perfectas del amor del Creador. Y ese amor cumple esa ley en su integridad, pues es esa ley.

A nosotros nos corresponde seguir el Camino que El nos ha mostrado, y para ello contamos con Su ayuda. He aquí un pasaje procedente de las lecturas que nos recuerda una de las promesas que Jesús nos hizo; expresa tal promesa con otras palabras con el fin de aclarar qué tipo de ayuda recibiremos de Jesús cuando tratemos de hacer que nuestro corazón y nuestra mente, y por tanto nuestra vida, armonicen con la suya: " 'Si me amas y guardas mis mandamientos, moraré en tu corazón'. Es decir: '*Llenaré hasta tal punto tu mente, tus facultades mentales con el bien*, que todo lo demás se alejará' " (294-71). Jesús no sólo nos ha dado el modelo, nos ha mostrado el Camino; también nos ayuda a seguir el Camino, para alcanzar nuevamente la unidad con el Padre.

CAPITULO 3

Habilidad Psíquica e Investigaciones sobre las Vidas Pasadas

Niveles de Conciencia

Nuestras afirmaciones en relación con la reencarnación y su funcionamiento se basan en el supuesto de que la información que nos ha llegado a través de Edgar Cayce es válida. Si ello es así, sus lecturas de las vidas demuestran que hoy en día podemos conocer sucesos que tuvieron lugar en nuestras vidas pasadas. En tal caso cabría decir: "Muy bien, Edgar Cayce posee esta facultad especialísima que le permite ver el pasado remoto; pero él fue una persona extraordinaria, y no es lógico que yo, que soy una persona normal y corriente, espere hacer lo que él hizo."

Ahora bien, esta actitud es contraria al tono general del material de Cayce relacionado con la información de naturaleza psíquica, pues Cayce anima repetidas veces a la gente "normal y corriente" a desarrollar sus propias facultades psíquicas. Las lecturas con frecuencia afirman que dicha habilidad existe en cada uno de nosotros. Así, por ejemplo, un pasaje dice que "hay un canal innato en cada individuo físico a través del cual las fuerzas psíquicas o espirituales... *pueden* actuar" (294-141). Ciertamente, Edgar Cayce fue un ser especial, en el sentido de que sus facultades psíquicas estaban más desarrolladas que en la mayoría de los individuos. Pero todos podemos cultivar unas facultades similares.

Vamos a examinar más de cerca cómo operaba la capacidad que Cayce tenía para descubrir las vidas pasadas de otras personas y las fuentes de información a las que tenía acceso. Ello debería darnos cierta idea sobre lo que hemos de hacer para desarrollar aquellas facultades que nos permiten entrar en contacto con anteriores encarnaciones. Vamos a empezar examinando rápidamente los niveles de conciencia que existen en cada uno de nosotros.

En el centro de nuestro ser está la superconciencia, la capacidad de percibir directamente a Dios, concedida a todas las almas en el momento de la creación. Como este nivel de la mente permanece en contacto con el Creador, omnisciente e infalible, es también omnisciente e infalible. Dado que en el pasado realizamos elecciones guiados por un sentimiento de rebeldía y nos alejamos de Dios, hemos llegado a sentirnos separados de nuestra percepción superconsciente. Pero no hemos destruido este aspecto de nuestro ser, pues es de Dios y no puede ser destruido. Permanece dentro de cada uno de nosotros, es una parte esencial de nuestra naturaleza. Su saber ilimitado e infalible está allí a nuestra disposición, sólo falta que volvamos a ser capaces de utilizarlo.

El segundo nivel de la mente es el subconsciente. Este nivel ha sido construido por nosotros a partir de las experiencias que hemos tenido después de nuestra creación. Consta de diversos subniveles. En los niveles más profundos no nos limitamos a tener unos recuerdos individuales, pues "lo que es conocido para una mente subconsciente lo es para otra, tanto si la mente subconsciente es consciente de ese hecho como si no lo es" (254-2). No es Cayce el único que piensa que todas las mentes están en contacto a nivel subconsciente. Se trata de un concepto compatible con la teoría jungiana del inconsciente colectivo, ese conjunto de imágenes y símbolos común a toda la humanidad; y diversos investigadores dicen que ese contacto subconsciente que existe entre los individuos es la base de la telepatía, de la transmisión de pensamientos desde una mente hasta otra por unos medios no físicos. Como este subnivel compartido de la mente subconsciente, descrito por Cayce, está dentro de cada uno de nosotros, todos tenemos acceso a la información contenida en él.

Por otra parte, la mente subconsciente de cada individuo consta de una serie de capas personales. En ellas han quedado registradas aquellas impresiones del pasado que el individuo ya no recuerda conscientemente. Algunas de estas impresiones tienen que ver, efectivamente, con sucesos ocurridos durante la vida actual de ese individuo. En los subniveles más profundos el subconsciente personal también almacena recuerdos anímicos de experiencias de vidas pasadas. Todos estos recuerdos subconscientes, tanto si provienen de la encarnación actual como si pertenecen a una encarnación anterior, permanecen pasando a formar parte del alma.

El tercer nivel de conciencia es la mente consciente. Podemos considerarla como un almacén de datos que conocemos, y que podemos tener en cuenta en cualquier momento. La mente consciente nos permite funcionar en la vida física. A ese nivel operamos en nuestra vida cotidiana mientras permanecemos despiertos. Como pasamos tanto tiempo en este mundo, a veces llegamos a pensar que la mente consciente y el subconsciente personal son los únicos niveles de conciencia que poseemos.

Sólo hace falta que reflexionemos un poco para darnos cuenta de que nuestros recuerdos subconscientes pueden ser recuperados por nuestra mente consciente. La frontera que separa estos dos niveles no es estática y la información está constantemente pasando hacia delante y hacia atrás. Por ejemplo, lo probable es que antes de empezar esta frase no fueras consciente de lo que tomaste para cenar la noche pasada. Esa información pasó de tu mente consciente a tu mente inconsciente poco después de acabar de cenar. Pero es fácil traerla desde la mente subconsciente hasta la mente consciente, una vez que diriges adecuadamente tu atención.

Ahora bien, cierta información subconsciente es más difícil de recuperar, por ejemplo, ¿qué tomaste para cenar ese mismo día hace un año? La facilidad con que un recuerdo específico es llevado desde la mente subconsciente hasta la mente consciente depende de una serie de factores, como el tiempo que lo separa del momento actual, la importancia que tuvo en el momento de ocurrir, lo que ha sucedido desde entonces, el alcance de la motivación que mueve al individuo a recordar tal suceso y lo experto que es en recuperar información contenida en el subconsciente. Pero aun cuando en ocasiones pueda resultarnos difícil recordar conscientemente una información almacenada en el subconsciente, lo cierto es que podemos acceder a toda la información contenida en el subconsciente si aprendemos a traerla a nuestra mente consciente.

Cómo Quedan Registradas Nuestras Pasadas Experiencias

Nosotros podemos recordar sucesos que pertenecen al pasado de nuestra vida actual, eso es algo evidente y que está muy bien. Pero ello no explica nuestra capacidad para recordar sucesos ocurridos en anteriores encarnaciones. Para poder acceder a tales recuerdos, es necesario que exista un vehículo que no desaparezca con nuestra muerte física, de tal forma que pueda transmitir recuerdos de una vida a la siguiente. Este vehículo es el alma, que se compone de espíritu, mente y voluntad. El alma existe desde la creación del individuo, y es lo que cada individuo continúa siendo. Aunque utiliza una serie de cuerpos para expresarse a sí misma en la Tierra, no se limita a tales manifestaciones físicas.

El alma es inmortal, posee una vida y una capacidad de percepción continuadas. Registra todo aquello que hemos hecho. Tales recuerdos quedan grabados en las capas más profundas del subconsciente de la persona, que, al igual que el alma, sobrevive a la muerte física. Entre estos recuerdos están los incidentes, los talentos o habilidades, los intereses o aficiones, los impulsos y los obstáculos que han dejado su huella en nosotros durante nuestras vidas pasadas. Todo lo que sabemos de nuestras pasadas experiencias forma parte de nuestra alma y es transmitido.

Ello nos hace preguntarnos algo que sin duda se ha preguntado la mayoría de las personas, si no todas las personas, que han pensado alguna vez seriamente en la reencarnación: Si ya he vivido anteriormente en la Tierra, ¿por qué no recuerdo haberlo hecho? Y si mis pasadas experiencias han quedado grabadas en el alma como recuerdos, ¿por qué no puedo recordarlas conscientemente?

Posiblemente descubriremos la razón de este olvido si estudiamos el origen y la finalidad de la mente consciente. Este aspecto de nuestra persona se desarrolló para que podamos enfrentarnos con las situaciones que se nos presentan en el mundo físico y las circunstancias que nos rodean en esta vida. La mente consciente tiende a identificarse con el cuerpo físico y se ocupa de las circunstancias de la vida que afectan al cuerpo. Como el foco de atención de la mente consciente es muy limitado, ésta puede no darse cuenta de la existencia de influencias allende las fronteras de esta vida.

En cierto sentido, optamos por olvidar nuestro pasado remoto cuando identificamos la esencia de nuestro ser con nuestro físico. El alma es lo que se reencarna. Si dejamos de tener conciencia de nuestra alma, si vivimos la vida cotidiana como si lo único importante fuera lo físico, nos cerramos a todos los recuerdos grabados en las partes no físicas de nuestro yo. Ahora bien, si existe una pantalla entre nuestra mente consciente y los recuerdos de nuestra alma, somos nosotros mismos los que la hemos construido.

Y por ello está claro que podemos volver a tener acceso a los recuerdos de nuestras vidas pasadas; pues si lo que nos ha apartado de tales experiencias son nuestras actitudes y nuestras acciones, con elegir de forma diferente podríamos volver a recibir estos recuerdos. Si nos metemos dentro de nosotros mismos, estaremos más seguros de la existencia del alma y consolidaremos nuestros deseos de escuchar sus incitationes y de actuar de acuerdo con tales instigaciones. En seguida analizaremos varias técnicas que sirven para tal fin. Cada una de ellas puede hacer que seamos más conscientes de nuestra alma y que estemos más deseosos de dejar que ésta vaya actuando cada vez más en nuestra vida cotidiana. De ese modo, los recuerdos contenidos en ella, incluidos los de nuestras encarnaciones anteriores, estarán más al alcance de nuestra mente consciente.

Ahora bien, el alma individual no es el único lugar donde han quedado grabadas las experiencias de nuestra vida cotidiana. Cayce nos habla de los Registros Akáshicos, a los cuales hacen referencia también el Libro de la Vida y el Libro de los Recuerdos de Dios. El Registro Akáshico es el lugar donde ha quedado registrado todo aquello que el individuo ha pensado o ha realizado, desde el principio de los tiempos. Una lectura lo describe diciendo que es "la historia que la entidad individual escribe en el tiempo y el espacio..." (2533-8). Como se trata de un registro universal, el Akasha es duradero, y su alcance no se limita a las experiencias y conocimientos de un único individuo. Podría pensarse que se trata de una de las manifestaciones de la omnisciencia de Dios. Puede ser abierto y leído por todo aquel cuyo yo ha sintonizado con la conciencia del infinito o, dicho de otro modo, con la mente superconsciente que existe en su interior.

Así pues, existen dos fuentes a las que podemos acudir para obtener información sobre las experiencias que hemos tenido en vidas pasadas: los recuerdos anímicos subconscientes de la persona y los Registros Akáshicos. Y hay dos caminos para conseguir esta información.

Para leer la información deseada procedente de Akasha, podemos sintonizar con la mente subconsciente de aquella persona cuyas pasadas experiencias tratamos de descubrir, o bien nos es posible sintonizar con el superconsciente, con la percepción universal.

Edgar Cayce pudo explotar ambos recursos. Para alcanzar la percepción universal superconsciente o para contactar con el subconsciente de una persona, es necesario trascender los límites de la personalidad individual y los niveles personales de la mente. Evidentemente, por eso tenía Cayce una habilidad tan especial, pues había desarrollado la facultad de "entrar en un estado en el cual el yo físico queda al margen..." (294-202). Si fuéramos capaces de hacer lo mismo, y si lográramos sintonizar con las fuentes adecuadas, nosotros también podríamos acceder a la clase de información que Edgar Cayce nos ha revelado en sus lecturas de las vidas.

Quizá, sea éste un buen momento para incluir una advertencia. El hecho de que tengamos dos fuentes potenciales de información sobre las vidas pasadas no quiere decir que tales fuentes sean iguales. Existe entre aquellas personas que sienten cierto interés por los fenómenos psíquicos la tendencia a considerar toda aquella información ajena a los procesos usuales de percepción consciente como una verdad absoluta. Pero el modelo de percepción humana presentado en las lecturas de Cayce muestra que eso no es cierto. Algunos destinatarios de lecturas recibieron advertencias similares a la que recibió un individuo, a quien se le dijo: "Salir del reino de lo material no quiere decir necesariamente... ¡una influencia angelical!" (314-1).

La percepción superconsciente, al ser de Dios, está llena de amor, es omnisciente e infalible. En cambio, la percepción subconsciente ha sido creada por los humanos, que pueden equivocarse, y no son necesariamente benévolos. Por tanto, el nivel subconsciente contiene muchas cosas que no son de Dios.

Los seres humanos podemos analizar nuestro subconsciente y obtener unas impresiones personales que están por encima de lo que alcanza nuestra mente consciente: recuerdos de anteriores encarnaciones, por ejemplo, e imágenes y actitudes mentales que hemos creado ante tales experiencias. Pero, muy probablemente, no todos los pensamientos que tuvimos en vidas anteriores fueron válidos, ni todas las actitudes que adoptamos fueron útiles. Además, podemos ahondar un poco más, entrar en contacto con otras mentes y recibir información de fuentes que quedan fuera de nuestra experiencia personal. Pero no todas las mentes con las que entremos en contacto de este modo serán infalibles, ni todas las fuentes externas velarán por nuestros intereses a la hora de decidir lo que van a divulgar. Sólo cuando alcancemos el nivel superconsciente, cuando lleguemos a percibir a Dios dentro de nosotros, podremos estar seguros de que aquello que vamos a recibir es válido y verdaderamente útil.

La diferencia que existe entre la información que procede de la percepción universal superconsciente y la obtenida al entrar en contacto con otro ser a nivel subconsciente queda resumida de este modo: "Si fuera individualizada por un guía, pasaría a ser limitada; mientras que si es universal, está en manos del Hacedor, del Donante, del Creador" (254-95).

Ello no quiere decir que debamos hacer caso omiso de la información procedente del nivel subconsciente, pues en algunos casos puede ser exacta y muy útil. Esto es así fundamentalmente cuando se trata de una información personal que proviene directamente de nuestro propio subconsciente, pues en tal caso el peligro de distorsión o engaño debido a influencias externas es bastante pequeño. Pero no hemos de aceptar estos datos a ciegas. Cuando busquemos una orientación a través de unos medios no físicos, hemos de sentirnos motivados por el amor, de tal forma que lo que recibamos, sea lo que fuere, proceda de la fuente más divina que podamos contactar. Y siempre será necesario evaluar cualquier información que obtengamos para asegurarnos de que es consecuente con el amor y la sabiduría de Dios.

Cómo Entrar en Contacto con Fuentes de Información Psíquica

La existencia de los niveles de percepción subconsciente y superconsciente posibilita la recepción de información por unos medios psíquicos. Pero ¿es ésta una posibilidad realista que está al alcance de la gente corriente? Según Cayce, estamos más cerca de conseguirlo de lo que nos pensamos. Y la razón de este logro tiene que ver con la esencia de la videncia, con la naturaleza de lo psíquico, pues: "Psíquico quiere decir del espíritu o del alma" (3744-1).

Cada uno de nosotros es un alma, y por tanto tiene unas facultades psíquicas inherentes. Dios impulsa al alma a manifestarse. Si nos diéramos cuenta de lo que nuestra alma está tratando de expresar, la manifestación de su habilidad psíquica sería una consecuencia natural. Lo que debemos tratar de hacer cuando desarrollemos esa habilidad es dejar de identificarnos con lo físico, y sintonizar con el espíritu que hay dentro de nosotros, darnos más cuenta de su existencia, escuchar sus incitaciones y dejar que actúe en nuestra vida cotidiana.

Empecemos por analizar algunos de los procedimientos gracias a los cuales podemos llegar a ser más sensibles a la información procedente de nuestro subconsciente. Para ello hemos de trabajar con los recuerdos personales retenidos por el alma, incluidos los que proceden de encarnaciones anteriores. Hay algunos recuerdos que se nos escapan, hemos olvidado cómo llegar hasta ellos, al haber optado por meternos totalmente de lleno en la vida consciente y desviar nuestra atención de los niveles más profundos de nuestro yo. Es importante que nos demos cuenta de que no hemos de salir de nosotros mismos para buscar información, porque todo lo que buscamos está dentro de nosotros. Sencillamente hemos de tratar de suprimir la barrera que separa los distintos aspectos de nuestro ser.

La primera técnica de contacto con el subconsciente que vamos a estudiar es el autoanálisis, que consiste en hacer inventario de nosotros mismos. Esta técnica ocupa gran parte del curso sobre cómo descubrir nuestra vidas pasadas, presentado en la Parte III de este libro. Para analizarnos a nosotros mismos y hacer inventario de nuestra persona, simplemente hemos de utilizar nuestra mente consciente para realizar preguntas sobre nuestra vida actual e interpretar las respuestas.

Son dos los motivos por los cuales esto puede ayudarnos a descubrir cosas sobre nuestras encarnaciones anteriores. En primer lugar, nuestros recuerdos subconscientes influyen en nuestras actitudes y acciones conscientes, por lo que el hecho de analizar cómo nos sentimos y comportamos actualmente puede darnos alguna pista sobre la clase de experiencias que podrían haber originado tales características.

Y el segundo motivo por el cual cabe esperar que nuestra vida actual nos proporcione pistas sobre nuestro pasado es que la mente es el constructor. La mente crea situaciones en el mundo físico que nos permiten utilizar los valores, las habilidades, que hemos desarrollado en el pasado, y aprender las lecciones espirituales que hemos de asimilar. Así pues, si investigamos nuestras circunstancias actuales, y vemos cuáles son nuestros valores y dónde están nuestras dificultades, podemos formular una teoría que explique lo que podríamos haber hecho en el pasado para desarrollar tales valores y para hacer que sea necesario el aprendizaje por nuestra parte de las lecciones contenidas en las áreas problemáticas.

Somos quienes somos debido a las elecciones que hemos realizado y a las experiencias que hemos tenido en el pasado. Podemos descubrir cosas relacionadas con el tipo de persona que hemos creado y con la clase de experiencias que han podido dar origen a nuestra persona. Para ello hemos de analizar algunas facetas de nuestra personalidad, como pueden ser las zonas del mundo que nos resultan fascinantes y las que no nos atraen nada; los libros y las películas que nos han impresionado mucho; los objetos físicos de nuestro entorno que reflejan influencias de otros tiempos y culturas; el cuerpo en que nos hemos encarnado; los recuerdos de nuestra primera infancia; la clase de personas, objetos y situaciones que nos atraen, repelen o asustan; nuestras aptitudes y aficiones, y los modelos que manifestamos en nuestras relaciones interpersonales. Estos son los indicios que pueden hacernos saber cosas sobre las experiencias que hemos tenido en nuestras vidas pasadas, si dedicamos algo de tiempo y de esfuerzo a su descubrimiento e interpretación.

Otro método que sirve para extraer información de la mente subconsciente y llevarla hasta la mente consciente es la ensoñación. Esta técnica, que aparece descrita con más detalle en la Sesión 2 de nuestro curso, implica, en primer lugar, tranquilizar la mente consciente para que pueda recibir imágenes del subconsciente. El sujeto no llega a estar inconsciente, pero las funciones lógica y crítica de la mente quedan interrumpidas durante cierto tiempo y se pone todo el énfasis en el aspecto imaginativo. Así pues, el método que vamos a emplear es como soñar despierto. La diferencia fundamental es que la ensoñación sigue unas directrices con el fin de producir la información que se desea obtener, y que se formulan una serie de preguntas encaminadas a centrar la atención del sujeto en esta información para que la retenga.

Deberíamos habernos acostumbrado ya a recibir imágenes procedentes del subconsciente, pues es lo que sucede cuando soñamos. En los sueños, la mente consciente queda en un segundo plano y el sujeto es capaz de percibir las actividades del subconsciente. Las investigaciones científicas han demostrado que todos soñamos, aun cuando no recordemos haberlo hecho. Los sueños, habida cuenta de la gran cantidad de datos procedentes del subconsciente que aportan, pueden ser una fuente muy valiosa de información sobre nuestras vidas pasadas.

El estudio de los sueños —una actividad que puede ayudarnos a retener e interpretar mejor las imágenes oníricas— constituye una parte muy importante de este curso. Además de ayudarnos a utilizar la información que recibimos mientras dormimos, con el tiempo hará que aumente la cantidad de información que nos llega del subconsciente. Ello se debe a que al estudiar los sueños hacemos saber al subconsciente que nos tomamos en serio los mensajes que nos envía, hasta el punto de dedicar cierto tiempo a tratar de comprenderlos. El Capítulo 5 de este libro contiene ciertas claves para estimular, recordar e interpretar los sueños, así como para reconocer las pistas que pudieran contener sobre nuetras vidas pasadas.

La información subconsciente puede también llegar hasta nosotros a través de la meditación. Meditar, tal como explicaremos con más detalle en el Capítulo 6, es tratar de sintonizar con el espíritu de Dios que hay dentro de nosotros tranquilizando y centrando nuestra mente. Una vez calmada nuestra mente, podemos dirigir la atención a otras partes de nuestro yo. El subconsciente es uno de esos aspectos de nuestro ser que nos proporciona información durante la meditación.

De todas formas, el subconsciente no es el nivel que deberíamos tratar de alcanzar cuando meditamos. El verdadero objetivo que hemos de perseguir durante los ejercicios de meditación que realizamos para sintonizar con el Divino, es la percepción superconsciente. Recuerda que la información procedente del subconsciente puede ser errónea. Sólo a nivel superconsciente podemos estar seguros de recibir amor y verdad.

Pasemos ahora a considerar de qué forma la percepción

superconsciente puede influir más directamente en nuestras vidas y desarrollo espiritual. La mente superconsciente, al ser omnisciente, participa de conocimientos que quedan fuera del alcance de nuestra experiencia personal, y esto es verdad incluso en relación con los sucesos de nuestras encarnaciones anteriores. Esta reserva ilimitada de información está al alcance de todos nosotros. Forma parte de nuestro patrimonio divino, y ello es obra de nuestro Creador que nos dio el ser.

El hecho de sintonizar con el superconsciente puede poner a nuestro alcance el Registro Akáshico, donde ha quedado grabado todo aquello que se ha llevado a cabo en el tiempo y el espacio. En cualquier caso, ni siquiera esto es la finalidad principal que perseguimos cuando tratamos de formar una unidad con el espíritu divino. El mejor motivo que podemos tener para tratar de acercarnos a Dios es sencillamente poder estar más cerca de Dios. Llegar a ser compañeros del Padre, he aquí una de las razones esenciales de nuestra creación, que no necesita justificación externa.

No obstante, podemos estar seguros de que, si hacemos que Su amor actúe en nuestras vidas, nos proporcionará toda la información que necesitemos y seamos capaces de utilizar. En una lectura, Edgar Cayce empleó una pregunta retórica para que pudiéramos darnos cuenta de ello: "¿Existe algún conocimiento al que no podamos tener acceso, cuando hemos sintonizado con esa Fuerza Creativa que hizo que los mundos y todas las fuerzas se manifestaran?" (294-202).

Al llegar a este punto, tal vez sea útil revisar ciertas directrices generales que nos servirán para entrar en contacto con el nivel superconsciente. Lo primero que hemos de tener en cuenta es que la percepción superconsciente nos llegará como consecuencia natural de la evolución del alma.

Un atributo del espíritu de Dios que está dentro de nosotros es el impulso que le lleva a expresarse a sí mismo. Si tratamos sinceramente de conocer la voluntad de Dios y de manifestarla en nuestras vidas, el espíritu nos proporcionará el consuelo y la orientación que necesitamos para seguir nuestro camino.

Será preciso tener paciencia y perseverancia, pues no es probable que ninguno de nosotros consiga alcanzar en una noche tal nivel de sintonía con el espíritu. También es necesario tener fe: fe en que Dios está dentro de nosotros y fe en que, si tratamos sinceramente de vivir según Su voluntad, El no se negará a concedernos ningún favor. Las lecturas de Cayce nos lo garantizan repetidas veces, haciéndose eco de las palabras de Jesús contenidas en la Biblia: "Tratad como niños de conocer *Su* amor, Su ley, de cumplir su Voluntad, y según busquéis así hallaréis..." (262-5, cfr. Mt. 7:7, Lc. 11:9).

Lo que recibamos cuando tratemos de evolucionar psíquicamente, es decir, espiritualmente, dependerá de nuestra motivación y de nuestra forma de vivir. No podemos entrar en contacto con el espíritu de Dios, con el espíritu del amor, si nuestras intenciones son egoístas y contrarias al amor. Nuestras motivaciones han de estar en armonía con la existencia más elevada, más devota, a la que podamos aspirar. Si el amor guía realmente nuestras intenciones, sea como fuere, ello implicará nuestra conversión en canales de bien para los demás. Hemos de aplicar aquello que recibamos a través del espíritu del amor, pues el amor ha de traducirse en acciones en beneficio de los demás.

Hay varios caminos por los cuales podemos conseguir información procedente del superconsciente. Uno de ellos son los sueños. Tal como hemos dicho anteriormente, cuando estamos dormidos y nuestra mente consciente descansa, podemos recibir imágenes procedentes del subconsciente. Pero no todas las imágenes que recibimos provienen del subconsciente. Cuando soñamos, la mente subconsciente del alma se aleja del cuerpo físico. Así pues, deja de estar sujeta a las limitaciones inherentes a su identificación con una persona determinada y logra obtener información a partir de unas fuentes que trascienden esas limitaciones personales. Una de tales fuentes es la mente superconsciente. De ese modo, la mente subconsciente puede funcionar como intermediaria, transmitiendo mensajes desde el superconsciente hasta el consciente. Si practicamos un poco aprenderemos a recordar estos mensajes. Cuanto más sinceros y tenaces seamos a la hora de tratar de entrar en contacto con el superconsciente a través de nuestros sueños, más probabilidades tendremos de recibir información de esta fuente infalible.

Ya hemos indicado que el superconsciente puede estar a nuestro alcance si meditamos y que es este nivel, y no el nivel subconsciente, el verdadero objetivo de esta disciplina. Cuando meditamos, tratamos de sintonizar con la Conciencia de Cristo que hay dentro de nosotros. Cuanto mejor logremos sintonizar con la Conciencia de Cristo, tanto mejor podremos expresar el amor divino en nuestras vidas. Pues lo "psíquico" es lo "del alma", y al mismo tiempo que evoluciona el alma, aumentan nuestras facultades psíquicas.

Un aspecto de esa evolución es la recepción de información sobre nuestras vidas pasadas. Pero ello no quiere decir que debamos meditar con el único fin de obtener esa información. Cuando tratamos de entrar en contacto con el Divino, lo adecuado es dejar que Dios decida qué ayuda y orientación hemos de recibir. Su amor y sabiduría sabrán determinar mucho mejor que nuestra mente consciente, qué información nos será realmente útil. Si realmente llegamos a alcanzar el espíritu de Dios que está dentro de nosotros, recibiremos la ayuda e información que necesitemos, sea cual fuere, incluya ésta o no el conocimiento de anteriores encarnaciones.

Tanto al soñar como al meditar, actividades que pueden traernos información del subconsciente y del superconsciente, es importante que seamos consecuentes. En primer lugar, la práctica nos ayudará a alcanzar mejor el nivel superconsciente. Además, cuanto más expertos seamos en recibir información del superconsciente, más hábiles seremos en reconocerla cuando se nos muestre. Con el tiempo, posiblemente lleguemos a desarrollar un sexto sentido que nos haga discernir qué mensajes son realmente orientativos y provienen de la conciencia de Dios que está dentro de nosotros, y cuáles son simplemente imágenes del subconsciente, válidas y útiles en potencia, pero no necesariamente.

Al decir que los sueños y la meditación son un medio para entrar en contacto con el superconsciente, podría pensarse que para recibir tales conocimientos hemos de dejar a un lado nuestra mente consciente. Pero no tiene por qué ser así, pues la esfera de actividad y comunicación del espíritu de Dios es ilimitada. Así pues, la mente consciente puede captar mensajes procedentes del superconsciente. Algunas de las formas que tal información puede adoptar son los presentimientos, la revelación espontánea (en estos casos, la mente consciente sencillamente sabe que una cosa es verdad) y la sensación de *déjà vu* (la sensación de que ya lo hemos experimentado anteriormente, aun cuando, por lo menos conscientemente, no ha sido así). Cualquiera de estas experiencias puede originarse a nivel superconsciente, y cualquiera de ellas puede proporcionarnos información sobre acontecimientos ocurridos en nuestras vidas anteriores. Son, una vez más, consecuencia natural de la evolución del alma y del impulso que mueve al espíritu a expresarse a sí mismo. En lugar de buscarse *per se*, estos impulsos del superconsciente han de verse estimulados por el deseo sincero de conocer la voluntad de Dios, por la meditación y por otras prácticas que sirven para sintonizar mejor y aplicar con amor cualquier idea que recibamos en nuestra vida cotidiana.

Buscando Información Psíquica a través de Fuentes Externas

Al llegar a este punto en nuestra discusión sobre cómo conseguir información psíquica, nos hemos centrado en la búsqueda de respuestas dentro de nosotros mismos. Pero efectivamente nos es posible recibir tal información remitiéndonos a fuentes externas. Y así sucede que algunas personas buscan información sobre vidas anteriores mediante la regresión hipnótica, un procedimiento en el que el hipnotizador tranquiliza la mente consciente del sujeto de tal forma que el individuo logra acceder a recuerdos subconscientes del alma. Otras personas consultan a un médium, una persona que transmite mensajes procedentes de seres que en ese momento no viven dentro de un cuerpo físico. Asimismo, existe otro procedimiento denominado canalización psíquica, en el cual la entidad separada del cuerpo toma posesión del aparato físico del canal y lo utiliza para comunicarse directamente con el sujeto. Esta es otra posibilidad para quienes optan por conseguir información sobre sus vidas pasadas a través de fuentes externas.

Podría resultar muy tentador utilizar tales medios para tratar de descubrir cosas sobre nuestras pasadas encarnaciones, pues a veces el desarrollar nuestras facultades psíquicas a través de nuestra evolución espiritual puede parecernos un proceso lento y difícil al mismo tiempo. Aparentemente, sería mucho más rápido y sencillo acudir a otra persona que ya posee estas facultades bien desarrolladas y que este individuo nos diera las respuestas.

No obstante, las lecturas de Cayce nos aconsejan que seamos cautos a la hora de buscar una ayuda externa de este tipo. Ya hemos observado que existe la posibilidad de que la información proveniente de la mente subconsciente sea errónea. Es difícil, si no imposible, conocer con seguridad el nivel de percepción con el que la fuente externa ha sintonizado. A menos que la información provenga del superconsciente, no podemos tener la seguridad de que los datos recibidos de este modo sean correctos y útiles para nosotros. Realmente existe la posibilidad de que la fuente externa que elijamos nos proporcione una información equivocada, o intencionadamente pretenda engañarnos o controlarnos, y hemos de tener mucho cuidado a la hora de evaluar lo que recibamos a través de esos medios.

Edgar Cayce sentía que la mayor parte de la información que llegaba a través de él procedía del nivel superconsciente. Y, sin embargo, jamás, ni estando despierto ni estando en trance, exigía que nadie siguiera sus consejos sin someterlos previamente a una crítica. El tono que predomina en sus lecturas, por lo que a su fiabilidad se refiere, queda resumido en un pasaje en el que aconseja que la información transmitida en sus lecturas "no se considere nunca un dogma, sino que *siempre* (sea presentada como) algo que se ha aplicado en la experiencia de los individuos y ha *producido* algo en la misma" (262-61). Así pues a cada persona se le dijo que difundiera exclusivamente aquel material de las lecturas que, según había descubierto, una vez aplicado era productivo en su vida. En otra lectura, se anima al sujeto a "analizar lo indicado... como has descubierto que esto es bueno, cúmplelo en tu vida cotidiana" (294-197). La exactitud del material psíquico, su capacidad para responder al espíritu de Dios que está dentro de cada individuo, es lo que determina si ha de cumplirse en esta vida, no el hecho de que nos haya llegado a través de Edgar Cayce.

Ya hemos hablado anteriormente de una de las desventajas de los distintos métodos utilizados para obtener información sobre vidas pasadas a través de fuentes externas. Se trata de la posibilidad de que la otra persona no haya sintonizado con el superconsciente. Ello puede hacer que la información presentada sea errónea o inadecuada para ser utilizada en esos momentos. Otro posible problema que puede plantearse en tales casos es el peligro de deformación de la información, ya sea intencionadamente o accidentalmente, cuando la información es transmitida por los niveles subconsciente y consciente de una persona cuyas motivaciones y exactitud no pueden evaluarse correctamente. Cada una de estas posibilidades existe tanto si la fuente externa es un alma separada del cuerpo hace tiempo, como si es una persona que acaba de fallecer o alguien que todavía vive en un cuerpo físico.

Estos dos problemas se reducen en una gran medida cuando el sujeto confía en sí mismo para la obtención de conocimientos sobre anteriores encarnaciones. Tanto si el sujeto sintoniza con la percepción superconsciente como si lo hace con sus propios recuerdos subconscientes, la información recibida proviene de su interior, gracias a las facultades de su propia alma. Ello quiere decir, en primer lugar, que con toda probabilidad el material obtenido le será muy útil, pues es el propio sujeto, bien a nivel superconsciente o a nivel consciente, el que lo elige. Y si por casualidad recibe algo que no tiene una utilización inmediata, la decisión de aceptarlo, rechazarlo o dejarlo durante un rato y volver a ello más tarde estará en manos del sujeto.

La posibilidad de que la información experimente una distorsión es asimismo más remota cuando el sujeto actúa como vidente para sí mismo. Ten en cuenta que si otra persona obtiene información de tu subconsciente, ésta debe pasar de tu subconsciente al suyo, luego de su mente subconsciente a su mente consciente, y finalmente de su mente consciente a la tuya. Todo esto sucede cuando el vidente vuelve a transmitirte los conocimientos. Es decir, la información ha de pasar por unos cuantos niveles de la mente, y en cada uno de ellos se puede malinterpretar o distorsionar el mensaje recibido. Y la complejidad de todo este cuadro aumenta si la mente de una tercera persona participa en la transmisión de información, como sucede en algunos tipos de videncia. En cambio, cuando el sujeto se mete dentro de sí mismo para recibir información sobre su pasado, ésta pasa directamente desde los niveles más profundos de su mente hasta su nivel consciente. Hay muchas menos posibilidades de que experimente una grave distorsión.

Hay que tener en cuenta otro factor a la hora de decidir si hay que buscar la información sobre las vidas pasadas dentro de uno mismo o acudiendo a otras personas. Al esforzarte por entrar en contacto con los niveles más profundos de la mente —cuando dedicas tu tiempo y tus esfuerzos a la introspección, al estudio de los sueños y a la meditación— estarás desarrollando tu capacidad para sintonizar con el subconsciente y el superconsciente. Estarás evolucionando, aprendiendo a alcanzar estos aspectos de la persona, y a utilizarlos constructivamente. Como sucede con cualquier técnica, practicando la dominarás mejor. Es de esperar que con el tiempo aumenten tus facultades psíquicas; y, lo que es más importante, esta evolución será parte del desarrollo espiritual del sujeto en su conjunto.

Aunque el depender de una ayuda externa puede hacer que consigas información sobre tus vidas pasadas con más rapidez que si buscas las respuestas dentro de ti, no te dará las mismas oportunidades para desarrollar la capacidad de expresar el potencial psíquico inherente a ti; cuando pensamos en la posibilidad de recibir una información exacta y útil, y en la evolución que podemos experimentar al obtener esta información, nos resulta evidente que en el fondo en cuanto a las vidas pasadas la máxima autoridad es la propia persona.

Evaluando la Información Psíquica

En el último apartado hemos tocado el tema de la fiabilidad de la información psíquica, concretamente hemos hablado de la exactitud de la información sobre nuestras vidas pasadas. Tanto si hemos obtenido el dato buscando dentro de nosotros mismos como si lo hemos conseguido gracias a la ayuda de un agente externo, hemos de hacernos una serie de preguntas en relación con dicha información con el fin de evaluar la exactitud y utilidad de la misma. Algunas de estas preguntas serían: ¿Proviene esta información de la percepción superconsciente o bien procede de una fuente falible como es el subconsciente? En caso de que provenga del subconsciente ¿será verdadera o falsa? Y si es verdadera, ¿es útil, inútil, o algo que más valdría que el sujeto no supiera todavía? En cualquier caso, ¿qué debería hacer al respecto?

La primera prueba tiene que ver con su validez, y lo recomendable es que el sujeto se centre en su ideal y se pregunte con toda franqueza si la información que ha recibido está de acuerdo con dicho ideal. La mente consciente puede utilizarse para analizar esta cuestión. Y también habría que dejar que el inconsciente aportara su *input*, que puede obtenerse en los sueños, a través de la meditación o en forma de presentimientos (apreciaciones de naturaleza intuitiva sobre la exactitud de la información).

Si decides evaluar, a través de la meditación, la información obtenida, el mejor sistema es meditar para sintonizar con el superconsciente, en lugar de centrarte en la información psíquica en sí. Cuando hayas concluido la sesión de meditación, habiendo hecho todo lo posible por aproximarte al espíritu de Dios que está dentro de ti, entonces has de dirigir la atención a la información que estás valorando y escuchar la respuesta que proviene de tu interior.

Si honradamente concluyes que la información recibida no armoniza con tus mejores aspiraciones, lo inteligente será dejarlo, cuando menos durante cierto tiempo, hasta que lo veas de otro modo. Si, por otra parte, decides que este material es válido, te corresponderá determinar cómo puedes sacarle el mejor partido.

Todo esto trae a colación la segunda cuestión que has de tener en cuenta al evaluar la información psíquica: su utilidad. Aun cuando la información recibida sea verdadera y consecuente con tu ideal, no basta con poseerla. Los conocimientos nos han sido dados por un motivo: para utilizarlos. Tal como se dice en un gran número de lecturas: "Conocer y no obrar es un pecado" (900-429). Cuando te presenten una información de carácter psíquico, habrás de preguntarte si ello va a ayudarte a vivir la vida lo mejor posible. ¿Acaso estos conocimientos van a ayudarte a expresar tu amor de una forma más plena? Si así fuera, el siguiente paso que habrías de dar sería decidir cómo.

Por último, lo más importante es que hagas algo al respecto y tomes nota de los resultados de tus acciones. Tal como Cayce afirma en una de sus lecturas, la fiabilidad y utilidad de la información psíquica han de ser valoradas teniendo en cuenta "los resultados obtenidos al final" (3744-2). El hecho de utilizar constructivamente la información que recibimos nos ayuda a cumplir la razón misma de nuestra existencia, porque los conocimientos pueden ser uno de los instrumentos más constructivos para ayudarnos a llenar nuestra vida y nuestro mundo de amor. Ahora bien, hemos de emplearlos.

CAPITULO 4

Objetivos e Ideales del Estudio de Nuestras Vidas Pasadas

Razones Individuales para Buscar Información sobre las Vidas Pasadas

No hay duda de que los que creen en la reencarnación tienen diferentes motivos para querer descubrir cómo fueron sus vidas anteriores. Incluso si nos dedicáramos a analizar a un individuo exclusivamente, probablemente descubriríamos varias motivaciones distintas para tal búsqueda. Algunos de los objetivos de dicha investigación son bastante ligeros. Es posible que alguien se sienta muy importante y disfrute creyendo que fue un personaje histórico en una encarnación anterior. Puede que otra persona pretenda haberlo sido para impresionar a sus amigos y conocidos. Probablemente, la motivación más general para desear información sobre las vidas pasadas sea simplemente la curiosidad natural. A la mayoría de nosotros nos gustaría saber quiénes y qué somos, y por qué tenemos estas características. Y para los que admiten el concepto de la reencarnación, tales preguntas como es natural se referirán también a las vidas anteriores, además de a la actual. El mero hecho de estar informados sobre nuestras vidas pasadas probablemente nos llenaría de satisfacción en cierta manera a muchos de nosotros. Ahora bien, todo aquel que estudia en serio la reencarnación en determinado momento sentirá la necesidad de hallar una motivación más profunda que justifique los esfuerzos realizados por descubrir su pasado. Posiblemente esa persona se preguntará: "Y ahora que poseo esta información, ¿qué he de hacer con ella?"

En realidad, comprender nuestras encarnaciones anteriores puede servirnos para muchas cosas. Son muchos los beneficios que se derivan sencillamente del hecho de creer en la reencarnación, y otros estarán a nuestro alcance en cuanto empecemos a descubrir las características específicas de nuestras anteriores experiencias en la Tierra. En este capítulo analizaremos cómo la teoría de la reencarnación y la información sobre nuestras vidas pasadas pueden ser una ayuda para nosotros, así como su posible utilización con vistas a vivir esta vida lo mejor posible. No pretendemos convencer a nadie, hacerle que asuma una motivación concreta para buscar información sobre sus vidas pasadas o para descubrir cómo usar dicha información. Simplemente queremos dar al lector una idea de las posibilidades, de tal forma que descubra qué finalidad persigue al embarcarse en esta búsqueda.

El hecho de tener una razón sólida para tratar de descubrir nuestras pasadas reencarnaciones puede ayudarnos de varias formas. En primer lugar, puede servirnos para estimular la corriente de información sobre nuestras vidas pasadas que proviene de nuestra percepción subconsciente y superconsciente. Lo psíquico es del alma. Cuando tratamos de aumentar nuestras facultades psíquicas, en la dirección que sea, lo que realmente estamos intentando es hacer que nuestra alma participe más activamente en nuestras vidas. Como igual engendra a igual, nuestros esfuerzos por dejar que el alma se exprese a sí misma serán más eficaces si nuestro objetivo es de naturaleza espiritual y va a permitirnos vivir unas vidas mejores. Cuanto más cerca estemos de alcanzar el nivel de la percepción superconsciente de Dios, más probabilidades tendremos de recibir información de esa fuente infalible. Por tanto, la fiabilidad de la información psíquica que conseguimos depende en una gran medida de la motivación que nos lleve a buscarla.

Otra de las medidas que podemos tomar para garantizar que la información que recibimos procede del espíritu de Dios que está dentro de nosotros consiste en utilizar aquello que aprendemos, sea lo que fuere, de una manera que esté en consonancia con los fines para los cuales Dios nos ha creado. Fuimos creados para ser compañeros de Dios y expresión de Su amor. Todo conocimiento de nuestras pasadas reencarnaciones se nos da para que lo utilicemos de un modo divino y amoroso. Si deseamos que el espíritu divino guíe nuestros esfuerzos por tratar de comprendernos a nosotros mismos, hemos de utilizar esa capacidad de comprensión que nos ha sido dada para llevar a nuestra vida los frutos del espíritu, ayudando a los demás. Pues cualesquiera que fueren los conocimientos que adquiramos para conseguir la sabiduría y desarrollar nuestra alma (y las lecturas de Cayce establecen una clara diferencia entre conocimientos y sabiduría), hemos de utilizarlos constructivamente.

El hecho de tener unos objetivos de naturaleza espiritual a la hora de buscar información sobre nuestras vidas pasadas puede también ayudarnos a evaluar el material recibido. Aquel individuo que sólo pretende impresionar a los demás contándoles que fue tal o cual personaje famoso, posiblemente se sentirá dichoso al descubrir que fue George Washington en su última vida; al menos, a la mayoría de los que creen haber sido este personaje les agrada esta identidad. En cambio, lo probable es que aquellas personas cuyas motivaciones son más profundas no se dejen engañar por ciertos datos que no ayudan a la adquisición por su parte de una mayor sabiduría. Si el objetivo que perseguimos cuando buscamos información sobre nuestras vidas pasadas está basado en el deseo de manifestar a Dios en nuestras vidas, y si la información que obtenemos ayuda al cumplimiento de este objetivo, está claro que procede del espíritu de la verdad.

Beneficios Derivados de la Información sobre las Vidas Pasadas y Utilización de la Misma

Incluso antes de empezar a descubrir las características específicas de nuestras vidas anteriores, la teoría de la reencarnación nos proporciona cierta ayuda y consuelo. Entre las implicaciones más fundamentales de tal concepto cabe citar la seguridad de que la muerte no es el final de todo, que de hecho sobrevivimos a la muerte y podemos retornar al mundo para vivir futuras vidas físicas. La reencarnación también nos puede ayudar a creer que Dios nos ama, y no es caprichoso. Si analizamos la realidad pensando que sólo existe una vida, hay muchas cosas que pueden parecernos injustas. La reencarnación nos hace ver que lo que nos parece una injusticia no lo es en realidad, que aquello que nos parece injusto se debe en realidad a una causa y puede servir para la consecución de un resultado positivo.

El hecho de creer en la reencarnación hará que nos demos cuenta de que cada uno de nosotros es responsable de su propia vida. Nosotros mismos hemos creado aquello que estamos experimentando, sea lo que fuere. Lejos de abrumarnos, este sentido de la responsabilidad nos dará esperanzas. Hará que comprendamos que por muy desagradables que sean las circunstancias que nos rodean, tienen una finalidad; y si nos enfrentamos a ellas de forma adecuada, nos ayudarán a la consecución del objetivo fundamental, consistente en nuestra unión con el Padre.

El hecho de darnos cuenta de que nuestra situación actual viene creada por las elecciones que nosotros mismos hemos realizado en el pasado hará que comprendamos mejor nuestro presente y las oportunidades que encierra. Como los resultados de las elecciones realizadas por nosotros por lo general no se manifiestan en la vida física de un modo inmediato, el conocer cuáles han sido las experiencias de nuestras vidas anteriores puede resultar de lo más útil, pues así sabremos qué decisiones tomadas por nosotros en el pasado han dado como resultado las circunstancias que nos rodean en la vida actual. Ello nos permitirá determinar qué elecciones fueron constructivas y cuáles fueron erróneas. Y así sabremos qué conductas hemos de mantener y cuáles hemos de variar para construir un futuro mejor.

El hecho de conocer detalles concretos sobre nuestras vidas pasadas puede ayudarnos de muchas formas. Ahora vamos a examinar algunas de tales posibilidades. Los ejemplos que presentamos a continuación son hipotéticos. Con ello no pretendemos mostrar todas las posibles utilizaciones de este tipo de información, ni las soluciones que damos han de interpretarse como las únicas respuestas "correctas" ante las situaciones descritas. Lo importante es que en estos ejemplos el individuo saca el máximo partido a toda la información que posee con el fin de cumplir sus objetivos y satisfacer sus ideales. Los ejemplos aquí expuestos tienen como fin exclusivamente el sugerir algunas ideas.

A la hora de utilizar la información que poseemos sobre nuestras anteriores encarnaciones, son más importantes las características personales que hemos tenido en nuestras vidas pasadas que los detalles específicos de nuestras anteriores identidades. Puede que tu curiosidad se vea satisfecha si sabes cómo te llamabas y cuándo y dónde viviste en una vida anterior. Pero no es probable que en estos momentos te resulte tan útil como saber qué aptitudes, actitudes, inclinaciones emocionales y defectos has traído contigo desde esa vida a la actual. Puede que te divierta descubrir que viviste en Italia en el siglo XV, pero te será más útil averiguar que en una encarnación reciente fuiste un buen profesor y, en cambio, no supiste manejar el dinero.

Ejemplo 1: Vamos a suponer que en esta vida un individuo ha deseado muchas veces elegir la pintura como afición, pero no lo ha hecho. Tras interesarse por la reencarnación y dedicar un tiempo a trabajar sobre sus sueños, sueña que fue pintor en una vida anterior. El sueño ofrece una serie de explicaciones en relación con otras cosas que ha observado en sí mismo. Y todo esto le sigue pareciendo verdad después de realizar un ejercicio de meditación para sintonizar. Así que decide considerarlo como válido, por lo menos de momento, y formula una teoría sobre sus vidas pasadas según la cual él efectivamente fue pintor. ¿Cómo podría dicho individuo utilizar esta información en su vida actual?

A nivel mental, lo que él siente en relación con su pasado puede inducirle a creer que dicho impulso tiene una causa, que no se trata simplemente de un sueño sin más. Puede que sus sentimientos le infundan confianza y que llegue a pensar que es posible hacer algo que valga la pena en relación con el citado impulso, posiblemente le proporcionarán el empuje que necesita para tratar de desarrollar la aptitud latente en él/ella. Así pues, los conocimientos que posee en relación con sus vidas pasadas pueden contribuir al enriquecimiento de su vida actual y a que ésta sea más creativa.

Ejemplo 2: Supongamos que las actividades realizadas por una persona en la vida actual siempre se han visto muy limitadas por la presencia de una incapacidad física de tipo crónico. Esta y otras pistas que el individuo descubra sobre sí mismo pueden llevarlo a pensar en una encarnación previa en la cual ha producido algún daño a otros, según refleja su presente condición.

La vida actual de tal individuo probablemente empezaría a mejorar también en ese caso con la adopción de determinada actitud mental. El mero hecho de saber que su incapacidad física obedece a una causa le ayudaría a superar cualquier sentimiento de amargura que pudiera abrigar al respecto, cualquier pensamiento en el sentido de que el mundo está en contra. Esa persona se vería estimulada a utilizar más a fondo los talentos que posee. En cualquier caso, la información sobre sus vidas pasadas le ayudaría a ver con claridad la clase de error que cometió en el pasado, dándole la oportunidad de cambiar esa pauta negativa y de hacerse más sensible al bienestar físico de los demás. Entonces podría empezar a escoger ciertas actividades físicas, adecuadas a su condición, que expresarían su nueva actitud mental.

Lo importante a tener en cuenta en estos momentos es que el simple hecho de poseer cierta información sobre las vidas anteriores no ayudará a esta persona a enfrentarse satisfactoriamente con su condición kármica, a menos que utilice dicha información. Aunque hayamos descubierto una serie de datos válidos sobre nuestro pasado, queda todavía mucho por hacer si realmente deseamos que el estudio de la reencarnación nos beneficie de algún modo. Con frecuencia, como sucede en este ejemplo, cuesta bastante transformar las actitudes mentales. Pero el hacerlo es parte importante de nuestra evolución espiritual y nos permitirá crear un futuro menos limitado kármicamente por nuestros pasados errores.

Ejemplo 3: Vamos a suponer que en esta vida un individuo disfruta de abundantes recursos materiales y descubre varios indicios de que en una encarnación anterior utilizó una gran parte de sus posesiones para satisfacer las necesidades físicas de los demás.

La lección que hemos de extraer en este caso es el otro lado de la medalla, si se compara con la extraída del ejemplo anterior. Aquí el individuo ve en su vida actual una muestra de las decisiones guiadas por el amor que fueron tomadas por él/ella en el pasado y que por tanto deberán seguir vigentes. A nivel mental, el hecho de conocer sus vidas pasadas le dará la seguridad de que el dinero empleado de acuerdo con los planes de Dios le será devuelto con creces. Si en el momento actual le preocupa que sus recursos pudieran acabarse si no los atesora, la información adquirida sobre su pasado le ayudará a superar sus temores en el sentido de que algún día pudiera llegar a estar sumido en la pobreza. Ello hará que continúe actuando con generosidad como lo hizo en sus vidas anteriores.

Ejemplo 4: Aunque a este individuo no le guste mucho admitirlo, encuentra que su actitud en relación con cierta secta religiosa es parcial. Sus investigaciones sobre la reencarnación le hacen pensar que en una encarnación pasada fue muy perseguido por los miembros de esta secta religiosa y murió a consecuencia de ello.

Este tipo de información puede ayudar a la persona a cambiar su forma de ver las cosas. El hecho de conocer las causas de una actitud negativa, sea cual fuere, podría ser el inicio del cambio. Nos ayudará a utilizar el poder de nuestra mente para hacer frente al problema. En tal caso, la información que el sujeto posee sobre su vida pasada le permitirá ver que en realidad está reaccionando ante una situación que arranca de su pasado. Le ayudará a darse cuenta de que las causas de su reacción están en él/ella, y de ese modo le resultará más fácil no echar las culpas de su problema a los miembros de esa secta religiosa. Y posiblemente lo más importante es que le mostrará que debe perdonar. Y entonces podrá empezar a tomar una serie de medidas para hacerlo, ya sea orar, ya sea esforzarse por expresar una opinión más positiva de esa fe a través de sus acciones y de sus palabras, o lo que le resulte más eficaz para su caso concreto.

El tema común presente en todos y cada uno de estos ejemplos es la necesidad de hacer algo con la información sobre las vidas pasadas. Por muy tentadora que sea la idea de descubrir nuestras anteriores encarnaciones, no podemos vivir anclados en el pasado. Hoy en día todos hemos de actuar desde la vida actual. El hecho de llegar a conocer nuestras vidas pasadas no ha de constituir un fin en sí mismo. Habrá de ser un simple instrumento que nos ayudará a comprender mejor el presente a fin de poder sacar el mejor partido de la reencarnación actual. La oportunidad que hemos de aprovechar para el desarrollo de nuestra alma no está en el pasado, sino en el aquí y el ahora.

Definición e Importancia de los Ideales

En este libro ya hemos hablado varias veces de los ideales. Ha llegado el momento de analizar más de cerca qué es lo que significa exactamente este término. En las lecturas de Cayce aparece definido como "aquello que una entidad respetará siempre, sabiendo que poco a poco pasará a ser una porción de ello, pero que *nunca* llegará a ser la totalidad. Algo que respetar o que tratar de *alcanzar*; no es una idea (algo que uno desea llevar a cabo), pues entonces el individuo lograría el objetivo. Un ideal es aquello que se persigue, que se desea ser, evolucionando hasta formar una unidad con él, hasta ser una porción de él, pero nunca la totalidad" (256-2).

El ideal es la formulación individual de un patrón que nos ayudará a poner de manifiesto en esta vida lo que nos parece que es lo mejor. No es una *cosa* que deseamos obtener, ni siquiera un estado que esperamos alcanzar. Es, más bien, una *forma* de pensar y de actuar. El ideal tiene que ver fundamentalmente con el porqué y el cómo hacemos lo que hacemos. Está muy relacionado con el objetivo que persigue nuestra alma cuando se reencarna, y por tanto ha de ser consecuente con aquello que, pensamos, es el objetivo para el que Dios nos ha dado la vida.

El hecho de tener un ideal, un patrón, sirve para orientar nuestra vida. Nos permite calibrar nuestras acciones a fin de asegurarnos de que nos conducen a donde queremos ir. Todo esto es importante, una vez que admitimos que cada una de nuestras acciones produce un efecto. Sólo si sabemos en qué dirección queremos ir y si nos comprometemos a avanzar por ese camino podemos opinar sobre los pasos que hemos de dar para llegar allí. Podemos pensar que el ideal es la visión personal que cada individuo tiene sobre el desarrollo óptimo de su yo. Cuanto más elevada sea esta imagen, más grandes serán los logros del individuo. Las lecturas de Cayce nos dicen que "aquello que (el individuo) puede alcanzar se ve limitado exclusivamente por su yo y por (lo que) su yo establece como ideal..." (1510-1). Tan esencial es nuestro ideal, y los esfuerzos que realizamos para alcanzarlo, a la hora de influir en la calidad de nuestra vida, que se le dijo a una persona: "La experiencia más importante de esta o de cualquier entidad es saber primero qué *es* el ideal espiritual" (357-13).

Recuerda durante unos segundos la fórmula incluida en el legado de Cayce: El espíritu es la vida, la mente es el constructor, lo físico es el resultado. Los ideales operan en esa dirección a tres niveles. El ideal espiritual es la fuente, la motivación que deseamos guíe nuestros pensamientos y acciones. El ideal mental tiene que ver con las actitudes que deseamos tener con el fin de poner de manifiesto ese ideal espiritual, con el fin de incorporarlo a nuestras vidas. El ideal físico implica la realización de acciones que lo expresen en el mundo material. Como lo importante es dejar que el ideal espiritual impregne nuestro cuerpo, nuestra mente y nuestra alma, dicho ideal, a estos tres niveles, habrá de emanar de nuestra percepción del espíritu de Dios. Ha de reflejar, en la medida de lo posible, nuestra percepción superconsciente del amor divino.

El ideal que conocemos no es estático. Nuestra forma de percibir y entender el camino que conduce a Dios varía según vamos evolucionando espiritualmente. Nuestra idea sobre qué tipo de vida está más de acuerdo con los planes de Dios va variando igualmente. Las lecturas recomiendan que revisemos periódicamente la formulación de nuestro ideal, con el fin de reflejar este cambio. Según vayamos evolucionando al aplicar aquello que percibimos como ideal, se nos revelará una porción más grande del plan de Dios: "Lleva a la práctica lo que sabes hacer y el Señor hará que des el siguiente paso" (3654-1).

Podría parecer que nos hemos alejado un poco de nuestro tema, es decir, del descubrimiento de nuestras anteriores encarnaciones. Ciertamente el individuo puede utilizar varios procedimientos para obtener información sobre sus vidas pasadas, sin preocuparse lo más mínimo por establecer un ideal y actuar de acuerdo con éste. Pero recuerda que según aparece reflejado en el material que Cayce nos ha legado, la información sobre nuestras vidas pasadas, como cualquier manifestación de nuestras facultades psíquicas innatas, habrá de desvelarse a un ritmo natural, como parte de nuestro desarrollo espiritual global. Nuestro ideal, fuente de la motivación que experimentamos y patrón según el cual hemos de vivir, es uno de los instrumentos más poderosos que podemos utilizar para lograr reunirnos con el Creador.

El primer paso que hemos de dar para despertar el modelo divino que hay dentro de nosotros, la impronta de Dios concedida a nuestras almas en el principio, es establecer un ideal espiritual. Conforme vayamos aplicando el ideal que conocemos, veremos con más claridad el ideal divino. El modelo que tratemos de manifestar poseerá cada vez menos elementos del yo y más de Dios. Con el tiempo, gracias al poder de Cristo y a nuestros esfuerzos por alcanzar el ideal, llegaremos a conocer nuestra naturaleza espiritual y nuestra relación con el Padre, y con ello la totalidad de nuestro pasado.

Formulando Tus Ideales

En las lecturas se nos recomiendan varios procedimientos para organizar la formulación de nuestros ideales. Los elementos comunes a todos esos sistemas son el papel y el lápiz, pues la formulación de nuestros ideales ha de ser concreta, a fin de que signifiquen algo definido para nosotros. Aquí perseguimos algo más que unos vagos propósitos de "ser buenos". Tal como se le dijo a una persona: "No mezcles el yo en tus actividades... primero analízate a ti mismo, tus objetivos, tus esperanzas, tus ideales. No lo hagas sólo mentalmente, concreta estas cosas, toma nota de ellas, analiza cómo son. Te sorprenderá descubrir cómo siendo pocas cosas son, sin embargo, algo grande en tu propia experiencia" (3062-2).

Utiliza un formato muy sencillo, una hoja de papel dividida en tres columnas. La primera con el encabezamiento "ideal espiritual", la segunda "ideales mentales", y la tercera "ideales físicos". Las anotaciones adecuadas, sobre las que hablaremos en breve, se realizarán en la columna correspondiente.

Algunas personas encuentran más útil el diagrama circular, pues permite mostrar más fácilmente cómo se puede aplicar el ideal espiritual, a nivel mental y físico, en ciertas áreas escogidas de la vida. El diagrama consta de tres círculos concéntricos. Tal como muestra el gráfico que figura a continuación, los dos círculos externos están divididos en una serie de secciones. En el círculo central se escribirá el ideal espiritual; el círculo del medio está destinado a los ideales mentales y el círculo externo a los ideales físicos. Fuera del límite externo, y en consonancia con las divisiones existentes en los dos círculos, hay unos letreros que se refieren a aquellos aspectos de la vida en los que el individuo desea centrarse a la hora de aplicar sus ideales. La selección del número y la denominación de tales áreas corresponde exclusivamente al individuo. Los del gráfico son meras sugerencias.

Sea cual fuere el formato que decidas emplear, habrás de empezar por determinar cuál es tu ideal espiritual. Esa es la fuente, la motivación que necesitas para dirigir tus pensamientos y acciones, en todas las áreas de la vida. El ideal ha de ser la expresión del bien más elevado que puedas concebir. Selecciona una palabra o frase corta que represente para ti esa cualidad y escríbela en el lugar adecuado.

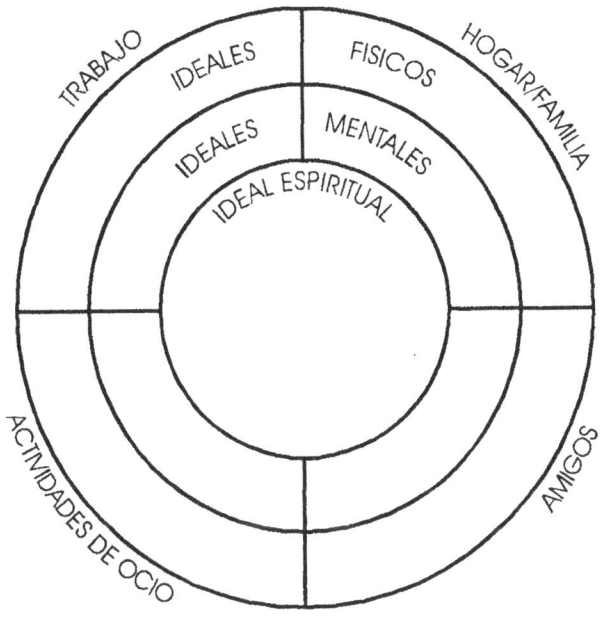

Pasa ahora a analizar tus ideales mentales, es decir, aquellas actitudes o cualidades de la mente que te permitirán manifestar en esta vida tu ideal espiritual, y que, por tanto, habrán de ser consecuentes con el mismo. Si estás empleando el diagrama circular, escoge unas cuantas actitudes mentales que expresen tu ideal espiritual en cada situación. Describe cada una de estas actitudes con una o dos palabras, y escribe tales palabras o frases en la sección idónea del círculo del medio. Si utilizas el formato de las columnas, no has de dividir las actitudes en grupos de acuerdo con ciertos aspectos de esta vida. Limítate a hacer una lista en la columna central que incluya aquellas palabras o frases que reflejan tus ideales mentales.

Finalmente, has de formular tus ideales físicos, es decir, aquellas actividades que son la expresión material de tu ideal espiritual. Si utilizas el diagrama circular, has de seleccionar un pequeño número de actividades que encajen con los aspectos de la vida sobre los que estés trabajando. Describe cada aspecto en pocas palabras y reflájalo por escrito en el área correspondiente del círculo externo. En caso de que estés utilizando las columnas, la lista de acciones que manifiestan tu ideal espiritual ha de ir en la tercera columna.

Así, por ejemplo, vamos a imaginar que has decidido utilizar el diagrama circular y centrarte en las cuatro áreas vitales que muestra el gráfico que acabamos de ver. Primero has de determinar cuál es tu ideal espiritual. Esta es una cuestión que exige que reflexionemos cuidadosamente y, posiblemente, que realicemos algún ejercicio de meditación. Supongamos que después de haberlo pensado mucho, decides que la mejor motivación de tu vida en estos momentos sería entablar una buena relación con todos los que te rodean de forma que reine la armonía en tu vida. En tal caso, escogerías la palabra "armonía" para representar tu ideal espiritual, y habrías de escribir esta palabra en el círculo del medio.

Ahora, examina alguna de las áreas sobre las que vas a trabajar, por ejemplo, "la familia/el hogar", y decide cuáles son las actitudes mentales y modelos de pensamiento que harán que reine la armonía en tu vida familiar. Esos serán los ideales mentales relacionados con tu hogar y tu familia. Vamos a pensar que llegas a la conclusión de que la colaboración, la valoración y la paciencia son las actitudes mentales adecuadas. En tal caso, anotarás tales términos en la sección "hogar/familia" del círculo del medio.

A continuación pasa a analizar qué ideales físicos posees en relación con el hogar y la familia. Recuerda cuáles son tus ideales mentales en ese área y sugiere una o dos acciones que reflejen esas actitudes. Vamos a suponer que la palabra "colaboración" representa para ti ayudar más en las tareas domésticas; la palabra "valoración" indica que has de alabar con más frecuencia a los miembros de tu familia y que has de sacar a cenar a tu cónyuge una vez a la semana como muestra de gratitud, y "paciencia" significa que has de esforzarte más por controlar tu genio ante los niños. Para reflejar por escrito tales ideales físicos puedes utilizar palabras como "tareas domésticas", "alabanzas", "cenar fuera" y "contar hasta diez", que incluirás en la sección hogar/familia del círculo externo.

Luego habrás de examinar otra área de la vida, como por ejemplo los "amigos", y determinar los modelos de pensamiento y actividades físicas que manifiesten armonía, tu ideal espiritual, en este área.

Aplicando Tus Ideales

El hecho de fijar y formular nuestros ideales constituye un gran paso dentro de nuestro desarrollo espiritual. Pero para que ello marque una diferencia en nuestra vida hemos de aplicarlos. La finalidad de todo esto es llevarnos a describir a Dios en la medida de lo posible. Nos proporciona un patrón en el cual podemos basarnos a la hora de elegir nuestras motivaciones, pensamientos y acciones. Así pues, los ideales pueden aplicarse a nivel espiritual, mental y físico para ayudarnos a tomar decisiones autotransformadoras guiadas por el espíritu de Dios, que está dentro de nosotros.

Desde el punto de vista espiritual, nuestro ideal contribuirá a que nuestras plegarias y ejercicios de meditación sean más fructíferas. El ideal espiritual que adoptemos habrá de motivarnos a vivir de acuerdo con la voluntad de Dios. Con el fin de descubrir cuál es Su voluntad, hemos de sintonizar con el espíritu divino que está dentro de nosotros. Y en esto puede ayudarnos nuestro ideal espiritual, proporcionándonos un foco en el cual centrar nuestra meditación, un foco que sea consecuente con lo mejor que conocemos. Mientras tratemos de este modo de acercarnos más a aquello que sabemos que es Dios, El se nos revelará más. Y nosotros acrecentaremos nuestra capacidad para hacer que nuestra voluntad y nuestra finalidad sean una sola cosa con la Suya, y permitir de ese modo que Su espíritu fluya en nosotros y se manifieste en nuestras vidas.

A nivel mental, nuestros ideales pueden ayudarnos a conocer cuál es la finalidad de nuestras vidas. Según vayamos creciendo gracias a la armonía y a la aplicación de lo que sabemos, entenderemos mejor el fin para el que Dios nos ha dado la vida. Ello nos permitirá reconocer y escoger aquellas actitudes, pensamientos y emociones que armonicen con tal fin. Y, como la mente es el constructor, cabe esperar que con el tiempo las circunstancias físicas de nuestra vida lleguen también a reflejar la voluntad y el amor de Dios hacia nosotros.

El reto que hemos de afrontar a nivel físico es vivir según nuestros ideales escogiendo aquellas acciones que sean una manifestación de nuestros patrones espirituales y mentales. Para ello puede que hayamos de cambiar, que tengamos que modificar nuestra conducta con el fin de expresar más plenamente lo que entendemos que es mejor en esta vida. Tal transformación probablemente será gradual, precisará coherencia y una paciencia activa, esa cualidad que hace que sigamos intentándolo, aun cuando los resultados iniciales de nuestros esfuerzos no sean lo que esperábamos. De ese modo, llegaremos a crecer en el terreno espiritual, y para ello no tendremos más que realizar pequeñas mejoras en nuestro modo de vivir. Dando un pequeño paso cada día llegaremos al destino deseado, siempre que los pasos vayan en la dirección odecuada.

Utilizando los Ideales para el Estudio de las Vidas Pasadas

Nuestros ideales sirven para centrar el estudio de nuestras vidas pasadas y el empleo de la información concreta que recibimos. En el plano espiritual, los ideales pueden contribuir a clarificar los objetivos que tenemos a la hora de tratar de descubrir nuestras anteriores encarnaciones, de tal forma que el trabajo que realicemos en este campo no sea simplemente un ejercicio guiado por una curiosidad estéril. A nivel mental, pueden ayudarnos a evaluar la información que recibimos. Nos proporcionan un patrón que nos permite calibrar esa información, y de ese modo nos es posible asegurarnos de que los conocimientos que recibimos sirven para generar la cualidad que deseamos desarrollar en nuestra mente. Y a nivel físico, nos permiten sopesar la utilización por nuestra parte de la información sobre nuestras vidas pasadas, con el fin de que su aplicación esté en consonancia con lo que realmente deseamos que nuestras vidas lleguen a expresar.

Nuestros ideales pueden ayudarnos a sacar el mejor partido de nuestros poderes kármicos y a enfrentarnos constructivamente con nuestras debilidades kármicas. Nos podemos dejar guiar por ellos cuando utilicemos nuestros talentos y recursos lo mejor que sepamos. En aquellos casos en los que el individuo haya traído con él impulsos contrapuestos procedentes de anteriores encarnaciones, sus ideales le ayudarán a resolver el conflicto, pues las decisiones que tome estarán basadas en su modelo más elevado. Y también nos ayudarán a superar bloqueos mentales kármicos como la confusión, la duda y el miedo. El ver con claridad nuestros ideales y tenerlos siempre presentes, hará que sepamos muy bien cuáles son nuestros objetivos, podamos superar la confusión y dejemos de dudar de nosotros mismos. Ello a su vez nos permitirá vencer los temores. Recuerda que la duda engendra temor. Según vayan desapareciendo las dudas, al saber que nos movemos en la dirección adecuada para cumplir la finalidad de nuestra alma, irá reduciéndose la influencia del miedo en nuestra vida.

Nuestros ideales pueden llegar a ser una ayuda extremadamente eficaz para seguir las pautas o modelos kármicos que hemos construido dentro de nosotros. Es necesario seguir todos estos modelos, pero ello puede llevarse a cabo bajo la ley de la causa y el efecto o mediante la ley de la gracia. Conforme vayamos logrando que nuestra motivación espiritual, nuestras actitudes mentales y nuestras acciones físicas armonicen más con nuestros ideales, nuestra vida será en mayor medida expresión de Dios. El modelo que seguimos al hacer frente a las circunstancias de la vida se irá pareciendo más al Modelo de Cristo, el modelo perfecto de amor divino. Llegaremos a ser capaces de vivir de acuerdo con este modelo de amor, en lugar de hacerlo bajo la influencia de los modelos kármicos que hemos generado. Y en este amor está el cumplimiento de la ley en su totalidad. Así pues, gracias al poder de Cristo que está dentro de nosotros, podemos hacer frente a aquello que hemos creado, bajo la ley de la gracia en lugar de bajo la ley de la causa y el efecto.

Vamos a ver algunos ejemplos que nos muestran cómo opera. Una vez más, hemos de señalar que son meras hipótesis. No se pretende con ello establecer cómo ha de ser el ideal de un individuo ni cómo ha de utilizarlo. La finalidad de tales ejemplos es simplemente indicar cómo pueden guiarnos nuestros ideales cuando nos enfrentamos con los resultados kármicos de las elecciones que hemos realizado en el pasado. En cada uno de los casos aquí expuestos, has de imaginar que el individuo descrito está utilizando el diagrama circular que figura en la página 87 para formular sus ideales, y que ha decidido aplicar sus ideales al área de las circunstancias kármicas.

Ejemplo 1: Supongamos que una persona escoge como ideal espiritual "la unidad con Dios". Esta persona está físicamente incapacitada debido, en su opinión, a lo que hizo en vidas anteriores. Decide servirse de sus ideales para hacer frente a esta circunstancia.

A través de la meditación y del pensamiento consciente, decide utilizar ciertas actitudes mentales, como la paciencia, la fe, la esperanza y la alegría, para reflejar en el área problemática su ideal espiritual de unidad con Dios. Adopta tales actitudes como ideales mentales y las introduce en la zona adecuada de su diagrama circular.

Para escoger sus ideales físicos, se pregunta qué acciones serán una manifestación de tales actitudes. Decide que la oración, el hacer mejor uso de sus aptitudes, el animar a otras personas con problemas físicos y el sonreír más son actividades que encajan perfectamente en este caso, así que las elige como ideales físicos y las escribe en su diagrama.

Tras haber formulado sus ideales, se esfuerza por conservar esas actitudes mentales y realizar esas acciones, y lo hace pensando en su unidad con Dios. De ese modo, llega a estar más cerca de ser la persona que desea ser y de cumplir el objetivo de su alma.

Has de tener en cuenta que la incapacidad no desaparece necesariamente. Pero el individuo, al utilizar de ese modo los ideales, ha transformado el problema que le plantea su estado kármico en una oportunidad para el desarrollo de su alma. De ese modo se cumple el objetivo por el cual ha experimentado esa circunstancia en esta vida. El individuo ha hecho frente a su incapacidad de un modo constructivo, y ello le ha servido para reconquistar la unidad con Dios. Ha transformado este posible escollo en un trampolín, ha hecho que su experiencia sea positiva.

Ejemplo 2: Ahora vamos a suponer que la persona elige la fraternidad como ideal espiritual. El individuo en cuestión ha tenido una buena posición económica durante toda su vida, y ha decidido utilizar sus ideales para modificar su forma de pensar y de actuar en relación con su dinero. La meta que persigue al hacerlo es asegurarse de que esta faceta positiva, consecuencia de lo que ha realizado en anteriores encarnaciones, contribuirá a su desarrollo espiritual durante la presente encarnación.

Opta por elegir la generosidad y la compasión por los menos afortunados como las cualidades de la mente que le ayudarán a utilizar la abundancia de bienes materiales que posee para expresar su ideal de fraternidad, y adopta estas dos actitudes como ideales mentales en este área.

Sus ideales mentales le sugieren cuáles han de ser sus ideales físicos. Estos van a consistir en poner sus recursos financieros a disposición de sus amigos, ayudándolos con préstamos siempre que lo necesiten, y en recaudar fondos para los necesitados o donar una parte de sus ingresos.

Si este individuo es capaz de mantenerse fiel a los ideales mentales y físicos que ha escogido, efectivamente estará utilizando sus riquezas para manifestar la fraternidad. Y estará avanzando en el cumplimiento de su ideal espiritual, pues hará que su vida sea una expresión de su ideal, es decir, de aquello que para él es lo mejor.

Ejemplo 3: Vamos a suponer que una persona que ha escogido el amor como su ideal espiritual, sin embargo, experimenta un sentimiento de rivalidad hacia uno de sus compañeros de trabajo. Se esfuerza por descubrir cómo han sido sus vidas anteriores y descubre que el sentimiento de rivalidad que está experimentando con relación a esa persona proviene de una encarnación pasada en la cual fueron rivales en el mundo de los negocios. El saber eso, si bien es útil, no posibilita *per se* la eliminación de tales sentimientos negativos por parte del individuo, así que decide utilizar sus ideales para superar la hostilidad que ha generado dentro de sí mismo.

Trata de sintonizar con su ideal espiritual a través de la meditación, luego analiza la situación desde una perspectiva lógica y llega a la conclusión de que la amistad y la colaboración son dos situaciones mentales que le ayudarán a manifestar amor hacia esa otra persona.

Estos ideales mentales le sugieren que ha de invitar a comer a esa persona, ha de decir sólo cosas positivas de él/ella a los demás y ha de ofrecerse a ayudarle/la en el trabajo. Esas serán las actividades guiadas por el amor que habrá de llevar a cabo en ese área de la vida, y que adoptará como ideales físicos.

Si este individuo es verdaderamente capaz de mantener esa postura y llevar a cabo esas acciones, llevado por el amor, estará más cerca de despertar el Modelo de Cristo que está en su interior, y de utilizarlo para sustituir al modelo kármico de rivalidad que ha sido generado. Aun cuando la otra persona no responda del mismo modo, este individuo llegará a superar la condición kármica que formaba parte de su persona. Puede que consiga sustituir su hostilidad mental por el amor antes de que ésta llegue a manifestarse en su vida física y surja la discordia. Entonces se habrá encontrado a sí mismo bajo la ley de la gracia, en lugar de hacerlo bajo la ley de la causa y el efecto.

Cuando utilicemos los ideales para que nos ayuden a hacer frente a aquello que hemos generado en nuestro pasado, habremos de trabajar mucho en cada uno de los tres niveles que acabamos de mencionar. Es decir, si queremos que nuestro ideal espiritual se manifieste en nuestras vidas, hemos de dejar que éste determine cuál ha de ser nuestro objetivo y dirección básicos, y comprometernos a avanzar por ese camino; debemos elegir aquellas actitudes y modelos de pensamiento que nuestros ideales mentales hayan establecido y tenemos que actuar de acuerdo con nuestros ideales físicos. Estos tres elementos son necesarios para utilizar la información sobre nuestras vidas pasadas de tal forma que nuestra vida actual sea lo mejor posible.

PARTE II

Prácticas que Habrá
que Realizar
Durante el Curso

CAPITULO 5

Soñar y Escribir un Diario

La Finalidad de los Sueños

Soñar, como sabemos la mayoría, es una actividad completamente natural. Esta conclusión viene respaldada por experimentos científicos, que han dejado claro que todos necesitamos no sólo dormir sino también soñar. Pero que el soñar sea algo natural no quiere decir que sea una actividad absolutamente terrena. Los sueños van más allá de las limitaciones que presenta nuestra existencia física cotidiana. Las lecturas de Edgar Cayce indican tanto los aspectos corrientes de los sueños como los especiales. Si los describen como "una experiencia *natural*, es porque *no* se trata de algo antinatural ni sobrenatural. Es algo natural, —es la naturaleza—, es una actividad de Dios. Su conexión con el hombre, Su *deseo* de trazar para el hombre un camino con el fin de que éste alcance la comprensión" (5754-3).

A continuación, vamos a analizar lo que sucede cuando dormimos, para ver cómo los sueños pueden ser al mismo tiempo una actividad natural y una actividad divina. Cuando dormimos, dejamos de ser conscientes de las circunstancias físicas que nos rodean. Nuestra capacidad de percepción, que cuando estamos despiertos depende de nuestros cinco sentidos físicos, se difunde por todo nuestro cuerpo. Al dejar a un lado la conciencia física, otros aspectos de nuestro ser pasan a estar más activos, a ser más evidentes. Ello ocurre debido a que el "*input*" sensorial procedente del mundo físico deja de monopolizar nuestra atención, cosa que sucede con frecuencia cuando estamos despiertos.

Las lecturas nos hablan de una parte de nuestro yo que está muy activa durante el proceso onírico, la denominan el sexto sentido. El sexto sentido es un atributo del alma que participa de las fuerzas intuitivas. Al ser del alma, no sufre las restricciones de la mente consciente y del cuerpo físico. Puede acceder a los recuerdos anímicos y a la percepción universal, así como a los niveles subconsciente y superconsciente de la mente. Mientras dormimos, nuestro sexto sentido recibe impresiones procedentes de estas dos fuentes, esas impresiones constituyen la base de nuestros sueños.

La finalidad de este proceso, tal como muestra la lectura que hemos citado anteriormente, es proporcionarnos unos medios de origen divino para aumentar nuestra capacidad de comprensión. Todo ello no hace sino subrayar el hecho de que los sueños son por naturaleza una fuente de información y de orientación para el hombre. Tal como dice otra lectura: "Todas las visiones y sueños benefician al individuo que los recibe, si éste los interpreta correctamente..." (294-15). La información que nos ofrecen los sueños puede estar relacionada con el estado físico del cuerpo, los procesos mentales conscientes, los procesos mentales subconscientes o las proyecciones de las fuerzas espirituales sobre el subconsciente; dicho de otro modo, nuestros sueños nos informarán sobre cualquier parte de nuestro yo que nos pueda interesar.

Para utilizar esta ayuda, hemos de mostrarnos receptivos. El reto no consiste en conseguir esa orientación, pues está a nuestra disposición dentro de nosotros. Más bien, lo difícil parece ser tomar conciencia de la información que poseemos. Para ello hemos de sintonizar con esa facultad de nuestra alma denominada sexto sentido. Si sintonizamos con las fuerzas anímicas que hay dentro de nosotros, aumentará la cantidad de información que llega a nuestro nivel consciente a través de los sueños.

Al sintonizar, no sólo aumentará la cantidad de información recibida, también mejorará la calidad de la misma. Un sueño puede ser instructivo o engañoso, según el nivel de percepción del que provenga y según cómo lo interpretemos y utilicemos. Los sueños pueden estar basados en impresiones provenientes del superconsciente, omnisciente y lleno de amor, o del subconsciente, que podría contener informaciones erróneas. La sintonización con el espíritu de Dios que está dentro de nosotros, unida a una motivación sincera que nos empuje a emplear lo mejor posible la información de que disponemos, podrá ayudarnos a alcanzar los aspectos más elevados de nuestra persona y a recibir la información más valiosa a través de nuestros sueños.

Aun en aquellos casos en que el mensaje que encierra el sueño sea exacto, es posible una mala interpretación del mismo por parte de nuestra mente consciente. A este respecto, la sintonización con las fuerzas intuitivas y espirituales que hay dentro de nosotros —es decir, el llegar a conocer mejor esas partes de nuestro yo— puede hacer que nuestra mente consciente logre discernir mejor el verdadero significado de nuestros sueños. Por último, el haber sintonizado con nuestro ideal puede ser muy importante a la hora de evaluar e interpretar la información recibida. Si somos consecuentes y centramos nuestra mente en aquello que consideramos lo mejor, llegaremos a ser más expertos en determinar qué interpretaciones de los mensajes contenidos en nuestros sueños nos ayudarán a vivir según la voluntad de Dios.

El Papel de los Sueños en el Estudio de las Vidas Pasadas

Cuando soñamos, nuestro sexto sentido nos aporta información procedente de los niveles subconsciente y superconsciente. La mente subconsciente contiene, entre otras cosas, los recuerdos anímicos de nuestras experiencias de vidas anteriores, y la percepción superconsciente es omnisciente, tiene acceso a los Registros Akáshicos de todo lo que ha sido hecho en el tiempo y el espacio. Así pues, ambas fuentes oníricas pueden proporcionarnos información psíquica, y ahí están incluidos los recuerdos de encarnaciones pasadas.

Como muchos de nosotros no tenemos con mucha frecuencia sueños reconocibles sobre nuestras vidas pasadas, podríamos pensar que el hecho de que nuestro sexto sentido reciba este tipo de información es un acontecimiento relativamente extraño. Pero según dicen las lecturas de Cayce, eso no es verdad. Mientras dormimos, una de las funciones más importantes de nuestro sexto sentido es comparar nuestras actividades cotidianas con los ideales establecidos por nuestras almas a lo largo de muchas vidas, y en nuestros sueños tienen lugar esas comparaciones. Así pues, nuestro sexto sentido recoge diariamente información sobre nuestras vidas pasadas.

Posiblemente cuando un individuo reciba en sueños la descripción de un ideal proveniente de una encarnación pasada, no pensará que es un sueño relacionado con una vida anterior, cosa que, en cambio, sí haría con la representación de un suceso ocurrido en una vida anterior. Pero el hecho de que recibamos por la noche mensajes procedentes de una parte de nuestro yo, que tiene acceso con regularidad a datos sobre nuestras vidas pasadas, prueba que nuestros sueños pueden mostrarnos más cosas sobre nuestras encarnaciones anteriores de lo que la gente cree. ¡Ojalá pudiéramos tomar conciencia de esta información, recordarla e identificarla!

Ya hemos dicho anteriormente que si sintonizamos con el espíritu que hay dentro de nosotros podremos sacar mejor partido de nuestra vida onírica. Lo contrario también es verdad: el comprender nuestros sueños puede contribuir a que exista una sintonía, una armonía en nuestra vida. Al presentar comparaciones entre las actividades que desarrollamos en la actualidad y los ideales establecidos en vidas anteriores, nos proporcionan una orientación importante por lo que se refiere a la aplicación de los citados patrones. Ello puede ayudarnos a descubrir la importancia que tiene vivir de acuerdo con lo que, a nuestro modo de ver, es lo mejor, y consolidar nuestro firme propósito de fijar nuestro ideal y permanecer fieles al mismo. Y al indicarnos cómo han sido nuestras encarnaciones anteriores, hacen que nos demos más cuenta de la continuidad de nuestra existencia y de nuestra identidad espiritual, y que comprendamos con más claridad nuestra relación con Dios.

Soñar es una de las vías más seguras y naturales para recibir datos fiables y pertinentes sobre nuestras vidas anteriores. Lejos de constituir un acontecimiento extraordinario, los sueños, al ofrecernos información sobre nuestras vidas pasadas y proporcionarnos una orientación, cumplen su función habitual. La disponibilidad de este material, de esta información, depende de la habilidad de nuestro sexto sentido para entrar en contacto con los recuerdos anímicos personales y la percepción superconsciente.

Aunque algunos sueños implican el establecimiento de una comunicación a nivel subconsciente con una fuente externa, el proceso onírico es fundamentalmente un proceso interno. Ciertos aspectos inconscientes del yo seleccionan la información y la presentan a la mente consciente. Eso hace que los sueños estén relativamente a salvo de distorsiones externas. Y como los sueños son, en una gran medida, la comparación del ideal de la persona con su comportamiento de ese momento, puedes estar seguro de que la información y la orientación que recibes, sea cual fuere, estará relacionada con tu presente. Escoges la información que, más probablemente, te resultará útil en tu actual situación y te la transmites a ti mismo cuando puedes comprenderla y emplearla mejor.

¿Qué circunstancias es más probable que evoquen un sueño sobre las vidas pasadas? Fundamentalmente, la necesidad de tal información. La finalidad de los sueños es ayudarnos a comprender, y siempre que la información sobre nuestras vidas pasadas nos ayude a comprender, lo probable es que recibamos este tipo de orientación, con tal de que nos mostremos receptivos.

Otro posible estímulo de los sueños sobre vidas pasadas es cualquier suceso que sea una repetición de algo que el sujeto ha experimentado en una encarnación anterior. El encontrar a una persona que hemos conocido en una experiencia anterior, el estar en una situación parecida a otra de nuestro pasado remoto, el encontrarnos en un lugar donde hemos vivido anteriormente, todo ello son ejemplos de tipos de sucesos que pueden evocar recuerdos anímicos lejanos. Se trata de un proceso similar al hecho de tener una experiencia que nos haga recordar un suceso anterior acontecido en esta vida, en el que no habíamos pensado conscientemente desde hacía mucho tiempo. Esto último es algo a lo que estamos acostumbrados. Es evidente que los recuerdos anímicos de anteriores encarnaciones pueden ser activados del mismo modo. Ten en cuenta que cuando un sueño sobre nuestras vidas pasadas se produce de este modo, lo probable es que sea importante y útil para nuestra situación actual. El recordar esas circunstancias similares en que estuvimos en el pasado, y acordarnos de cómo reaccionamos ante ellas y qué resultados obtuvimos, orientará la elección por nuestra parte de la reacción idónea en el momento actual.

Puede que nos cueste identificar la información correspondiente a vidas pasadas cuando ésta se nos presenta en sueños. A veces algunas personas reciben en sueños una descripción de una tragedia ocurrida en una vida anterior. Pero lo normal es que la información sobre las vidas pasadas no sea tan evidente, resulta útil recibir simplemente unos cuantos indicios sobre lo que hemos de buscar.

Normalmente, el soñador se identificará con un personaje concreto presente en un sueño. Si este personaje posee una identidad distinta a la que actualmente posee el soñador en cuanto a raza, nacionalidad o sexo, ello indicará que el sueño podría estar relacionado con otra vida.

A veces el sueño estará situado en un lugar o tiempo diferentes, y esto será una de las claves más claras que nos indicarán que el sueño trata sobre las vidas pasadas. Sin embargo, lo más frecuente es que el indicio consista en un único elemento del escenario onírico, como el estilo arquitectónico, el vestuario o incluso un objeto contemporáneo que el soñador asociará con otro lugar o época. Fácilmente pasamos por alto detalles como éstos, pero con un poco de práctica y de entrenamiento, llegaremos a distinguir mejor estas cosas.

El hecho de que el individuo intuya que su sueño se refiere a una encarnación anterior puede ser un indicio de que así es. Cuando esto sucede, conviene analizar el contenido del sueño con suma atención, para ver si hay en el mismo otros elementos que apoyan esa conclusión.

Dentro del contexto más amplio del estudio de los sueños y del desarrollo espiritual del alma, es conveniente considerar la información sobre las vidas pasadas como un instrumento, no como un fin en sí mismo. El objetivo fundamental que hemos de perseguir al trabajar sobre cualquier sueño es llegar a comprendernos mejor a nosotros mismos y vivir la vida actual lo mejor posible. El conocer nuestras vidas pasadas a menudo nos ayuda en una gran medida a comprendernos mejor a nosotros mismos y a orientarnos, y debemos esforzarnos al máximo para identificar y utilizar esa información cuando se nos presente. De todas formas, la pregunta fundamental que hemos de hacernos es: ¿Cómo puede este sueño ayudarme a sacar el mejor partido de las oportunidades que el momento actual me brinda? Si contestamos esta pregunta y aplicamos la respuesta de un modo constructivo, tendremos garantizado el cumplimiento del objetivo central de todo sueño.

El Diario de los Sueños y su Importancia

Ahora vamos a examinar algunas medidas concretas que podemos tomar para mejorar la cantidad y calidad de la información que recibimos a través de los sueños, y que pueden ayudarnos a utilizar lo mejor posible esta información y a sacarle el máximo partido en nuestra vida cotidiana. Las indicaciones que figuran a continuación no constituyen una lista completa de todo lo que podemos hacer para trabajar eficazmente con nuestros sueños. Pero si sigues estas sugerencias, empezarás a avanzar en la dirección adecuada para sacar el mayor provecho de tus sueños.

En las siguientes secciones, nos centraremos en cómo recordar nuestros sueños, tomar nota de ellos, interpretarlos y emplear los mensajes que nos transmiten. Para estos cuatro aspectos del trabajo onírico es muy importante escribir un diario que contenga nuestros sueños. El diario ha de ser práctico, para poder realizar anotaciones fácilmente, y ha de estar guardado en un lugar determinado, para poder consultar fácilmente las anotaciones anteriores. A la mayoría de las personas les sirve perfectamente un cuaderno dedicado exclusivamente a ello, o bien una sección reservada para tal fin.

Dicho diario resulta sumamente útil por varios motivos. Para empezar, el tenerlo probablemente hará que seas capaz de recordar más sueños, pues al esforzarte por recordar un sueño, demuestras a tu yo inconsciente que estás seriamente interesado en oír lo que tiene que decirte.

El diario también te ayudará a autodisciplinarte, algo muy necesario cuando empiezas este proyecto. Si cuando te despiertas, te limitas a pensar en tus sueños, puede que pases por alto detalles importantes, o quizá decidas dejar "para más adelante" tu trabajo onírico. En cambio, si tomas nota de tus sueños al despertar, lo probable es que tu trabajo sea mucho más completo.

El hecho de tomar nota de los sueños constituirá una gran ayuda cuando su significado no esté muy claro. En tales casos, será muy difícil darles una buena interpretación más tarde, dependiendo exclusivamente de la memoria. Pero si el sueño ha sido escrito en un diario, será mucho más fácil volver a él, releerlo y, tras haber reflexionado lógica e intuitivamente sobre el mismo, llegar a una conclusión en cuanto al mensaje que encierra.

Muchas veces recibiremos una serie de sueños sobre el mismo tema, bien en períodos sucesivos de la misma noche o a lo largo de unas cuantas noches. Cuando esto suceda, el haber anotado los sueños será sumamente importante, pues nos permitirá comparar un sueño que versa sobre un área de la vida con otro sueño posterior sobre el mismo tema, y cada sueño nos ayudará a comprender mejor el significado del otro sueño.

El diario de los sueños resultará sumamente útil para el estudio de las vidas pasadas. Ello se debe a que, tal como dijimos anteriormente, es poco frecuente que las personas reciban un único sueño que les dé una imagen global de una encarnación previa. Es mucho más común recibir esta información poco a poco, es decir, que los detalles de la experiencia anterior se hallen desperdigados en varios sueños, a lo largo de una serie de semanas, meses o años. Y para tener alguna posibilidad de encajar esas piezas, es preciso haber tomado nota de dichos sueños.

Para Recordar Mejor los Sueños

Vamos a suponer que has decidido empezar a trabajar sobre tus sueños y que has conseguido un cuaderno que puede muy bien servir como diario. ¿Qué has de hacer antes de nada para recibir una información útil en sueños y poder recordar la información recibida?

1. Has de mantener una actitud abierta, una actitud de búsqueda. Con la mayor sinceridad posible, muéstrate deseoso de recibir todo aquello que tu subconsciente y tu superconsciente pueden ofrecerte. Y no puedes esperar que estas partes tan profundas de tu yo te proporcionen una orientación, a menos que estés dispuesto a seguirla.

2. Acostúmbrate a tratar de sintonizar a través de la meditación. Esta práctica te permitirá reconocer mejor la voz del espíritu y hará que, en sueños o despierto, te des más cuenta de sus incitaciones.

3. Antes de ir a dormir, has de decirte a ti mismo que te acordarás de lo soñado. No trates de programar el contenido de los sueños con antelación; limítate a afirmar que serás capaz de recordar lo soñado cuando despiertes.

4. Has de tener el diario y la pluma junto a la cama. Por dos motivos: quedará grabado en tu mente inconsciente que te tomas en serio tu trabajo onírico y te resultará más fácil anotarlo por la mañana.

5. Una vez que te hayas despertado, quédate quieto durante unos minutos mientras repasas mentalmente los detalles de tus sueños. Uno de los mayores obstáculos que dificulta la evocación de los sueños es la estimulación física. Si te mueves antes de grabar el sueño en tu mente, darás a tu cerebro más informa-

ción sensorial, y ésta podría dejar fuera de tu conciencia tus impresiones oníricas.

6. Has de anotar el sueño inmediatamente. Nuevamente se trata de escribir el sueño con la mayor exactitud posible antes de que tu conciencia se distraiga a causa de las circunstancias físicas que te rodean y los acontecimientos que se producen a tu alrededor.

7. Si no tienes tiempo para anotar tu sueño cuando te despiertas, puedes grabarlo en una cinta magnetofónica. Más tarde, podrás transcribir el sueño e incluirlo en tu diario. Si utilizas este método con mucha frecuencia, sería bueno que tuvieras un magnetofón al lado de la cama.

8. Sé consecuente cuando trabajes con tus sueños. Es otra forma de hacer saber a tu yo que te has comprometido a realizar esta labor.

9. Utiliza en la vida diaria la orientación que recibes en sueños, sea cual fuere. Al aplicar tu capacidad de comprensión, está aumentará: "Al aplicar las verdades conocidas, verdades más grandes llegarán a tu conocimiento..." (97-2).

Tomando Nota de tus Sueños

Lo primero que has de hacer, después de haber recibido un sueño que puedes recordar al despertar, es anotarlo en tu diario. hacer es anotarlo en tu diario. A continuación, figuran algunas sugerencias que pueden ayudarte a realizar unas anotaciones en tu diario que te serán de utilidad. Con el tiempo posiblemente descubras que estas recomendaciones funcionan mejor en tu caso si introduces algunas variaciones. En tal caso, puedes cambiar el formato con entera libertad, de tal forma que se adapte mejor a tus necesidades individuales. Estas ideas pretenden ser unas indicaciones útiles, no son unas reglas férreas.

1. Describe por escrito el escenario donde tiene lugar tu sueño, cuándo y dónde sucede la acción.

2. Resume la historia. Anota los principales acontecimientos que se suceden, describe a los personajes principales e indica qué actividad desarrolla cada uno.

3. Toma nota de los símbolos individuales que destacan.

4. Describe las emociones que sientes en ese sueño. Explica qué clase de emociones experimentas y qué intensidad tienen

éstas. Anota también aquellas circunstancias, sucesos y personajes que parecen provocar, en mayor medida, tales emociones en ti. Esta parte es muy importante, pues los sentimientos que evoca cualquier símbolo concreto o suceso del sueño pueden modificar en una gran medida lo que éste significa para ti.

5. Pon la fecha siempre que realices una anotación en el diario. Si por casualidad recibes una serie de sueños relacionados con una circunstancia determinada de tu vida, el conocer la fecha de cada sueño podrá ayudarte a comprender cómo ha ido evolucionando esa situación y cómo ha ido variando tu opinión sobre la misma, y también te será útil para medir tus progresos a la hora de enfrentarte con esa circunstancia.

Otro motivo para fechar las anotaciones es que a veces los sueños anticipan acontecimientos que posteriormente suceden en nuestra vida cotidiana. De hecho, las lecturas de Cayce nos dicen: "Toda condición que se hace realidad aparece primero en sueños" (136-7). Si tienes un sueño de esas características, la anotación incluida en tu diario junto con la fecha te ayudará a verificar la naturaleza precognitiva del sueño, lo cual a su vez te llevará a entender más plenamente tu facultad de vidente.

6. Toma nota de cualquier problema especial que se te esté planteando en la vida, en el momento de producirse el sueño. Uno de los factores que más influyen en la determinación del contenido de un sueño es su conexión con la situación del soñador en esos momentos. Al considerar la relación existente entre tu sueño y las principales preocupaciones que tienes en ese momento, descubrirás, en algunos casos, el área de tu vida con la que se relaciona ese sueño en su conjunto, y ello hará que te resulte mucho más fácil discernir los significados de sus elementos individuales.

7. Según vayas dando los pasos, que requiere la interpretación de los sueños, tal como señalamos a continuación, anota cualquier idea que se te ocurra en relación con el significado del sueño.

8. Posiblemente desearás también tomar nota de la orientación que a tu modo de ver te ha proporcionado el sueño, lo que realmente has hecho al respecto y los resultados de tal acción.

Interpretando tus Sueños

Y así llegamos a un punto que muchos temen, la interpretación de los sueños. Tales personas dirán: "Yo no sé nada de psicología, ¿cómo puedo esperar descifrar lo que significa este sueño?" Lo que no tiene en cuenta este individuo es que, aunque carezca de una titulación académica sobre el estudio de la mente, es el mejor experto que existe en este mundo en el tema que más le importa, él mismo. Nuestros sueños son mensajes procedentes de nosotros, dirigidos a nosotros y que versan sobre nosotros. Las lecturas de Cayce, por tanto, dicen que la persona más capacitada para interpretar cualquier sueño es el propio soñador, pues es quien más sabe de su propia vida. El tener confianza en uno mismo no sólo es una actitud extremadamente útil, además es la más idónea para descubrir el significado de nuestros sueños.

Para interpretar los sueños, es importante también tener una mentalidad abierta y ser objetivos. Hemos de estar abiertos a toda orientación que contengan nuestros sueños, si esperamos llegar a entender su verdadero significado. Y debemos ser objetivos, no hemos de limitarnos a buscar aquello que deseamos ver; tenemos que estar deseosos de conocer aquello que las partes más profundas de nuestro yo han decidido que necesitamos saber, aun cuando tales mensajes no satisfagan totalmente a nuestra mente consciente.

Una vez fijadas tales actitudes, el primer paso que hay que dar para interpretar los sueños es descubrir su significado general. Para hacerlo, has de leer la sección de tu diario en que figura el resumen de tu sueño, y tratar de determinar el área de tu vida con la que se relaciona dicho sueño. En algunos casos esto será bastante sencillo, pues estará representada claramente por el contenido del sueño.

En otros casos, puede que sea más difícil. Posiblemente tendrás que repasar una serie de etapas de tu vida sobre las que podría tratar el sueño. Piensa durante un instante en cada una de estas posibilidades, y luego déjalo en manos de tu yo intuitivo. Tranquiliza tu mente, céntrate en alguna de las áreas a las que podría referirse el sueño y permanece atento a la espera de que se produzca una reacción procedente de tu interior, que te indique si éste es o no el tema de tu sueño. Analiza cada una de las alternativas de este modo. Tus intuiciones probablemente darán más en el clavo que las decisiones basadas en la lógica. Con un poco de práctica, llegarás a ser más sensible a tus impulsos internos en relación con tus sueños, llegarás a ser más capaz de identificar correctamente los temas principales.

Tras haber decidido a qué área de tu vida se refiere el sueño, has de analizar los sentimientos que dicho sueño ha provocado en ti. Ello podría ayudarte a identificar hacia dónde pretende llevarte este sueño; por ejemplo, si su objetivo es hacerte abandonar un modelo de pensamiento que es destructivo, o animarte a continuar con uno que es positivo, o bien advertirte sobre la proximidad de una dificultad. El hecho de descubrir cuál es el fin básico de un sueño te ayudará más tarde, cuando decidas cómo has de reaccionar ante éste.

Una vez que hayas determinado el área a la que se refiere el sueño y su objetivo, el siguiente paso será examinar los símbolos concretos del sueño que parecen importantes. Descubrirás que al haber relacionado el sueño con un área concreta de tu vida, te resulta más fácil encontrar los símbolos individuales, dado que sus significados también están relacionados con el tema en cuestión. Para descubrir qué representan los símbolos, has de analizar la relación existente entre las imágenes presentes en tu sueño y prestar especial atención a los elementos de la parte de tu vida a la que se refiere el sueño. Tratamos de averiguar qué correlación existe entre tu sueño y tu vida cotidiana, así que cualquier dato del área de tu vida a la que se refiere el sueño puede ser utilizado para descubrir el significado de los elementos del sueño.

Una cosa que has de tener en cuenta es que son *tus* símbolos. Su fin es transmitirte un mensaje. No importa lo que estas imágenes signifiquen para otra persona; en cambio, lo que signifiquen para ti tiene toda la importancia. No te molestes en consultar el "diccionario de los sueños" de otra persona para hallar el significado estándar de un símbolo dado. Analízate a ti mismo para descubrir lo que significa para ti en particular, utilizando el análisis lógico del tema del sueño y tu propia sensibilidad ante tus reacciones intuitivas.

Voy a darte otra pista que te ayudará a descifrar los símbolos oníricos. Del mismo modo que el mismo sueño se repite a veces una serie de noches, los símbolos algunas veces aparecen y reaparecen en una serie de sueños. Si descubres que una imagen determinada se te presenta en una sucesión de sueños, existe la posibilidad —aunque no la seguridad— de que tenga el mismo significado en cada sueño. Si crees que sabes lo que representa en un sueño, mira a ver si ese significado encaja también en los otros sueños.

Hay varias cosas que puedes hacer si te cuesta entender el mensaje contenido en el sueño. Una es rezar. Recuerda que el sueño te ha sido proporcionado a través de tu sexto sentido, un atributo de tu alma. En la oración expresamos nuestros deseos de que las fuerzas del alma y el espíritu de Dios se muestren más activas en nuestras vidas. Al hacerlo fomentamos la tendencia natural del alma a comunicarse con nosotros e intensificamos nuestra sensibilidad ante la información que nos proporciona. Todo esto puede conducir a la recepción por nuestra parte de una nueva exposición del mensaje contenido en el sueño, bien a través de la meditación, mediante la intuición si estamos despiertos o en otro sueño que podamos comprender más fácilmente.

También puede ayudarnos a captar el significado de un sueño difícil releer las anotaciones que hemos realizado en nuestro diario en relación con otros sueños que hemos tenido en ese tiempo. Como los mensajes a veces se repiten en los sueños del mismo período de tiempo, el repasar todos los sueños que hemos tenido entonces hará que percibamos cuáles son los temas dominantes en esos momentos. Ello nos permitirá saber si hay algún sueño relacionado con el que nos plantea problemas, y podremos servirnos de las ideas que tenemos en relación con tales sueños para descubrir el significado del que nos cuesta descifrar.

Finalmente, si nada da resultado, simplemente prueba a dejarlo durante cierto tiempo. Permite que tu subconsciente le dé vueltas durante algunos días, y luego vuelve a analizarlo. Puede que descubras que tu punto de vista al respecto ha variado hasta el punto de permitirte captar su significado cuando lo vuelvas a examinar. O puede que entre tanto hayas tenido un segundo sueño, más comprensible, sobre el mismo tema, que te permita comprender lo que el primero trataba de decirte.

Aplicando tus sueños

Existe la tendencia entre algunas personas que se interesan por los sueños a pensar que, una vez que el sueño ha sido interpretado, ya no hay más que hacer. Esta forma de ver las cosas no nos anima a utilizar los sueños de una forma muy constructiva. Sea cual fuere el mensaje de un sueño en concreto, el caso es que lo hemos tenido por algún motivo. En cierto modo, su objetivo es mejorar la calidad de nuestra vida. Aunque recordemos nuestros sueños, tomemos nota de ellos y los interpretemos, nuestra vida no cambiará mucho si no aplicamos lo que hemos comprendido gracias a ellos.

A la hora de decidir cómo vas a aplicar la información que te ofrece un sueño, has de centrarte en primer lugar en el área de la vida a la que se refiere dicho sueño. Determina, si puedes, cuáles son las acciones alternativas de tu vida (la vida que vives estando despierto) que los diferentes sucesos de ese sueño sugieren. Analiza todas las alternativas que se te presentan en ese área de tu vida; trata de poner cada una de ellas en correlación con el contenido del sueño, y de descubrir qué es lo pretende decirte el sueño sobre el probable desenlace de cada una de ellas. Presta mucha atención a cualquier sentimiento evocado por el sueño, pues los sueños te dirán si determinada reacción ante una situación es deseable o ha de evitarse.

Cuando hayas optado por una línea de acción determinada en base a tu interpretación del sueño, comprueba su validez desde un punto de vista lógico, mira si es consecuente con todo lo que sabes sobre esa situación de tu vida. A continuación, evalúa tu respuesta teniendo en cuenta tu ideal. ¿Acaso el actuar de ese modo pondrá de manifiesto realmente el modelo espiritual que quieres que guíe tu vida? Tal vez desees utilizar la meditación para sintonizar con tu ideal con el fin de llegar a la conclusión correcta. Si la medida que en un principio habías pensado tomar no está a la altura de lo que pretendes, da marcha atrás y analiza las otras alternativas que te sugiere el sueño, para ver si alguna de ellas dará mejor resultado.

Por último, haz algo en relación con la orientación que has recibido. Aun cuando tu interpretación del sueño se aparte algo de la verdad, no te equivocarás mucho si tus acciones están de acuerdo con tu ideal, con lo mejor que conoces. Tenemos la seguridad de que si al actuar nos dejamos guiar por lo que es mejor a nuestro modo de ver, llegaremos a comprender mejor todo.

Ejemplo

Todo el proceso, es decir, recordar el sueño, anotarlo, interpretarlo y hacer algo al respecto, podría, en estos momentos, parecernos extremadamente largo y complicado. Pero lo cierto es que en muchos casos podrás tomar nota del sueño y captar su significado en menos tiempo del que has tardado en leer este capítulo.

Para que comprendas mejor cómo se realiza una anotación en el diario de los sueños, vamos a explicar cómo se toma nota de un sueño breve y sencillo, se interpreta y se utiliza. Una vez más se trata de un caso hipotético. Ten en cuenta que la interpretación de nuestro soñador imaginario puede no coincidir con la tuya, o con la de cualquier otra persona, pero lo que cuenta es lo que significa el sueño para la persona que lo ha tenido.

(Fecha):
Escenario: En mi coche, en carretera, al anochecer.
Acción: Estoy conduciendo en una carretera, estoy solo. Está anocheciendo. Observo que uno de los faros alumbra muy poco.
Símbolos: Coche, faro.
Sentimientos: Cierta intranquilidad, un presentimiento; no siento un miedo muy intenso pero me doy cuenta de que si no hago algo con el faro podría sucederme algo grave.
Circunstancias de la vida en esos momentos: Estoy preocupado porque mi proyecto no se desarrolla como estaba previsto, se está retrasando; físicamente, estoy algo cansado.

(El resto de las anotaciones no han de realizarse inmediatamente después de despertar. Pero convendría que se hicieran mientras el sueño está todavía fresco en la memoria.)
Interpretación:
Area general: Hice un breve ejercicio de meditación para ver si el sueño estaba relacionado con el trabajo, no parece ser así; tengo la firme sensación de que tiene que ver con mi salud; supongo que en realidad podría estar relacionado con mi coche.
Sensación: Teniendo en cuenta mi presentimiento, posiblemente se trate de algún problema de salud, o le pase algo al co-

che, más vale que lo compruebe antes de que pase algo más serio.
Símbolos: Si está relacionado con la salud: coche-cuerpo; faro-ojo. Si está relacionado con el coche: está claro.
Posible aplicación: Voy a examinarme los ojos; voy a comprobar los faros.
Respuesta: He comprobado los faros, parecen ir bien; mañana voy a ir al oculista.

En cuanto al ejemplo que acabo de exponer, lo importante es que el soñador actuó tras recibir el mensaje. En cierto sentido, podemos decir que recordar el sueño, escribirlo en el diario y tratar de comprender su significado son los pasos intermedios que nos conducen a un punto en el cual el soñador ha de dar una respuesta activa ante al información que ha recibido. Con independencia de cuál sea el contenido específico de los sueños, éstos van en beneficio nuestro, nos proporcionan una orientación. El que cumplan o no totalmente su objetivo dependerá de lo que nosotros hagamos con la orientación recibida.

CAPITULO 6

La Meditación

La Finalidad de la Meditación

Existen una serie de sistemas de meditación, cada uno de los cuales con un objetivo central. Las técnicas empleadas en los distintos sistemas varían, dependiendo de la meta que cada escuela de pensamiento trata de alcanzar a través de la meditación. Para algunos, la meditación sirve para alejarse de las preocupaciones de la vida física. Aquellos que comparten este punto de vista realizan ejercicios de meditación encaminados a la suspensión del funcionamiento de la mente consciente. Para otros, la meditación es un medio para desarrollar ciertas facultades, que a menudo son de naturaleza psíquica u oculta. Ello lleva a estas personas a centrarse en esas habilidades a través de la meditación, posiblemente utilizarán la visualización para estimular el desarrollo de los poderes apetecidos.

La finalidad de la meditación, tal como la presentan las lecturas de Edgar Cayce, es sencillamente posibilitar un mayor acercamiento nuestro a Dios. "Tenéis la meditación porque deseáis sintonizar con las Fuerzas Creativas. No tenéis la meditación... porque queráis sentiros mejor, sino ¡para sintonizar con el infinito!" (1861-18). La meta que se persigue en este caso no es escapar del cuerpo y de la mente consciente, sino hacer que la mente y el cuerpo sintonicen con su fuente espiritual. Esta clase de meditación no consiste en dedicarnos a la contemplación, ni en soñar despiertos o poner la mente en blanco. Implica tranquilizar la mente y centrarla en el espíritu de Dios que está dentro de nosotros. Entonces, la energía del espíritu podrá fluir por la mente y el cuerpo, y hallar su expresión en todos los aspectos de nuestras vidas.

Esta modalidad de meditación no se practica para obtener unos beneficios concretos ni adquirir unas facultades determinadas, de naturaleza psíquica o de otro tipo. No se trata de conseguir, sino de llegar a ser. Lo que se busca es acercarse más a Dios y llegar a expresar mejor Su amor. Según vamos aproximándonos a esta meta, pasamos a ser mejores canales de la energía divina del espíritu. Llegamos a ser más conscientes de la actividad del espíritu en nuestras vidas, a percibir mejor nuestra propia alma. Mientras esto sucede, nuestras facultades psíquicas experimentan un desarrollo natural, pues lo psíquico pertenece al alma.

Aquí vemos cómo la meditación juega un papel muy importante en la evocación de nuestras encarnaciones anteriores, ayudándonos a recordarlas mejor. Intensifica nuestra capacidad de percibir los mensajes que recibimos del espíritu que está dentro de nosotros. Según el punto de vista expuesto en las lecturas de Cayce, no meditamos para recordar nuestras vidas pasadas ni para lograr otra manifestación de las facultades psíquicas, éste no es el objetivo *per se*; ni tratamos de programar de antemano nuestras sesiones de meditación para obtener este tipo de información. Ahora bien, si practicamos con asiduidad la meditación, los recuerdos de nuestras vidas pasadas irán aumentando de forma natural como parte del proceso más amplio de la evolución y desarrollo del alma. Según vayamos aproximándonos a la fuente de la divina sabiduría que está dentro de nostros, recibiremos de ella toda la información que deseemos, cuando quiera que la necesitemos y seamos capaces de utilizarla.

La gran importancia de la meditación en nuestra búsqueda espiritual proviene de la historia de nuestras almas. Fuimos creados como seres espirituales, cada uno hecho a imagen y semejanza de Dios. Al principio poseíamos una percepción superconsciente y perfecta de la presencia de nuestro Creador. Pero utilizamos nuestro libre albedrío para rebelarnos contra Dios, y de ese modo nos separamos de Él. Generamos defectos en lo que había de ser nuestra mente consciente y nuestra mente superconsciente, y en los cuerpos físicos en los que finalmente habría de encarnarse nuestra alma.

Pero la impronta de Dios que está dentro de nosotros, siendo divina, no quedó destruida. En el nivel más profundo de nuestra mente, todavía permanece la percepción superconsciente de nuestra unidad con Dios. Lo que sucede es que todos esos modelos de pensamiento contrarios al amor, que hemos generado en nuestra mente subconsciente y en nuestra mente consciente, hacen que a menudo no le prestemos atención. Para llegar a ser todo aquello que nosotros, como hijos de Dios, podemos ser, hemos de reconquistar la capacidad de percibir a nuestro Creador.

La meditación nos ayuda a conseguirlo, pues tranquiliza nuestro cuerpo, nuestra mente consciente y nuestra mente subconsciente, para que podamos escuchar la voz de Dios que está dentro de nosotros. Su eficacia se basa en la certeza de que Él efectivamente mora dentro de nosotros, y que el espíritu divino, que siempre trata de expresarse a sí mismo, se manifestará en nuestras vidas si lo permitimos.

Definición de la Meditación

La meditación, tal como aparece descrita en las lecturas de Edgar Cayce, implica la existencia de una comunicación con Dios. Muchas personas consideran que comunicarse con Dios es sinónimo de orar, y para ellos la diferencia entre meditación y oración no está muy clara. Pero, aunque estas dos actividades están relacionadas, son efectivamente distintas. Para ver dónde está la diferencia hemos de analizar las definiciones de oración y de meditación que figuran en unos cuantos textos de las lecturas de cayce.

"La oración, en breve, es rogar a lo divino que está dentro del yo lo divino procedente de fuera del yo, y la meditación es permanecer tranquilo en cuerpo, mente y corazón, escuchando, escuchando la voz de tu Hacedor" (5368-1).

"Pues tu oración es como una súplica o una petición dirigida a tu superior; sin embargo, tu meditación es que te encuentras en ¡un terreno *común!*" (281-28).

"La oración es el esfuerzo concertado de la conciencia física para llegar a estar en armonía con la conciencia del Creador... *Meditar* es *vaciar* el yo de todo lo que impide a las fuerzas creativas elevarse por los canales naturales del hombre físico para quedar diseminadas por aquellos centros y fuentes que crean las actividades del hombre físico, mental y espiritual..." (281-13).

Tal vez, la diferencia fundamental que existe entre la oración y la meditación es que cuando oramos estamos activos, y cuando meditamos estamos quietos. En la oración buscamos activamente la ayuda y la orientación de Dios; por así decirlo, hacemos una demanda de Dios. Mientras que en la meditación nos sentamos en silencio y esperamos a que se produzca Su respuesta. La meditación se basa en la idea de que el cuerpo es el templo de Dios, y allí es donde Él se reunirá con nosotros, ¡"en terreno *común*"! (281-28).

La tercera cita que figura arriba hace hincapié en la diferencia que existe entre la actividad de la oración y la quietud de la meditación. La oración es un "esfuerzo concertado" (281-13) por llegar a estar en armonía con Dios, de tal forma que Su espíritu pueda participar activamente en nuestras vidas. En la meditación, en ese "*vaciarse* de todo lo que estorba" (281-13) el ascenso de la fuerza creativa, apartamos todo lo que en nuestra persona es contrario a Dios para que pueda desarrollarse esa actividad divina que hemos buscado en la oración.

Tanto la oración como la meditación son un medio para sintonizar con la voz de Dios. En la oración trabajamos con nuestro yo para lograr esta armonización, tratando de que la conciencia sea un instrumento que sintonice mejor con el Creador y que, por tanto, se comunique mejor con Él, tanto dentro de nosotros mismos como fuera. La meditación, más que una autotransformación, es un proceso en el cual dejamos a un lado las partes de nuestra persona que se han separado y nos centramos en la voz de Dios que está dentro de nosotros, dejando que Su energía espiritual fluya a través de nuestra persona y opere una transformación en nosotros.

Evidentemente, la oración y la meditación están muy estrechamente relacionadas. Son dos etapas complementarias del proceso global de armonización o sintonización y comunicación con Dios. Así pues, para que estos procesos resulten más efectivos, han de ser utilizados conjuntamente. Dicho de otro modo, en una sesión de "meditación" la oración se combinará con la meditación. Una oración en la cual nos consagramos a Dios e invocamos su presencia es el mejor medio para introducirnos en la meditación. De ese modo invitamos a Dios a entrar en nuestra conciencia. Y luego, cuando meditamos, esperamos en silencio a recibirle y oír Sus palabras. Cuando hemos terminado de meditar, es una buena idea finalizar con una oración, siendo éste un modo de utilizar la energía producida. La secuencia más lógica y eficaz en una sesión orientada a la comunicación con el Creador consistirá en una oración, seguida de un ejercicio de meditación y finalmente otra oración.

Las Fuerzas Generadas en la Meditación

Si analizáramos nuevamente los elementos de nuestro ser, posiblemente comprenderíamos mejor cómo nos afecta la energía generada en la meditación. Decimos que el hombre posee tres aspectos básicos: espíritu, mente y cuerpo. Pero hemos de tener presente que no se trata de tres aspectos separados. Cada uno de ellos interactúa en los otros dos e influye en ellos. La relación existente entre los tres queda expresada en la fórmula: el espíritu es la vida, la mente es el constructor y lo físico es el resultado. Cuando meditamos, tratamos de armonizar nuestros atributos físicos y mentales con el espíritu de Dios que está dentro de nosotros.

El cuerpo contiene unos puntos de contacto con el espíritu y la mente. El sistema nervioso es el centro físico donde conectan el cuerpo y la mente. Los puntos de contacto entre el cuerpo y el espíritu están situados en unos centros específicos relacionados con las glándulas endocrinas. Hay siete centros de esas características. Están asociados a (empezando por el centro situado más abajo): las gónadas, las células de Leydig, las suprarrenales, el timo, la tiroides, la pineal y la pituitaria. La generación de las fuerzas de la meditación se produce a través de estos centros, y desde ahí las fuerzas se esparcen por todo el cuerpo.

El espíritu es la chispa de Dios que está dentro de nosotros y nos da vida. Siempre está presente, tratando de expresar su relación con el Creador. Cuando meditamos, dejamos inactivo nuestro cuerpo, tranquilizamos nuestra mente y nos centramos en el espíritu, lo que nos permite percibir mejor las fuerzas espirituales que hay dentro de nosotros. Esto hace posible que la energía del espíritu, que opera cuando centramos la mente, se exprese en lo físico.

La capacidad que tenemos de dejar que esta fuerza espiritual fluya por nosotros es consecuencia natural de nuestro origen, de nuestra condición de colaboradores de Dios en la creación. Al igual que el espíritu de Dios, cuya expresión en lo material dio como resultado la formación del universo físico, nuestras almas individuales poseen una capacidad de crear que puede manifestarse físicamente. Cuando meditamos, se produce una corriente de esa misma energía creativa que va desde el espíritu hasta el cuerpo en modalidades modeladas por la mente.

Ello produce como resultado un efecto físico real, que el que medita puede sentir, es como una vibración que experimenta la totalidad del cuerpo, como si unas vibraciones recorrieran de arriba a abajo la columna vertebral, como una sensación de ligereza o un ligero vértigo. Tales sensaciones indican que dentro del cuerpo está teniendo lugar un proceso creativo. Las lecturas de Cayce nos dicen que la meditación "bien hecha ha de hacernos *más fuertes* mentalmente, físicamente..." (281-13). Este aumento de energía física puede manifestarse como una curación, que puede afectar al cuerpo del que medita o bien difundirse y alcanzar a otros.

Como las fuerzas generadas en la meditación son reales, es muy importante que la motivación sea correcta. Podríamos sentir la tentación de pensar que, como esta energía viene del espíritu, sus efectos en el mundo físico necesariamente han de ser buenos. Pero no es así. Finalmente, toda la energía procede de Dios. Pero, si nuestros fines son egoístas, pueden derivarse unos efectos destructivos de la utilización por parte nuestra de la energía que recibimos a través de los alimentos, la proveniente del átomo o la que procede de cualquiera de las otras fuentes de energía existentes en el universo físico. Del mismo modo, la energía generada en la meditación, aun cuando es del espíritu, puede producir unos efectos negativos en el mundo físico si la motivación que nos mueve a utilizarla es contraria al amor.

La meditación nos transforma. El cómo depende de la mente, del constructor, que determina cómo se manifiesta la energía espiritual en lo físico. Nuestra motivación y lo que seleccionamos como foco en el que se centra la mente al meditar, establecen el modelo. Si este modelo y la finalidad para la cual lo establecemos están de acuerdo con nuestra percepción superconsciente de Dios, nuestra conciencia recibirá una ayuda valiosa. Pero si nuestro modelo y nuestro fin no armonizan con el espíritu de Dios, habrá una gran confusión, un gran desorden. Con el fin de asegurarnos de que las fuerzas producidas en la meditación van a manifestarse constructivamente y no destructivamente, hemos de escoger una motivación y un foco en el cual centrar nuestra meditación que estén basados en nuestro ideal espiritual, y hemos de acogernos a la protección que se encuentra en Cristo.

La meditación entendida de este modo pasa a ser para nosotros una fuente de desarrollo espiritual. La aplicación por nuestra parte de la energía así generada será constructiva, práctica, y estará llena de amor. Meditar adecuadamente ayuda a cada aspecto de nuestro ser a cumplir su función dentro del plan que Dios ha establecido para nosotros: el espíritu empieza a participar más activamente en nuestras vidas; la mente empieza a canalizar de un modo más constructivo la energía espiritual, y el cuerpo, el resultado físico, pasa a ser un instrumento más apto para la expresión del amor divino.

La Preparación para la Meditación

Son muchas las cosas que podemos hacer como preparación para la meditación con el fin de que la experiencia sea beneficiosa para nuestro cuerpo, nuestra mente y nuestra alma. En esta sección vamos a examinar las prácticas que pueden dar resultado al cabo de un tiempo, haciendo que estemos más dispuestos a aceptar la ayuda y la orientación divinas que la meditación que pone a nuestro alcance, y que estemos más capacitados para aplicarlas en nuestras vidas.

Las técnicas específicas que podemos emplear para introducirnos en la meditación serán analizadas en la siguiente sección de este capítulo.

Hasta cierto punto, a nosotros nos corresponde escoger nuestra preparación para la meditación. La sintonización depende en cada persona de su nivel de evolución. Por lo que se refiere a los ejercicios del cuerpo y de la mente, cada uno de nosotros ha de hacer lo que necesita y lo que mejor funciona en su caso. No obstante, existen unas directrices generales que conviene aplicar. Ciertos objetivos espirituales, actitudes mentales y condiciones físicas conducen a nuestra comunión con Dios y a la expresión de Su amor en nuestras vidas. Otros no.

En el plano físico, prepararse para meditar implica adoptar ciertas prácticas generales que proporcionan una buena salud. Conviene prestar atención a cuestiones como la dieta, el ejercicio, el descanso y la moderación. A través de estos medios podemos purificar nuestro cuerpo, consiguiendo que sea un instrumento mejor para manifestar nuestro ideal y utilizar constructivamente las fuerzas generadas en la meditación.

Tan importante, por lo menos, como la purificación del cuerpo es la purificación de la mente. Si verdaderamente tratamos de sintonizar con la voz de Dios que está dentro de nosotros, deberíamos saber qué es Dios para nosotros, de tal forma que podamos escoger aquellos hábitos de pensamiento que sean consecuentes con nuestro concepto de la Divinidad. En primer lugar, hemos de creer que Dios existe y que Se comunica con nosotros. Las actitudes mentales que adoptemos deberían reflejar lo que las lecturas de Cayce denominan frutos del espíritu, es decir, cualidades como el amor, la misericordia, la humildad, la generosidad y la amabilidad. Hemos de alejar de nosotros el odio, la avaricia, la malicia y el egoísmo. Sobre todo, hemos de interesarnos por el bienestar de nuestro prójimo, pues también es de Dios; si no hay armonía en nuestra relación con nuestro hermano, tampoco la hay en nuestra relación con nuestro Creador.

En el plano espiritual, la motivación que nos mueve a iniciar un proceso de meditación influye en gran medida en lo que vamos a conseguir con ello. La promesa "Busca y hallarás" puede ir en beneficio o en detrimento nuestro, pues lo que encontremos dependerá precisamente de lo que estemos buscando. Para encontrar a Dios, tenemos que desear sinceramente que nuestra voluntad forme una unidad con la Suya. Para oír Su verdad, hemos de estar deseosos de que se nos muestre qué es lo mejor realmente y de seguir el camino que nos revelen. La mejor motivación que puede llevarnos a iniciar una meditación es nuestro deseo de aproximarnos a Dios y consagrarnos a Su voluntad.

Además de la motivación adecuada, el hecho de determinar cuál es nuestro ideal espiritual y de centrarnos en él durante la meditación puede ayudarnos a entrar en contacto con la percepción superconsciente de Dios que está dentro de nosotros. Recuerda que no todo lo que está fuera de la esfera de lo físico y de la mente consciente es de Dios. Al utilizar un aspecto de nuestro ideal como foco en nuestras prácticas de meditación, podemos estar seguros de estar sintonizando con lo mejor, a nuestro modo de entender, del espíritu divino. Todo ello aumentará las probabilidades que tenemos de encontrar algo verdadero y útil. Cuando seleccionamos cuidadosamente el foco en el que vamos a centrar nuestra meditación, no tratamos de programar de antemano lo que vamos a experimentar ni la información que vamos a recibir; sencillamente hacemos lo que podemos por asegurarnos de que esta experiencia viene de la mejor fuente.

Las Técnicas de la Meditación

Ahora vamos a analizar algunas técnicas concretas que nos servirán para preparar la sesión de meditación, pasar a estar en silencio y emplear la energía producida. De los pasos preliminares que exponemos a continuación, cabe destacar los siguientes: determinar el ideal, desear sinceramente buscar a Dios y amar a los demás, por su importancia para sintonizar con el espíritu de Dios que está dentro de nosotros. Los demás pueden considerarse opcionales, y pocas personas emplearían todos. No has de sentirte incapaz de meditar sólo porque, entre las medidas preliminares, hay algunas cosas que no eres capaz de hacer, o que te incomoda hacer. De todas formas, es buena idea probar cada una de estas técnicas durante cierto tiempo, para poder evaluar sinceramente cuál de ellas funciona en tu caso.

Pasos Preliminares

1. Determina cuál es tu ideal. Se trata de exponer cuál es el espíritu motivador, las actitudes mentales, los modelos de pensamiento y las actividades físicas más elevadas que puedes concebir. Ello te ayudará a acceder a lo mejor de ti mismo y a generar lo mejor en ti.

Una vez que hayas fijado tu ideal, has de redactar una breve declaración que exprese cómo es o aclare algún aspecto del mismo con el que estás especialmente interesado en sintonizar. Esa declaración, denominada "afirmación", será el foco en el que centrarás tu mente cuando medites. La afirmación que decidas utilizar ha de estar adaptada a ti; debe expresar algún aspecto de tu ideal que desees magnificar, y ha de ir expresada en unas palabras que resulten significativas para ti y te conmuevan.

Para que te hagas una idea de cómo debe ser la afirmación utilizada, voy a darte algunos ejemplos basados en la información obtenida en las lecturas de Cayce. Cada uno de ellos es una paráfrasis de las afirmaciones que Cayce propuso utilizar en las prácticas de meditación.

"Hágase, Señor, Tu voluntad y no la mía en mí y a través de

mí. Sea yo siempre un canal de dicha para aquellos con los que entro en contacto. Que todo aquello que yo haga esté de acuerdo con lo que Tú querrías que hiciera. Y que siempre que me llames, yo responda: 'Aquí estoy; envíame, utilízame' (basado en 262-3).

"Cuán maravilloso es Tu nombre sobre la Tierra, ¡oh Señor! Si quiero llegar a ser tu compañero, he de mostrar amor fraterno hacia mis hermanos. Aunque me acerque con humildad, si tengo algo contra mi hermano, ni mi oración ni mi meditación se elevarán hacia Ti. Apoya mis esfuerzos por acercarme a Ti" (basado en 262-21).

"Padre nuestro, a través del amor que Tú has manifestado en este mundo a través de Tu Hijo, Cristo, haz que nos demos más cuenta de que Dios es amor" (basado en 262-43).

2. Fija un lugar y una hora para realizar con regularidad tus prácticas de meditación. Escoge un lugar donde no haya nada que pueda distraerte y una hora que encaje bien con tu horario. La clave es que seas consecuente a la hora de realizar tus ejercicios de meditación.

3. Prepara el lugar donde realizarás tus prácticas de meditación. Algunos piensan que limpiar el cuarto donde van a meditar contribuye a intensificar la sensación de dedicación a esta práctica, así como el carácter especial de la misma. Otros han descubierto que ciertas influencias exernas les ayudan a sintonizar mejor. Algunas de estas influencias son: el incienso u otras fragancias, las flores, la música, ciertos tipos de iluminación y determinadas piedras o cristales que llevarán sobre el cuerpo. Si decides elegir lo último, has de tener en cuenta que la influencia de los diferentes minerales varía de una persona a otra, y que su efecto también depende del punto del cuerpo donde se lleven. Un mineral puede ayudar a una persona y no producir ningún efecto en otra, o incluso ser perjudicial.

4. Limpia tu cuerpo con agua.

5. Ponte en una posición cómoda. Cayce recomienda sentarse en una silla con los pies en el suelo, o tumbarse boca arriba. En cualquier caso, la columna vertebral ha de estar derecha y la ropa no debe apretar. Si decides meditar tumbado, has de colocar tus manos en la zona del plexo solar.

6. Muchas personas piensan que es ayuda sencillamente el realizar el ejercicio de cabeza y cuello descrito en las lecturas.

Dicho ejercicio normalmente consiste en repetir tres veces lo siguiente, antes de pasar a otra fase (la cabeza debe volver a la posición vertical después de cada movimiento):

a) Deja caer la cabeza hacia delante. b) Deja caer la cabeza hacia atrás. c) Deja caer la cabeza sobre el hombro derecho. d) Déjala caer sobre el hombro izquierdo. e) Deja caer la cabeza hacia delante y hazla girar 360 grados, empezando por la derecha. f) Hazla girar 360 grados, empezando por la izquierda. Vuelve a colocar la cabeza en posición vertical.

7. Los ejercicios respiratorios son muy recomendables. Las lecturas de Cayce incluyen unos muy sencillos. Un ejercicio consiste en aspirar por el agujero derecho de la nariz y soltar el aire por la boca. Has de hacerlo tres veces. Luego aspira por el agujero izquierdo de la nariz y suelta el aire por agujero derecho. También has de hacer esto tres veces.

8. Algunas personas creen que los cánticos ayudan mucho a estar en armonía. En las lecturas aparecen varios cánticos. En uno de ellos se combinan los sonidos "Ar-ar-r-r-r-e-e-e-o-o-o-m-m-m-". Hay que repetir esto varias veces, de tal forma que las vibraciones así producidas parezcan elevarse en el interior del cuerpo y atravesarlo.

9. La lectura de la Biblia o de cualquier otra obra inspiradora puede ayudarte a adoptar el estado de ánimo adecuado para la meditación.

10. Haz todo lo posible por adoptar la actitud mental idónea para tratar de entrar en contacto con Dios. Es decir, haz un esfuerzo por armonizar tu mente con tu fuente espiritual. La oración es un medio muy eficaz para lograrlo. Te ayudará la utilización de distintos tipos de oración en cada fase de este proceso de armonización mental.

a. Aleja de ti el odio, la malicia y el egoísmo. Aquí encajaría muy bien una oración relacionada con el perdón para los demás y para ti también.

b. Asume el amor, la misericordia y la humildad. Tu propia consagración a través de la oración a la voluntad de Dios puede ayudarte a hacer que tu mente llegue a estar más en armonía con el Creador y a acercarte de ese modo a El.

c. Experimenta el deseo sincero de comunicarte con tu Dios y cree que El efectivamente se reunirá contigo en el templo de tu cuerpo. Una plegaria de invocación, invitándoLe a estar presente en tu vida, te ayudará a preparar tu conciencia para recibirLo.

d. En la oración, derrama sobre ti la protección de Cristo, para comulgar sinceramente con Dios.

11. Para muchas personas, decir la Oración del Señor es el paso final, el momento más conmovedor de la preparación que han de realizar para pasar a estar en silencio. Para muchos es ésta la afirmación en la que centran su mente durante la meditación.

En Silencio

Has de repetir mentalmente varias veces la afirmación escogida con el fin de evocar la sensación espiritual que deseas producir. En este caso, las repeticiones no tienen por objeto hacer que pierdas el conocimiento, sino ayudarte a centrarlo. Lo que importa no son las palabras de la afirmación, sino el significado que expresan. Una vez que tu mente se haya centrado en este significado esencial, las palabras habrán cumplido su función y podrás poner fin a dicha recitación mental. En silencio, centra tu mente en la cualidad de tal sensación espiritual. No trates de analizarla desde un punto de vista lógico. Simplemente, centra tu conciencia en esta esencia espiritual, que has decidido evocar y magnificar en tu persona a través de la meditación.

Al tiempo que pasas a estar en silencio, experimenta una sensación de unidad con la fuerza creativa del amor divino. Todavía centrado en la cualidad esencial de tu afirmación, presta atención a ver si oyes esa suave vocecita que hay dentro de ti. Algunas personas efectivamente oyen una voz cuando meditan, en tanto que otros experimentan una sensación de rectitud, que les hace pensar que efectivamente han comulgado con Dios.

Cuando notes que tu mente se aleja de la cualidad en la que tratas de centrarte, utiliza nuevamente las palabras de la afirmación para volver a ello. Ten paciencia con tu propia persona, no seas severo. La meditación es algo que hemos de aprender. Descubrirás cómo con un poco de práctica aprenderás mejor a permanecer centrado en la esencia de tu afirmación. La meditación te da la oportunidad de aprender la virtud de la paciencia activa que aparece descrita en las lecturas de Cayce, pues para llegar muy lejos hemos de ser perseverantes, hemos de seguir intentándolo.

Utilizando la Energía

Cuando meditamos, verdaderamente se genera energía: "Tiene lugar un proceso *creativo* real en el interior de nuestro yo" (281-13). En la meditación, la fuerza creativa asciende desde el centro espiritual asociado a las células de Leydig hasta el de la glándula pineal, situada en la base del cerebro. Desde ahí se desplaza hasta el centro pituitario, que podría pensarse que es el "tercer ojo", justo por encima del caballete. Entonces, la fuerza puede diseminarse desde la pituitaria hasta los demás centros existentes en el cuerpo. Asimismo, mediante el poder creativo de la mente, puede enviarse a otras personas.

Como cuando meditamos tratamos de sintonizar con Dios, que es amor, esta energía creativa debería usarse con amor. Todos sabemos que la meditación, si se practica adecuadamente, producirá unos efectos muy convenientes para nuestra mente y nuestro cuerpo. Antes de poner fin a nuestra sesión de meditación, deberíamos hacer partícipes de tales beneficios a otras personas. Al hacerlo, nos aseguramos de que el resultado físico de la energía espiritual que hemos generado es una manifestación del amor. Este compartir puede llevarse a cabo de varias formas.

Una de éstas es la oración como expresión de amor. La oración encierra un poder, un poder que puede ser utilizado para ayudar a los demás. Las oraciones con fines curativos y protectores nos permiten utilizar la energía espiritual de la meditación de una forma útil para aquellos que nos rodean.

No obstante, al hacerlo debemos asegurarnos de que en nuestras oraciones no tratamos de usurpar el libre albedrío de los demás. A menos que una persona nos pida expresamente que oremos para ayudarle en determinada área de su vida, no es conveniente que tratemos de emplear el poder de la meditación y de la oración para producir determinada transformación en sus acciones y circunstancias. Es decir, esta energía no debe utilizarse para hacer que la vida de otra persona se ajuste a lo que nos parece que debería ser. A menos que nos lo haya pedido específicamente, es mejor que nuestras oraciones sirvan para rodear de amor al otro, y que confiemos a la sabiduría y al poder de Dios el darle aquello que verdaderamente necesita.

Otra forma de compartir con los demás los efectos beneficiosos de nuestra meditación consiste en dirigir a los demás pensamientos llenos de amor. Por una parte, esta práctica emplea la fuerza creativa de la meditación para crear en nosotros mismos actitudes y hábitos de pensamiento impregnados de amor. Y por otra, como todas las mentes están en contacto unas con otras a nivel subconsciente, nuestros pensamientos, llenos de amor, pueden comunicarse a los demás. Así pues, puede que, incluso sin darse cuenta, el individuo empiece a sentir más el amor divino que lo sostiene y llegue a comprender mejor la presencia de Dios en su propia vida.

La energía espiritual generada en la meditación puede también diseminarse por medio de acciones físicas que son expresión de amor. Hemos observado que la meditación que se realiza adecuadamente nos hace más fuertes a nivel físico; en otras palabras, hace que nuestros cuerpos sean unos instrumentos más eficaces para la expresión del amor en el mundo material. Y lo único que tenemos que hacer es ayudar a los demás. Si deseamos sinceramente encontrar a Dios a través de la meditación, querremos manifestar los resultados de este contacto en nuestra vida cotidiana. El poder de esta comunión no desarrollará todo su potencial para de ese modo transformar todo nuestro ser si lo experimentamos y lo utilizamos sólo durante la sesión de meditación. Para que sea más fructífera, esta energía deberá ser aplicada y distribuida en nuestras actividades cotidianas.

Los Efectos de la Meditación

La meditación puede transformar todas las facetas de nuestra vida. La energía generada cuando nos sentamos en silencio produce unos efectos muy claros en nuestros cuerpos físicos. Con el tiempo, tras haber practicado la armonización de nuestra mente con el espíritu de Dios que está dentro de nosotros, llegaremos a comprender mejor nuestra auténtica naturaleza. Y al dejar que el espíritu participe más activamente en nuestra vida, seremos capaces de darnos más cuenta de la dimensión espiritual de nuestro ser y de expresarla mejor.

En el plano físico, la energía generada en la meditación puede producir inmediatamente ciertas sensaciones en el cuerpo. Los diferentes cuerpos reaccionan de un modo distinto. Así pues, los individuos sienten unos efectos físicos distintos. Algunos puede que no sientan ningún efecto. Hay que insistir una vez más en que la verdadera finalidad de la meditación acercarnos a Dios, no es experimentar diversas sensaciones físicas. No obstante, estas sensaciones testimonian que cuando meditamos, sucede algo. Entre los efectos que han percibido diversas personas cabe citar unos movimientos del cuerpo, oscilantes o vibratorios, una pulsación en la parte inferior de la columna vertebral, vibraciones que recorren la columna vertebral de arriba a abajo, la cabeza cargada, un ligero vértigo, poco peso, frescor en la cabeza o en la frente, sensaciones en los ojos, sonidos en la cabeza similares a explosiones y una sensación de desplazamiento hacia arriba y hacia fuera del cuerpo.

Como ya se ha dicho, la meditación produce más efectos a largo plazo. Al tiempo que se alza la imagen del amor divino dentro de nosotros, también lo hace el poder divino. La práctica continuada de la meditación hace que el cuerpo sea mejor receptor de la energía procedente del alma, y más capaz de utilizarla. Ello se manifestará a modo de energía física que podrá ser utilizada en la vida diaria.

La energía generada en el cuerpo a través de la meditación puede utilizarse con fines curativos. Ello puede beneficiar a otras personas mejorando su estado físico. Las lecturas nos dicen que todo esto nos da la posibilidad de practicar curaciones por imposición de manos, y que *"curaciones de todo* tipo y naturaleza pueden diseminarse sobre las alas del pensamiento..." (281-13).

Uno de los máximos beneficios que nos aporta la meditación es la orientación divina que pone a nuestra disposición. Las lecturas nos dicen una y otra vez que en la voz de Dios que está dentro de nosotros está la fuente de todo lo que podemos necesitar saber: "No se trata de quién vaya a ascender al cielo a traernos un mensaje, ni de quién va a venir del mar para que lo oigamos y prestemos atención, por Lo, la respuesta a *todos* tus problemas está en tu propio corazón" (262-121). Si tratamos de oír la suave voz de Dios que está dentro de nosotros, recibiremos la información y la orientación que necesitamos.

Conforme vayamos adquiriendo más práctica en escuchar, experimentaremos un aumento de nuestros poderes intuitivos, de nuestra capacidad para oír y reconocer Su voz. Un requisito previo para tal evolución es que estemos verdaderamente deseosos de seguir la orientación divina que recibamos, sea cual fuere, y de emplearla al servicio de Dios. Si nos comprometemos de ese modo, nuestro contacto con la fuente de la sabiduría posibilitará la toma por nuestra parte de decisiones autotransformadoras en todas las etapas de nuestra vida. Para algunos, esta orientación será como la sensación de que la línea de acción que están siguiendo es la acertada; otros posiblemente oigan una voz real. Cualquiera de las dos posibilidades es la manifestación del despertar del yo para comunicarse con el espíritu que está dentro.

Conviene aquí incluir una advertencia, que no nos dejemos intimidar por la posible espectacularidad de tal manifestación. La experiencia consistente en oír una voz real al meditar podría resultar abrumadora para algunos. Pero hemos de tener presente que no todas las manifestaciones de la esfera no física son de Dios. La voz que se oye en tales casos podría estar difundiendo un mensaje procedente del Creador, o bien provenir de otro poder, no necesariamente fiable. Es preciso que pasemos a estar en silencio, en ese silencio que Cristo protege, y que en él lleguemos a sintonizar con nuestro ideal espiritual. El hacerlo nos capacitará para recibir las instrucciones de la fuente más elevada que puede existir. Y cuando nos parezca que hemos recibido una orientación a través de la meditación, habremos de evaluarla contrastándola con nuestro ideal en su grado más elevado, para no ser llevados por mal camino.

Otro efecto beneficioso que la meditación puede producir en nosotros a nivel mental es hacernos más capaces de comprendernos a nosotros mismos. La sintonización con lo más hondo de nuestro ser nos ayudará a conocerlo mejor. La meditación y su aplicación constructiva, en armonía con nuestro ideal, nos proporcionará un conocimiento empírico de nuestra naturaleza espiritual. A través de ello, llegaremos a darnos cuenta de cuál es el objetivo de nuestra alma en esta vida. De este modo, llegaremos a conocer cuál es nuestro potencial y cumpliremos el fin para el cual nos ha sido dada la vida.

Además de conocer nuestra alma gracias a la meditación, desarrollaremos nuestras facultades psíquicas, pues lo psíquico pertenece al alma. Al tiempo que sintonizamos con la suave voz de Dios que está dentro de nosotros, llegaremos a captar mejor nuestra relación con Él, y los poderes inherentes a la impronta divina existente en nuestra alma participarán más activamente en nuestras vidas. Una vez más, es importante que recordemos que lo que tratamos de conseguir cuando meditamos es acercarnos más a Dios. No meditamos para desarrollar nuestras facultades psíquicas; éstas se desarrollarán de forma natural según vayamos acercándonos más a Dios. Con el tiempo, empezaremos a notar que nuestras facultades psíquicas son más perceptibles, no sólo durante las sesiones de meditación, sino también cuando soñamos y cuando estamos despiertos.

El tomar más conciencia de nuestra alma, al producirse el despertar psíquico, traerá aparejado un mejor conocimiento de todo aquello que ha quedado registrado en nuestra alma. Así pues la meditación, utilizada conjuntamente con el análisis del yo y el estudio de los sueños, puede ser un poderoso estímulo de nuestra memoria del pasado. Ten en cuenta que no es necesario que meditemos con la intención expresa de recibir información sobre nuestras vidas anteriores; todo ello será consecuencia natural de nuestro acercamiento a Dios, la fuente de todo conocimiento.

A nivel espiritual, los efectos de la meditación pueden ser muy profundos. Con el tiempo, hará posible que lleguemos a estar en presencia de Dios, conscientes de nuestra unidad con el Todo. Así pues la meditación nos permite conocer el espíritu de Dios que está dentro de nosotros y experimentar en cierto modo nuestra relación personal con El. Esta conciencia de nuestra unión con el Padre, y la capacidad de expresarla a través de nuestras actividades, puede considerarse como el objetivo principal no sólo de la meditación, sino de la vida misma.

Cuando meditamos, al sintonizar con el concepto más elevado que tenemos de la vida en armonía con el amor divino, permitimos que el poder de nuestro ideal fluya por nosotros. Cuando dejamos de meditar y expresamos todo esto en nuestras actividades cotidianas, permitimos que la ayuda espiritual de Dios, el don de la vida, tome parte activa en todo lo que hacemos. La energía espiritual fluye por nosotros de diversas formas modeladas por la mente, y se manifiesta en nuestra vida física, transformándonos de ese modo a todos los niveles.

La constante aplicación de lo que acabamos de decir nos hace más capaces de utilizar los dones espirituales puestos a nuestra disposición por el flujo de la energía que nos atraviesa. Empezamos a poner de manifiesto todo nuestro potencial como hijos de Dios, y tanto nuestras vidas como nuestro yo pasan a ser de una calidad nueva. Puede que no nos libremos de todas las preocupaciones del mundo material, pero seremos capaces de hacer frente a ese cúmulo de circunstancias si recurrimos a la fuente de poder espiritual que hay dentro de nosotros. Ello nos dará paz, alegría y auténtica felicidad. Nuestras vidas llegarán a ser más productivas, más creativas, más satisfactorias y más llenas de amor. Finalmente, nuestra unión con el Padre se habrá llevado a cabo, y se manifestará nuestra naturaleza en cuanto criaturas creadas a Su imagen y semejanza. Volveremos a tener el *status* original de compañeros de Dios y colaboradores con El en la creación, y pasaremos a ser, nuevamente, totalmente, la expresión del amor divino que estábamos destinados a ser.

PARTE III

Cómo Descubrir
tus Vidas Pasadas

Introducción

Descripción General

Estas a punto de iniciar la emocionante aventura de tu propio descubrimiento. Mediante la información, instrucciones y ejercicios presentados en las páginas siguientes, seguirás un curso global sobre cómo recordar vidas pasadas. De hecho, este programa, basado en ideas y ejemplos encontrados en el material que Edgar Cayce nos ha dejado sobre la reencarnación, es una de las experiencias más completas de evocación de vidas pasadas que se nos ofrece.

En realidad, las lecturas de Edgar Cayce incluyen diversos sistemas para recordar vidas pasadas. En las siguientes sesiones, verás cómo los recuerdos de otra vida pueden llegar hasta ti de forma espontánea y también descubrirás los procedimientos a través de los cuales puedes descubrir en tus sueños pistas sobre vidas anteriores. Empezarás a identificar las influencias y modelos existentes en tus actividades cotidianas que podrían haberse originado en otras vidas. Aprenderás a utilizar la meditación para incrementar tus recuerdos. Conforme vayas trabajando con series de preguntas y con inventarios, te darás cuenta de en qué medida tu gusto en ropa, mobiliario y adornos ha sido influenciado por vidas anteriores. También descubrirás de qué forma los compromisos contraídos por ti en vidas anteriores afectan a tu trabajo, tus aptitudes y tus relaciones personales. Y, al tiempo que empiezas a conectar con tus experiencias anteriores en la Tierra, llegarás a comprender mejor las molestas pautas de conducta y respuestas emocionales habituales que forman hoy día parte de tu vida.

Este curso te ofrece la posibilidad de utilizar tanto los aspectos analíticos de tu mente como los subjetivos. En algunas de las sesiones recibirás instrucciones e información entremezcladas con períodos dedicados a la reflexión y a contestar las preguntas de los diferentes ejercicios. Asimismo, habrá otros períodos reservados para la ensoñación —una experiencia dirigida en la que tendrás que utilizar tu imaginación—, que avivará tus recuerdos inconscientes.

Muchas de las técnicas y ejercicios que forman parte de este programa ya han sido probados por otras personas que de ese modo tratan de desarrollar su capacidad de evocación de vidas anteriores. En diversos puntos de las páginas siguientes, se cita a estas personas y las pistas de vidas anteriores que han obtenido utilizando este material. Estas referencias te darán una idea de la clase de información que los ejercicios pueden poner a tu alcance, del tipo de conclusiones que es posible extraer de tal información y de cómo es posible utilizar dichas ideas para mejorar la calidad de tu vida actual.

Análisis General del Curso

Tal vez te interese en estos momentos examinar rápidamente el contenido de cada una de las catorce sesiones del curso.

Sesión 1- Despertando Recuerdos:
En esta sesión aprenderás cómo los sonidos, las imágenes y las circunstancias que te rodean pueden despertar recuerdos inconscientes de vidas pasadas.

Sesión 2- El Armario de la Fantasía:
En esta sesión te introducirás en un mundo de ensueño, se trata de una experiencia dirigida que te ayudará a ejercitar tu imaginación.

Sesión 3- Siguiendo la Pista a las Leyes de la Reencarnación:
Aquí se utilizan casos extraídos de las lecturas de las vidas de Edgar Cayce para demostrar cómo funcionan las leyes de la reencarnación.

Sesión 4- Tú y tu Entorno:
Aquí analizarás qué tipo de vivienda, mobiliario y decoración te gusta para descubrir las pistas sobre tus vidas pasadas que ello encierra.

Sesión 5- Viaje Alrededor del Mundo:

Esta parte te pondrá en contacto con tus impresiones, prejuicios y sentimientos personales en relación con diversas culturas de este mundo. En esta sección del curso, las preguntas serán una de las principales fuentes de información sobre tus vidas pasadas.

Sesión 6- Influencias Hereditarias y Medioambientales:

Aquí investigaremos las relaciones existentes entre la herencia biológica y el medio ambiente y las influencias de vidas pasadas. Descubrirás cómo el hecho de "leer" tu cuerpo y recordar tu primera infancia pueden ayudarte a obtener información sobre tus encarnaciones anteriores.

Sesión 7- Analizando Tus Respuestas Emocionales:

Unas breves instrucciones y un extenso inventario te ayudarán a ver como tus respuestas emocionales, positivas y negativas, pueden ser reflejo de las experiencias de vidas anteriores.

Sesión 8- Construyendo Teorías sobre las Vidas Pasadas con Pistas de la Vida Actual:

En esta sesión examinaremos cómo pautas de conducta iniciadas en anteriores encarnaciones pueden continuar en el presente, y cómo las situaciones actuales pueden estar relacionadas con experiencias anteriores. Tendrás la oportunidad de desarrollar teorías sobre tus vidas pasadas basadas en circunstancias actuales, contrastando tus respuestas con casos reales extraídos de las lecturas de Edgar Cayce.

Sesión 9- Explorando Tus Aptitudes, Aficiones e Intereses:

En esta sesión se combinan ensoñaciones con preguntas con el fin de ayudarte a descubrir en tus aptitudes y aficiones el reflejo de vidas anteriores. También te ayudará a conocer y a desarrollar tus habilidades ocultas.

Sesión 10-Descubriendo Pistas sobre Tus Vidas Pasadas a través de los Sueños, la Meditación y las Experiencias y Sentimientos Religiosos:

Aquí recibirás en sueños una orientación que te ayudará a buscar información sobre tus vidas pasadas, incrementarás tus recuerdos a través de la meditación y analizarás tus experiencias y sentimientos religiosos con el fin de obtener información sobre vidas anteriores.

Sesión 11-Identificando Modelos o Pautas en Tu Vida:

En esta sesión se te ayudará a descubrir los modelos fundamentales de tu vida y a aprender cómo estos modelos emanan de experiencias de vidas pasadas.

Sesión 12- Ensueños sobre Vidas Pasadas:
En esta sesión se utiliza la ensoñación dirigida para sacar a la superficie recuerdos inconscientes de vidas pasadas.
Sesión 13- Construyendo Tus Propias Teorías sobre Tus Vidas Pasadas:
En esta sesión serás dirigido paso a paso mientras encajas todos los fragmentos de información que has ido recogiendo a lo largo del curso. Lo que aquí se pretende es ayudarte a identificar las conexiones existentes entre las pistas individuales que has ido encontrando y darte la oportunidad de formular teorías que aclaren los orígenes de algunas de las influencias que estás experimentando en tu vida actual.
Sesión 14- Tu Vida Futura:
Aquí vislumbrarás, soñando despierto, la vida futura que hoy estás construyendo.

Sugerencias para Utilizar Eficazmente las Enseñanzas de Este Curso

Como sucede con cualquier plan de estudios, cuanto más pongas de tu parte, mejor partido sacarás de este curso. Puedes leer precipitadamente la información, lo cual probablemente producirá como resultado alguna que otra pista sobre tus anteriores encarnaciones y cierta idea sobre cómo descubrir tales pistas y utilizarlas en la vida actual. O puedes estudiar el tema más a fondo, lo cual implica evaluar minuciosamente las ideas sugeridas y las preguntas formuladas. Si lo enfocas de este modo, naturalmente aprovecharás mejor las enseñanzas de este curso. Y si sigues las recomendaciones que figuran más abajo, tus esfuerzos por conocerte a ti mismo darán mucho fruto.

La experiencia adquirida en este empeño será de lo más valiosa si sigues las instrucciones tal como aparecen en el texto, y realizas los ejercicios en el orden en que están. Ten presente que no hay prisa por acabar el libro. Es importante que realices este curso a un ritmo que te resulte cómodo. Los mayores beneficios provendrán del tiempo que dediques a reflexionar sobre cada una de las secciones del libro y a tomar cada vez más conciencia de aquellas influencias cotidianas que pueden ser reflejo de vidas anteriores.

Con el fin de preservar cualquier pista sobre vidas anteriores que pudieras descubrir, y cualquier idea que pudieras obtener a partir de ello, te aconsejamos escribir las respuestas a las preguntas del ejercicio. Ello te ayudará de diversas formas. Lo cierto es que el escribir palabras sobre un papel hace que nos pongamos a pensar, a reflexionar sobre lo que escribimos. Por tanto si escribes las contestaciones a los ejercicios, lo más seguro es que reflexiones sobre cada pregunta el tiempo preciso para comprender su signficado.

Además, descubrirás que las primeras sesiones de este curso aportan un número sorprendente de pistas sobre las vidas pasadas. Muchos de estos detalles serán necesarios para la realización de posteriores ejercicios. Incluso ciertas informaciones sobre vidas pasadas, que parecen carentes de importancia cuando se descubren, pueden tener una gran trascendencia si se relacionan con otras pistas que podrían salir a la luz en posteriores ejercicios. El hecho de leer el texto, contestar mentalmente las preguntas y luego poder recordar las contestaciones más adelante, cuando sea preciso, es una labor que queda fuera del alcance de la gran mayoría. Por ese motivo, es esencial que tomes nota por escrito de tus ideas y respuestas. Asimismo, para que no se te pierdan las pistas y puedas encontrarlas fácilmente, te recomendamos encarecidamente que almacenes tus respuestas en un lugar especial, que podría ser un cuaderno de notas o una sección de otro cuaderno reservada para ello.

Si todo ello hace que este trabajo empiece a parecerse cada vez más a unos pesados deberes escolares, prueba a tomártelo con más tranquilidad. Sí, se trata de un trabajo serio; pero también ha de ser entretenido. Este curso constituirá una experiencia de lo más gratificante si mantienes una actitud esperanzada, abierta y entusiasta, dejando que tu curiosidad natural por descubrir tu pasado y enriquecer tu presente sea la motivación de tus esfuerzos. Si en cualquier momento te descubres a ti mismo pensando que se trata de un trabajo rutinario, ello vendrá a indicar que debes dejarlo durante cierto tiempo. Déjalo estar en el fondo de tu subconsciente durante algunos días, hasta que seas capaz de volver a ello con renovado interés e ideas nuevas.

El contenido de este programa se ha dividido en una serie de sesiones, cada una de las cuales cubre un área de investigación. Ello no quiere decir necesariamente que cada una de las sesiones, y sólo esa sesión, deba ser leída de una vez. Algunos de los capítulos son bastante cortos, y posiblemente te sentirás capaz de terminar uno y pasar al siguiente sin pararte a descansar. Otros capítulos son más complicados, y posiblemente descubras que necesitas diversas sesiones para terminarlos. Has de avanzar al ritmo que consideres más apropiado. Ten presente que este programa va destinado a *ti*, y debes utilizarlo como te convenga a ti, no a otra persona. Muéstrate flexible a la hora de determinar los períodos de tiempo que vas a dedicar a cada sesión, la duración de las sesiones y el tiempo que te tomas entre una sesión y otra.

Asimismo, te recomendamos que seas en cierto modo flexible mientras trabajas en la realización de cada uno de los ejercicios contenidos en el curso. Aunque debes reflexionar cuidadosamente sobre cada una de las preguntas, no te sientas obligado a dar una respuesta cuando te tropieces con algo que no sepas contestar. Y, por favor, no dudes en tomar nota de cualquier idea que se te ocurra, si te parece interesante o significativa, aunque no te lo pidan específicamente las preguntas de la sección sobre la que estás trabajando.

Cuando los primeros ejercicios empiecen a darte pistas sobre tus anteriores encarnaciones, podrías sentir la tentación de tratar de formular ciertas teorías que aclaren esos datos, y de construir unos guiones de vidas pasadas que los justifiquen. Si bien has de tomar nota de las ideas que te parezcan válidas, trata de no obsesionarte demasiado con encajar piezas. En las últimas sesiones del curso, hallarás información sobre el tiempo que has de dedicar y las instrucciones que has de seguir para crear teorías sobre cómo han podido ser tus vidas anteriores.

Por otra parte, el tomar nota de los sueños que tengas entre una sesión y otra puede serte muy útil. Los sueños son uno de los vehículos que mejor sirven para recibir mensajes y recuerdos procedentes del inconsciente, y las lecturas de Edgar Cayce se refieren numerosas veces a lo útiles que resultan para explotar esa fuente. Sugerimos que empieces por tomar nota de tus sueños inmediatamente y que sigas haciéndolo mientras dure el curso. En una de las sesiones que figuran a continuación, te daremos instrucciones sobre cómo has de interpretar tus sueños con el fin de identificar y utilizar cualquier información sobre tus vidas pasadas. Puede que también quieras retroceder al Capítulo 5, que analiza de forma más minuciosa la naturaleza y el significado de los sueños e incluye ciertas indicaciones sobre cómo hacer un diario de sueños.

Si vas avanzando poco a poco, encontrarás también tiempo para tomar nota de las ideas que se te vayan ocurriendo mientras estás despierto. Muchas de las situaciones que se nos plantean en la vida cotidiana tienen sus orígenes en nuestro pasado más remoto, y conforme vayas adquiriendo experiencia en la evocación de tus vidas pasadas, llegarás a identificar mejor tales situaciones y las afrontarás de forma más constructiva. Quizá tengas un compañero/a o amigo/a íntimo/a con el/la que puedas hablar sobre cualquier idea o teoría que se te ocurra en relación con tus anteriores encarnaciones. Tales discusiones son otra actividad cotidiana que puede hacernos comprender mejor nuestro pasado.

Los recuerdos de vidas pasadas aumentarán también si meditamos con regularidad. Cuando meditamos, desviamos nuestra atención de los procesos habituales de nuestra mente consciente y sintonizamos con aquellos aspectos de nuestro yo que no percibimos normalmente. Esta actividad pone más a nuestro alcance el almacén inconsciente de recuerdos que poseemos, aumentando las probabilidades que tenemos de experimentar e identificar influencias que arrancan de anteriores encarnaciones. Si la sintonización con el inconsciente se convierte en una práctica habitual en nosotros, cabe esperar que las pistas sobre vidas pasadas que de ello se derivan lleguen a ser más claras para nosotros, no sólo durante los períodos de meditación, sino también cuando soñamos o estamos despiertos. Ahora bien, lo normal es que no sea un proceso a corto plazo; no es probable que un número reducido de sesiones de meditación aumenten de forma notable nuestra capacidad de evocación de vidas pasadas. Por este motivo, si te parece que el hecho de meditar con regularidad puede resultarte útil, es ahora un buen momento para empezar. El Capítulo 6 incluye una descripción más detallada de la naturaleza y las técnicas de la meditación.

Tal vez, el factor más importante para aprovechar al máximo este curso sea su aplicación práctica. Como el trabajar con toda esta información te ayudará a comprender mejor tanto tus pasadas experiencias como tu potencial en el momento actual, trata de aplicar dichos conocimientos a tu vida cotidiana. Recuerda que la finalidad que tiene el despertar recuerdos de vidas pasadas es permitirte tener ahora una vida mejor, más productiva y más creativa. No basta con acordarte de cómo fue una vida pasada, ello ha de servirte para algo en tu vida actual.

Resumen

Posiblemente te resulte útil el siguiente resumen de los puntos que acabamos de tratar, si necesitas realizar una consulta rápida.

1. Sigue las instrucciones incluidas en el texto y realiza los ejercicios en el orden en que están. Trabaja a un ritmo que te sea cómodo y reflexiona tanto tiempo como creas necesario.

2. Escribe la respuesta que das a cada una de las preguntas. Las respuestas deberán estar todas juntas con el fin de poder consultarlas más fácilmente.

3. Trata de ser natural y de tener un espíritu un poco aventurero cuando trabajes con el material de este curso.

4. Examina cuidadosamente cada pregunta, pero sé flexible a la hora de calcular el esfuerzo que has de realizar para satisfacer tus necesidades individuales.

5. Cuando en las primeras sesiones hayas reunido una serie de pistas sobre tus vidas pasadas, no te molestes en encajarlas para construir teorías completas sobre tus encarnaciones anteriores. Todo ello vendrá después.

6. Toma nota de tus sueños, preferiblemente en un diario de sueños dedicado especialmente a ello.

7. Has de estar alerta, a la espera de conseguir ideas derivadas de situaciones de tu vida cotidiana. Considera la posibilidad de tomar nota de estas ideas también, y habla al respecto de vez en cuando con un/a compañero/a o amigo/a de confianza.

8. Reserva un tiempo para meditar con regularidad.

9. Aplica constructivamente lo que aprendas en tu vida cotidiana.

Buena suerte en tu nueva aventura.

Sesión 1

Despertando Recuerdos

¿No has descubierto al salir al jardín en una cálida noche de primavera que el perfume del aire y la suave fragancia de las primeras flores despiertan en ti sentimientos demasiado profundos para poder describirlos? ¿O no te has sentido transportado a otro lugar y otra época al escuchar una antigua canción en la radio? No sólo te acuerdas de lo que estabas haciendo mientras escuchaste la canción por primera vez, sino que incluso recuerdas lo que pensaste entonces y sientes lo que sentiste entonces.

Los sonidos, las imágenes y los aromas que nos envuelven, influyen mucho en nuestros recuerdos y emociones, y nos afectan de un modo muy particular. La misma canción puede evocar un feliz recuerdo en una persona y un doloroso recuerdo en otra. Una persona puede experimentar cierta sensación de intranquilidad, como si estuviera embarcándose en una aventura, al escuchar de noche el pitido de un tren, mientras que otra puede sentir soledad y desconsuelo. Incluso las experiencias más corrientes, más cotidianas, pueden provocar sentimientos muy distintos en personas diferentes. Por ejemplo, ¿abrigas alguna esperanza cuando oyes el sonido de un teléfono? ¿Sientes irritación? ¿Experimentas alguna reacción de otro tipo? ¿Acaso no sientes nada de nada? ¿Qué tienen los sonidos, las imágenes y los olores que nos envuelven, que hace que reaccionemos de forma tan distinta? ¿O se trata de algo que hay dentro de nosotros?

No nos hará falta reflexionar durante mucho tiempo para saber que reaccionamos de forma distinta porque *nosotros* somos diferentes. En tanto en cuanto individuos con experiencias y recuerdos únicos, vamos por la vida respondiendo al mundo que nos rodea en base a lo que hemos visto, hecho y sentido en el pasado. Del mismo modo que constantemente asociamos, inconscientemente, los sonidos con viejos recuerdos de esta vida, también podemos estar reaccionando ante unos estímulos que desencadenan emociones y actitudes que arrancan de vidas pasadas. El llegar a captar esas reacciones que experimentamos ante algunos sonidos, imágenes y experiencias, es un buen sistema para descubrir recuerdos de vidas anteriores.

Casi siempre, tales reacciones se originan sin que exista una relación aparente con circunstancias de vidas pasadas. Con el fin de descubrir su origen, hemos de observarlas atentamente y relacionarlas con otras pistas de nuestro pasado remoto. Ahora bien, en algunas ocasiones, una respuesta automática de ese tipo hace que recordemos una experiencia, definida y fácilmente identificable, de una encarnación anterior. Según la información contenida en las lecturas de Edgar Cayce, los recuerdos que nos llegan cuando reaccionamos espontáneamente ante los sucesos de esta vida son quizá los más exactos de todos.

A menudo, las personas que acudían a Edgar Cayce para que les dedicara una lectura, decían haber experimentado tales reacciones espontáneas y se preguntaban si eran en realidad consecuencia de recuerdos de vidas pasadas. Y efectivamente las lecturas venían a confirmar que tales reacciones habían sido visiones momentáneas de anteriores encarnaciones. Como estas personas eran gente normal y corriente, que no tenía necesariamente que poseer facultades psíquicas, hemos de suponer que a nosotros también nos puede suceder de vez en cuando lo mismo cuando nos viene a la mente un recuerdo de una experiencia pasada.

A veces estos recuerdos, o fragmentos de recuerdos, parecen como trozos de película que han sido insertados de algún modo en nuestros pensamientos ordinarios, retazos de recuerdos que fugazmente nos pasan por la mente mientras vivimos nuestra vida cotidiana. Algunas veces nos llaman la atención; a menudo casi pasan desapercibidos.

En algunos casos, una cosa concreta e identificable desencadena una reacción espontánea. Por ejemplo, una mujer contó que siempre que oía una canción determinada creía observar a Jesús entrando triunfalmente en Jerusalén. La lectura de Cayce le informó de que había estado presente en ese acontecimiento y confirmó que su experiencia había sido un recuerdo verdadero.

Cayce le dijo que esa experiencia ocurrida en una vida pasada se le había quedado tan grabada que con mucha frecuencia le venía a la mente.

Otros destinatarios de lecturas de Cayce también descubrieron que ciertas reacciones emocionales inusuales eran pistas de influencias provenientes de vidas pasadas. Así, por ejemplo, una mujer preguntó que por qué sentía un cosquilleo bastante intenso cada vez que oía las palabras de Jesús. Se le dijo que había escuchado realmente la voz de Jesús en una vida que vivió en Palestina. Otra mujer sentía mucho miedo siempre que oía el sonido producido por el hielo al deslizarse o por caballos al correr sobre la nieve. Cayce explicó esta respuesta emocional ante dichos sonidos diciéndole que en una vida pasada había muerto en las heladas aguas del río Ohio. A otra persona se le dijo que el cariño y la comprensión que mostraba hacia los tuberculosos se debía a que había padecido esa misma enfermedad en una vida pasada.

Aquellos que tienen la suerte de poder viajar a otros países con frecuencia hablan de sucesos poco corrientes que pudieran tener relación con recuerdos de un pasado distante. Algunas personas tienen la sensación de haber estado allí antes, si bien se trata de una sensación más bien vaga. A otros les parece que pertenecen a ese lugar, sienten una gran paz, como si estuvieran volviendo a casa. Muchos viajeros descubren que su sentido de la orientación es extremadamente preciso. Saben lo que hay a la vuelta de la esquina, conocen lo que hay en cierto lugar de la calle. Y otros experimentan cierta intranquilidad, como un cosquilleo, tristeza o desesperación; algunos incluso se descubren a sí mismos llorando a mares sin motivo aparente.

Una mujer que hizo un viaje a Israel contó que había experimentado algo así en Cesárea. Le apetecía especialmente visitar ese lugar histórico, pues siempre le había interesado la Biblia y los primeros años de la Iglesia. Hacía un día maravilloso y se sentía fenomenal. Nada más entrar en Cesárea, el guía se paró y se puso a explicar los distintos acontecimientos que habían tenido lugar allí a lo largo de la historia. La explicación del guía le pareció bastante interesante, si bien no era algo que le intrigara especialmente.

Sin embargo, de repente empezó a sentirse mal del estómago y se puso a temblar. Dejó de pensar en ello, y siguió recorriendo las ruinas. Pero cada vez se sentía peor, y finalmente decidió abandonar el recorrido y volver al autobús. Después de permanecer durante unos minutos en el autobús, se dijo a sí misma que, con independencia de cómo se sintiera, sencillamente no podía perderse la visita a Cesárea.

Cuando volvió a unirse al grupo, éstos ya habían llegado al anfiteatro de Cesárea. Al ver el coliseo, empezó a llorar convulsivamente, sin poderse controlar, y no pudo dejar de sollozar durante más de una hora. Esto la dejó sorprendidísima, no sabía por qué le había sucedido. Ciertamente, nada de lo que ahí se dijo pudo haber desencadenado semejante reacción. También se sentía violenta ante semejante espectáculo, pues no era una persona que se emocionara con excesiva facilidad. No puede explicarse por qué tuvo esa reacción.

Su marido le recordó que ella comulgaba enteramente con las enseñanzas de Pablo contenidas en la Biblia y con frecuencia defendía a Pablo ante quienes estaban en desacuerdo con algunas de sus opiniones. Otra pista que podría guardar cierta relación es que a esa mujer no le gustaban los deportes que hoy en día tienen lugar en los coliseos del mundo actual. Una explicación podría ser que ella hubiera sido uno de los primeros cristianos, que vivieron en Cesárea, que hubiera conocido a Pablo, que hubiera trabajado con él, y que por ello hubiera sido perseguida. También podemos deducir que lo probable es que no le gustaran los deportes y las actividades que en esa época se desarrollaban en el coliseo, cuando Roma gozaba de un poder hegemónico.

Parece como si el interés que despiertan ciertos países en nosotros y el amor que sentimos por ellos se debieran a que hemos vivido alguna vida allí. Incluso algunas circunstancias que escapan a nuestro control, como un viaje de negocios, un destino militar o una escala fortuita, nos permiten abrir las puertas a los viejos recuerdos. Tal vez, "simplemente por casualidad" viajamos a países donde hemos vivido anteriormente.

Una joven recientemente planeó hacer un viaje a Egipto. El asunto surgió de repente. Se presentó la oportunidad y ella la aprovechó sobre la marcha. Habló con sus abuelos sobre el viaje y ellos le recordaron que un tío abuelo había viajado a Egipto en los años cincuenta. También le dijeron que los objetos que había traído de ese viaje estaban desperdigados por la casa: un jarrón, una banqueta, varios recipientes de cobre y latón, y una foto de él montado en un camello. La joven de repente cayó en la cuenta de que esos objetos siempre le habían intrigado. De hecho, se dio cuenta de que uno de sus primeros recuerdos era un pequeño recipiente de latón con jeroglíficos grabados. De repente, empezó a preguntarse si su viaje a Egipto era algo tan espontáneo como ella había creído en un principio.

Pero incluso sin necesidad de realizar largos viajes, lo que vemos cerca de nuestro hogar puede estimular recuerdos en nosotros. Las lecturas de Cayce nos dicen que con frecuencia nos encarnamos en lugares cercanos al sitio donde hemos vivido en vidas anteriores. Las lecturas de Cayce informaron a los padres de un muchacho de que en una vida anterior su hijo había estado vinculado a George Washington. Se les dijo que si lo llevaban a Mount Vernon, a la cocina y al dormitorio donde Washington había muerto, recordaría muchas cosas. Cuando los padres llevaron a su hijo de cuatro años a Mount Vernon, el dormitorio estaba acordonado. Pero pudieron visitar la cocina, y al llegar allí el niño dijo: "Sé donde estoy. Estoy en Mount Vernon."

Una mujer que vivía en Virginia supo a través de las lecturas de Cayce que si iba al ayuntamiento de Williamsburg y se asomaba a determinada ventana, recordaría haber estado allí de pie en una vida anterior, aguardando a su amante, esperando verlo desde allí. Otra se enteró de que si iba a una fortaleza que había cerca de su casa en una noche de luna del mes de agosto y se ponía a escuchar, oiría la voz que ella misma había tenido en otra vida. A veces simplemente un facsímil de una experiencia anterior basta para desencadenar un recuerdo. En una lectura de Cayce, se le dijo a una persona que si se sentaba en la arena, recordaría su encarnación en Persia.

El cine y la televisión nos dan la oportunidad de viajar a lugares muy distantes. Además de los documentales sobre viajes, muchas películas históricas con escenarios auténticos y programas realizados *in situ* nos permiten sumergirnos en otras culturas y entrar en contacto con otras costumbres. Todo ello sirve para avivar recuerdos en nosotros.

Los libros y los cuentos también captan nuestra atención y nos transportan a otros países y épocas. El hecho de que nos guste leer y estar informados sobre determinados países puede ser una pista valiosa sobre nuestras vidas anteriores. Las lecturas de Cayce animaban a aquellos que querían recordar vidas pasadas a estudiar aquellas regiones y países que despertaban su interés. No sólo habían de estudiar su historia, también se recomendaba examinar su geografía, mapas y fotografías de paisajes, con el fin de avivar los recuerdos. Así, por ejemplo, a una persona se le dijo que estudiara la historia de los primeros años de la Iglesia, y descubrió que sus recuerdos eran más exactos que los textos.

A veces podemos empezar por fijarnos en un indicio de una experiencia de una vida anterior, y posteriormente desarrollar esa idea. Una persona que se ha dedicado a evocar anteriores encarnaciones y ha trabajado en ello, descubrirá en sus sueños sugerencias sobre los países en que ha vivido. Disfrutará aprendiendo los idiomas de esos países y verá como aviva aún más sus recuerdos al hacerlo.

Cuando creas haber tenido una experiencia en cierta época o lugar, usa tu imaginación para añadir detalles a esas vidas pasadas. Un individuo fue informado en una lectura de Cayce de que la habilidad que tenía para imaginar ciertos lugares se debía a que había pasado allí otra vida anteriormente. La lectura le animó a añadir detalles, pues ésa era una forma de recordar más cosas. A otra persona se le recomendó que imaginara lo que las personas que estaban en un entorno determinado habían tomado para comer en el pasado, y ello contribuyó de forma sorprendente a avivar viejos recuerdos.

Ejercicio A

La mayoría de nosotros, sin siquiera darnos cuenta de ello, abrigamos unos sentimientos muy claros en relación con determinados lugares. Por supuesto, ello puede deberse a experiencias que hemos tenido anteriormente en esta vida. Pero a menudo las raíces van mucho más lejos.

Vamos ahora a fijarnos en tus sentimientos y tu imaginación. Reflexiona durante unos segundos sobre esta pregunta:

Si pudieras visitar cualquier país del mundo, ¿adónde irías?

Si ya tienes en tu mente el país que visitarías, es hora de que uses tu imaginación para añadir detalles sobre lo que esperas encontrar allí. Tómate el tiempo necesario para que tu mente pueda explorarlo. No te preocupes por la exactitud de la imagen que sobre este país tienes en tu mente; lo importante es *lo que esperas encontrar allí*. Puedes asociar libremente unas cosas con otras. Cuando estés construyendo tu imagen mental del país elegido, has de contestar las siguientes preguntas:

1. ¿Qué lugar has decidido visitar?
2. Indica algunas de las cosas que imaginas que encontrarías allí. Deja que salgan a la luz diversas impresiones de una serie de facetas de la vida. Piensa en lugares, objetos, estados de ánimo, tipos de personas, colores, pintura y arquitectura, música y cualquier otro aspecto de este país que te venga a la imaginación.
3. Indica algunos de los sentimientos que tales cosas despiertan en ti. ¿Te parece que son muy variados, unos buenos y otros no tan buenos?
4. ¿Qué relatos has leído sobre este lugar? ¿Qué sentiste al leerlos?
5. ¿Te gustan las películas y/o los programas de televisión cuyo marco es este país? Indica los que te han gustado especialmente y las emociones que despiertan en ti.
6. ¿Asocias determinadas comidas con este país? ¿Te gustan esas comidas?
7. ¿Tienes en tu casa recuerdos de este país? ¿Qué clase de objetos son y dónde están colocados?
8. ¿Hay en tu vida otras áreas que reflejan tu interés por este país? Piensa en cosas como la ropa y otros adornos personales (como el peinado, por ejemplo), gustos musicales que vinculas a este país, tu interés por la lectura de literatura no novelesca o de noticias sobre dicho país, tu afición a las exposiciones de obras de arte u otras manifestaciones culturales relacionadas con este país, etc.
9. ¿Has conocido alguna vez a personas que hayan viajado a ese país, que hayan vivido allí durante algún tiempo o que hayan nacido allí? ¿Qué te han parecido esas personas? ¿Cómo te has llevado con ellos?
10. ¿Has visitado ese país? Si has estado allí, indica qué es lo que más te ha impresionado de ese viaje. Si no has viajado allí, indica algunas cosas que te parece que tienen relación con esa región y que te hacen desear ir allí.
11. ¿Hay algún período de la historia de este país que te resulta especialmente interesante?

12. Dedica unos minutos a imaginar el tipo de persona que habrías sido si hubieras vivido en ese país en una vida anterior. Para añadir detalles, nuevamente has de basarte en tu imaginación, y no en tus conocimientos objetivos sobre esa zona. Deja que tu mente establezca asociaciones libremente y explore una amplia gama de posibilidades. Cuando hayas completado esa pequeña historia, posiblemente querrás anotarla con el fin de poder consultarla en el futuro.

13. ¿Deseas hacer algún otro comentario en relación con este ejercicio?

¿Hay alguna pregunta que no has podido contestar? A veces las preguntas que no podemos contestar son tan importantes como las que contestamos fácilmente. Así, por ejemplo, con frecuencia la gente dice que no sabe cuál es la comida típica de los países que han elegido. Esa es una magnífica oportunidad para que usen su imaginación y vean qué es lo que les viene a la mente de forma espontánea. También es posible que esta cuestión se convierta para ellos en objeto de estudio. Si las piezas del rompecabezas de tus vidas pasadas apuntan hacia un país determinado, puede ser éste un buen motivo para iniciar la exploración de su gastronomía, bien leyendo y estudiando textos sobre esta cuestión, bien aprendiendo alguna receta nueva o incluso ampliando la lista de restaurantes a los que acudes cuando sales a cenar en alguna ocasión especial.

Ejercicio B

Vamos a ejercitar nuevamente la imaginación, pero esta vez nos quedaremos en el país donde hemos nacido. Piensa antes de contestar esta pregunta:

Si pudieras visitar cualquier punto de tu país, ¿adónde irías?

Ahora imagina algunas de las cosas que esperarías encontrar allí. Nuevamente, deja que tu imaginación añada objetos, estados de ánimo, gente, colores, música, lo que te venga a la mente, sea lo que fuere. Tómate el tiempo que necesites para determinar qué es lo que sientes en relación con la zona que has escogido. Luego, cuando estés preparado, empieza a contestar las preguntas que figuran a continuación:

1. ¿Qué parte de tu país has decidido visitar?

2. ¿Qué imaginas que vas a encontrar allí? Una vez más, cabe esperar cualquier cosa y puedes sorprenderte a ti mismo.

3. ¿Evocan en ti estas cosas unos sentimientos especiales, ya sean agradables o desagradables?

4. ¿Vinculas con esta zona a ciertos tipos de personas? ¿Qué te parecen esas personas?

5. Indica qué historias, películas y programas de televisión relacionados con esta región vale la pena recordar, describe asimismo las emociones que despertaron en ti.

6. ¿Existe alguna comida típica, algún plato relacionado con esa región del país? ¿Te gusta?

7. ¿Hay en tu hogar algún recuerdo de esa región? ¿Qué objetos son y dónde están?

8. ¿Presenta tu vida otras facetas que reflejan tu interés por esa región?

9. ¿Has visitado esa zona de tu país? Si lo has hecho, ¿qué es lo que mejor recuerdas de ese viaje?

10. ¿Te interesa especialmente alguna época de la historia de esa región?

11. Piensa que es una especie de juego, usa tu imaginación para inventarte una pequeña historia sobre tu visita a esa zona y tu vida pasada transcurrida allí. Utiliza tu ingenio. Añade todos los detalles que te apetezca incluir, o bien hazlo con mucha sencillez y rapidez si así lo deseas. Cuando hayas terminado, toma nota de esta historia.

12. ¿Quieres exponer alguna idea o hacer algún comentario adicional al respecto?

Muchas personas opinan que estos dos ejercicios les han traído a la memoria muchos recuerdos, han despertado sentimientos y han suscitado observaciones. El tratamiento posterior de todo ello constituye una de las partes más importantes del ejercicio. Hay varias formas de hacerlo. Si estás siguiendo este curso con un grupo de personas o con un/a amigo/a, o si trabajas solo pero tienes un/a compañero/a en quien confías y a quien puedes dar a conocer algunas de las pistas sobre tus vidas pasadas, éste es un buen momento para dejar de leer durante un rato y hablar sobre lo que sientes al respecto. Si te encuentras más cómodo trabajando a solas, descubrirás que hay varios procedimientos para reflexionar sobre las contestaciones que has dado a las preguntas de estos ejercicios. Tal vez, quieras simplemente relajarte y pensar tranquilamente. Puede que te apetezca cerrar los ojos y dormitar un poco. O que prefieras escribir unos cuantos párrafos sobre tu experiencia. O, quizá, preferirías escribir una carta a un/a amigo/a imaginario/a explicándole cuáles son tus sentimientos y qué pistas has descubierto en tus preferencias por determinados lugares y en las historias que has inventado.

Cuando analices tus respuestas, busca la presencia en ellas de inclinaciones semejantes a las de tu vida actual. Así, por ejemplo, una mujer imaginó que era una india norteamericana que estaba en Colorado y realizaba sus labores cotidianas. Asoció esa imagen a su afición, presente incluso en esos momentos, a buscar leña y trocitos de madera caminando por el bosque. El placer que sentía en su vida actual cuando estaba junto a una hoguera al anochecer era similar a lo que imaginaba que podía haber sentido durante su vida como india americana. Otra persona, que se imaginó a sí misma en una mansión inglesa a mediados del siglo XIX, descubrió sorprendida que su actual afición a los dulces y a la respostería podía estar relacionada con la repostería inglesa que tanto le gustaba en su historia.

Nuestras historias pueden asimismo contener sugerencias muy útiles para nosotros cuando retratan circunstancias que no son comparables a las de nuestra vida cotidiana. Por ejemplo, una mujer contó que sintió una gran serenidad cuando inventó la historia de su vida en Italia. Se dio cuenta de que su estilo de vida actual, tan agitado, quizá podría variar debido a la influencia de los conocimientos de arte que allí había adquirido. Decidió realizar visitas a museos de arte y asistir a conciertos en su vida actual con el fin de introducir en esta vida algo de la serenidad y bienestar que había descubierto en su historia.

Cuando revivas recuerdos de pasadas experiencias, es preciso que te muestres juicioso y discreto a la hora de seleccionar lo que deseas revivir. Si determinado recuerdo aporta optimismo a tu experiencia actual y constituye una ayuda, trata de incorporarlo a tu estilo de vida. Si te vienen recuerdos que no te ayudan en esta vida, no les prestes atención. La mejor forma de utilizar los recuerdos y aptitudes provenientes de vidas pasadas es emplearlos para mejorar tu vida actual. No debes usarlos como evasión, ni para desviarte del camino que has escogido para ti en esta vida.

Sesión 2

El Armario de la Fantasía

En el último ejercicio, utilizaste tu imaginación para tomar contacto con ciertos pensamientos, sentimientos e impresiones relacionados con dos lugares escogidos. Ahora vamos a dejarnos llevar aún más lejos por nuestra imaginación. Para que saques el mejor partido de este ejercicio, es necesario que te sientas realmente cómodo cuando des rienda suelta a tu imaginación. Vamos a utilizar una modalidad especial de fantasía, denominada ensueño, para darte la posibilidad de imaginar. No obstante, antes de comenzar este ejercicio, vamos a analizar brevemente esta clase de fantasía, así como su utilización, para comprendernos mejor a nosotros mismos.

A lo largo de este curso, nos esforzaremos por mantener un equilibrio entre pensamiento e imaginación, entre los aspectos consciente e inconsciente de la mente. La mente consciente es efectivamente una herramienta importante, y la usaremos ampliamente para reunir y analizar pistas sobre nuestras vidas pasadas. Pero la mente consciente no es todo lo que compone la estructura de nuestra mente, ni es la única faceta de la mente que podemos utilizar en nuestra búsqueda.

Has de recordar que el auténtico almacén de recuerdos de anteriores encarnaciones es la mente inconsciente. Mientras trabajamos con esos recuerdos a nivel consciente, el inconsciente también se ve estimulado, animado a entrar en actividad. El problema radica en sacar la información del inconsciente a la superficie, para que pueda ser reconocida y utilizada. La ensoñación es una técnica importante que nos permite conseguirlo. Por medio de esa técnica, ponemos más a nuestro alcance las imágenes procedentes de nuestro inconsciente, lo que nos permite conseguir ideas de naturaleza muy distinta a las que podríamos obtener a través de la utilización del pensamiento analítico exclusivamente. Pero ¿qué significa para nosotros exactamente ensueño o ensoñación?

El diccionario define "ensueño" de una forma muy sencilla, dice que es como "soñar despierto." Aunque fantasear de día es un proceso que nos resulta familiar a todos nosotros, fácilmente pasamos por alto su posible utilidad. El problema es que cuando soñamos despiertos solemos proceder indisciplinadamente y sin seguir un rumbo determinado. Por tanto, el ensueño no es un vehículo muy fiable para nosotros si tenemos un objetivo específico que deseamos alcanzar.

Para confiar en poder utilizar realmente nuestras ensoñaciones con el fin de alcanzar un objetivo concreto, hemos de conducirlas por la senda que deseamos seguir. Esa es la meta que tratamos de alcanzar en este curso, por lo que al hecho de soñar despiertos se refiere. Se trata de orientar nuestras fantasías, para poder disfrutar dando rienda suelta a nuestra imaginación y beneficiarnos al mismo tiempo.

Para el fin que pretendemos alcanzar, vamos a dar una definición del término "ensueño" más precisa, menos amplia, que la que nos da el diccionario. Vamos a utilizar el término en el sentido de "imaginar siguiendo unas directrices".

Para tener más claro lo que es un ensueño, tal vez venga bien examinar unas cuantas cosas que no es. Aunque existe cierta semejanza entre las imágenes inconscientes que el ensueño puede evocar y aquellas que surgen cuando soñamos de noche, hay que decir que un ensueño no es un sueño.

El ensueño, o el soñar despierto, no implica dejar de ser consciente de lo que nos rodea. Uno puede llegar a estar tan relajado que deje de prestar atención a su entorno, pero continuará estando despierto y podrá responder a todo aquello que precise una respuesta.

El ensueño tampoco es una especie de hipnosis. No implica la sumisión de la mente a una influencia externa, ni la pérdida de la capacidad de pensar independientemente. Para que esta experiencia resulte fructífera ha de estar basada en imágenes provenientes de la mente inconsciente del sujeto, no en imágenes impuestas al sujeto por una fuente externa. El sujeto no dejará de controlar sus pensamientos y podrá poner fin a su fantasía en el momento en que lo desee.

Ahora vamos a repasar algunos de los procedimientos que permiten asegurar que el ensueño va a beneficiar al sujeto lo más posible. La relajación, física y mental, es la clave de todo el proceso. En primer lugar, has de tranquilizar tu mente. Seguidamente, al tiempo que das rienda suelta a tu fantasía, has de dejar a un lado las funciones crítica y analítica de la mente. Concede un descanso a tu mente consciente, de tal forma que tu inconsciente pueda pasar a un primer plano y crear para ti una nueva realidad a partir de la gran cantidad de información que contiene. Deja atrás las restricciones que conlleva tu forma habitual de ver el mundo, y concede al ensueño la libertad de presentarte unas imágenes que están más allá de lo que habitualmente alberga tu mente consciente.

A continuación, relaja tu cuerpo. La comodidad a nivel físico y el estar relajado son dos condiciones esenciales para el desarrollo de esta experiencia. Al preparar estas sesiones, has de ponerte en una posición cómoda, ya sea sentado o tumbado. Cierra los ojos, respira despacio y profundamente, y haz que desaparezca cualquier tensión muscular que pudieras estar sintiendo. Al final de esta sección, describimos una técnica que puede ayudarte a conseguirlo. Sea cual fuere el método que escojas, trata de llegar a un punto en el cual consigas olvidarte de tu cuerpo y dar rienda suelta a tus pensamientos.

Al iniciar cada ensoñación, recibirás unas indicaciones que has de seguir, y te verás en un escenario determinado. Recuerda que has de estar relajado. No trates de construir una imagen de la situación con tu mente consciente. Simplemente, has de recibir la imagen que te venga del inconsciente, debes aceptarla sin criticarla desde un punto de vista lógico y observar los detalles con los ojos de la mente. No te limites a observar las imágenes de tu nuevo medio ambiente; también has de tomar conciencia de los sonidos, los olores y las sensaciones táctiles. Toma nota de tantos detalles de este tipo como puedas, pues son importantes. Si te centras en ellos, conseguirás verte totalmente inmerso en tu mundo de fantasía.

Un buen comienzo es verte a ti mismo inmerso en un escenario de ensueño, como si de una película se tratara. Pero para valorar debidamente esta experiencia, es preciso analizarla desde otro punto de vista. En lugar de limitarte a observar una imagen mental en la que participa un personaje con el que te identificas, trata de meterte de lleno en la historia que tú mismo has fabricado en tu mente. Es decir, utiliza tu imaginación para cambiar de perspectiva, de tal forma que veas la escena como si tú mismo estuvieses realmente allí. Siente en tu cuerpo imaginario las sensaciones producidas por cualquier movimiento o actividad que imagines estar realizando. Y adopta la actitud mental que tendrías si realmente estuvieras participando en la actividad imaginaria. Piensa en lo que estarías pensando y siente lo que estarías sintiendo si estuvieras llevando a cabo esas acciones.

En algunos de los ensueños aquí descritos, en determinados momentos te haremos ciertas preguntas. *No* interrumpas la experiencia para escribir las respuestas. Las preguntas volverán a ser formuladas y tendrás tiempo para escribir las respuestas en un papel, una vez que la fantasía haya llegado a su fin. Más tarde habrá llegado el momento de analizarlas y escribir sobre ellas.

Prolonga cada uno de los ensueños tanto como puedas. Deja que la ensoñación se desarrolle a su ritmo y finalice de un modo natural. No te preocupes por ceñirte a determinados plazos, que tal vez sugiera el texto; los plazos aquí establecidos tienen un valor meramente indicativo y has de adaptarlos según te convenga, y dependiendo de tu participación en cada fantasía individual.

Si el ensueño ha cumplido su fin, cuando termine te sentirás reconfortado, relajado y satisfecho. Y lo que es más importante, saldrás de esta experiencia con un concepto nuevo sobre ti mismo, sabiendo mejor cómo has llegado a ser la persona que eres, y con una visión más amplia de las posibilidades que se te presentan en la vida actual.

No obstante, la utilización de un libro para dirigir tus ensoñaciones plantea un problema. Con el fin de recibir las instrucciones impresas, has de utilizar tu mente consciente, y ello puede constituir una seria distracción que perturbe la corriente de imágenes procedente del inconsciente. Si tratas de ir avanzando línea tras línea, leyendo una línea de instrucciones, siguiendo esas instrucciones, leyendo otra línea, etc., tu ensueño se verá constantemente interrumpido. Posiblemente, te costará mucho sumirte en él, pues la mayoría de nosotros no podemos "cambiar de marcha", pasando del aspecto lógico de nuestra mente al aspecto imaginativo, y a la inversa, plena y eficazmente.

Tal vez, sea algo mejor leer un trozo más grande de información y tratar de recordarlo, seguirlo sin tener que consultar nuevamente el libro, y luego pasar a otro trozo. Por lo menos, así se reduce el número de interrupciones que experimenta la ensoñación. Pero para esto la mente consciente ha de trabajar mucho, y la mente consciente es, después de todo, la parte de nuestra persona que se supone ha de descansar durante el ensueño. Al adoptar esta técnica corremos el riesgo de olvidarnos de una o más frases clave de las instrucciones, lo que afectaría al desarrollo de nuestra experiencia. Y también existe el peligro de que, al memorizar las instrucciones, lleguemos a programar conscientemente nuestras respuestas a las mismas, lo cual limitaría el alcance y la espontaneidad de las imágenes que se nos presenten.

Si bien podemos utilizar tanto el método que consiste en ir leyendo línea a línea como el que consiste en ir leyendo trozo a trozo, tenemos a nuestra disposición un par de alternativas mejores. Una de ellas es pedir ayuda. Si tienes un/a amigo/a en quien confías y deseas que participe también en este curso, puedes pedirle que lea en voz alta el texto relacionado con el ensueño mientras tu pasas por esa experiencia. De ese modo, tu amigo/a se convertirá en tu guía y tú podrás olvidarte de tu mente consciente y centrarte en las imágenes que emergen de tu inconsciente.

La otra opción es preparar una grabación en la que tú mismo leas las instrucciones relacionadas con cada fantasía. Cuando llegue la hora de soñar despierto, la única posible distracción sería poner la grabación apropiada al principio de la sesión y quitarla al final. Entre una y otra acción, podrás relajarte y dejar que tu inconsciente realice su labor sin ninguna intrusión de tu cuerpo físico ni de tu mente consciente.

Independientemente del método que utilices, no has de descuidar la preparación previa a cada sesión. Esta preparación consiste fundamentalmente en la realización de ejercicios de relajación mental y física. Para ayudarte a hacerlos, incluimos a continuación dos prácticas de relajación, una para la mente consciente y otra para el cuerpo, que es posible incluir al principio de las instrucciones relacionadas con cada ensoñación. Puedes leerlas tú mismo y seguir sus indicaciones antes de ponerte a soñar despierto; o puedes pedirle a un/a amigo/a que te las lea en voz alta si te va a dirigir en tu experiencia; también puedes grabarlas en cada una de las cintas que incluyan material informativo relacionado con los ensueños, si utilizas el método de la grabación para la realización de estos ejercicios de imaginación.

Hay muchas técnicas de relajación mental y corporal. Las que figuran a continuación constituyen tan sólo una de las posibilidades. Pruébalas una o dos veces, tal como aparecen aquí expuestas, para ver lo bien que funcionan en tu caso. Luego, por supuesto, puedes modificarlas con entera libertad si crees que de ese modo van a ser más efectivas. Con un poco de práctica, llegarás a estar relajado sin necesidad de instrucciones verbales. Pero tanto si decides utilizar el ejercicio de relajación que viene a continuación, como si optas por utilizar un ejercicio distinto, o ninguno, dedica un tiempo, antes de iniciar el ensueño, a sosegar tu mente y tu cuerpo.

Tanto en las instrucciones para la relajación como en las descripciones de cada proceso de ensoñación, hallarás con frecuencia unos plazos de tiempo puestos entre paréntesis. Estos indican las pausas propuestas y la duración de las mismas. Lo que se pretende es darte tiempo para dar los pasos que requiere un ejercicio de relajación, o para conducir tu atención hasta las imágenes concretas que se te presentan en la ensoñación. Las pausas que figuran en cada uno de estos puntos te ayudarán a utilizar tu fantasía de la forma más rentable, pero en este caso también has de ser flexible. Los plazos establecidos lo son a título indicativo y deberás cambiarlos si son demasiado largos o excesivamente breves para ti. Tu ensueño no debe estar sujeto a un horario; cambia ese horario para que encaje con las dimensiones tu ensueño.

El primer conjunto de ejercicios que figuran a continuación tiene por objeto ayudarte a relajarte mentalmente. El segundo conjunto tiene como finalidad ayudarte a relajarte físicamente. En cada sesión te recomendamos seguir la siguiente secuencia:

1. Colócate en una posición cómoda.
2. Relaja tu mente.
3. Relaja tu cuerpo.
4. Experimenta el ensueño, sueña despierto.
5. Cuando tu fantasía haya terminado, dedica unos minutos a reflexionar sobre ello.
6. Contesta las preguntas formuladas al respecto en el texto.

Para la Relajación Mental

Llegó la hora de prepararse para un período de tranquilidad y relajación. Ponte lo más cómodo posible y tranquiliza tu mente en la medida de lo posible (5 segundos). Estás a salvo, te sientes seguro, estás preparado para dejarte llevar por tu imaginación y emprender una pequeña aventura.

Ten la seguridad de que al comenzar a soñar despierto, no vas a dejar de estar consciente. Ni siquiera vas a dejar de controlar tus pensamientos. Te darás perfecta cuenta de lo que sucede a tu alrededor, aunque vas a estar tan relajado que posiblemente optes por hacer caso omiso de todo aquello que pudiera distraer tu atención (5 segundos). No obstante, has de saber que si sucede algo a tu alrededor que exija una reacción por tu parte, estarás totalmente despierto y podrás reaccionar.

Simplemente vas a entrar en un estado de relajación mental y física que permitirá que tu mente inconsciente te presente sus pensamientos. Todo lo que tienes que hacer es sentarte y percibir los pensamientos e imágenes que tu mente inconsciente te vaya mostrando.

Para la Relajación Física

Y ahora vamos a dedicar unos minutos a conseguir que el cuerpo llegue a estar tan relajado como lo está la mente. Cierra los ojos y respira varias veces, lenta y profundamente. Inspira despacio, profundamente, fácilmente (3 seg.) y espira (3 seg.). Nuevamente inspira (3 seg.) y espira (3 seg.). Una vez más, inspira (3 seg.) y espira (3 seg.). Continúa respirando lentamente, con naturalidad.

Ahora deja de centrarte en tu respiración y fíjate en tus pies (5 seg.). Ahora, tu foco de atención está en tus pies, diles que se relajen. Percibe toda la tensión que pudiera estar almacenada allí. Mientras vas descubriendo los músculos que están tensos, ténsalos deliberadamente (3 seg.) y luego relájalos. Deja que la tensión desaparezca (5 seg.).

Despacio, suavemente, fíjate en tus piernas y ve desplazando el centro de tu atención por tus piernas, hacia arriba, descubriendo todos los músculos que están tensos (5 seg.). Tensando los músculos de las piernas lo más que puedas (3 seg.) y luego relajándolos (5 seg.). De ese modo, irás subiendo por las piernas, las caderas, las nalgas (5 seg.), tensa (3 seg.) y relaja (5 seg.). Ahora el abdomen y la parte inferior de la espalda (5 seg.). Siente cómo toda la tensión sale hacia fuera, desaparece de tu espalda, al tiempo que te ves bañado en la luz dorada y brillante de la relajación (5 seg.).

Ahora que ya has relajado el cuello y los hombros, centra la atención en los músculos faciales (5 seg.). Tienes los ojos cerrados, pero ¿estás bizqueando? ¿Tu mandíbula está tensa o relajada? Relaja totalmente tus músculos faciales (5 seg.). Tienes los ojos cerrados, pero relajados (5 seg.). Tu mandíbula está relajada. Tu cuero cabelludo está relajado (5 seg.). Todo tu cuerpo está relajado (5 seg.).

Dedica un minuto a supervisar tu proceso respiratorio. Con los ojos de la mente, observa cómo tus pulmones van llenándose lentamente de aire cada vez que inspiras profundamente, regularmente. Y observa también cómo se vacían tus pulmones cuando sueltas el aire. No trates de controlar tu respiración; simplemente respira normalmente, con naturalidad, tranquilamente (10 seg.).

Ahora estás totalmente relajado, preparado para olvidarte de tu cuerpo durante un rato. Estás tranquilo, dispuesto a dejar que tus pensamientos discurran libremente y listo para perderte en ellos.

(Al llegar a este punto, puedes examinar el contenido de la fantasía con la que estás trabajando.)

Una de las características que hacen del ensueño una técnica tan valiosa es la posibilidad de repetir muchas veces este ejercicio de imaginación con resultados diferentes y siempre útiles. Así, por ejemplo, la primera vez que realicemos una "excursión con guía" al mundo de la fantasía, meterás la mano en una bolsa llena de prendas de vestir, sacarás un traje y lo examinarás para descubrir lo que puede decirte sobre tu persona. Este ejercicio puede repetirse muchas veces, sacando cada vez un traje imaginario diferente y un nuevo conjunto de ideas. En una ensoñación que practicarás a finales de este curso, visualizarás una escena procedente de una de tus vidas pasadas. Evidentemente, todos nosotros disponemos de muchas escenas de ese tipo, así que podemos experimentar esa fantasía repetidas veces y, no obstante, seguir obteniendo cada vez una información nueva y útil.

Conforme vayas adquiriendo más práctica en esa forma de usar la imaginación, posiblemente llegará un momento en que te sentirás cómodo diseñando tu propio ensueño. Eso tendrá lugar en otra parte del curso, una sección en la que no se especifica el ejercicio de fantasía que el sujeto ha de realizar. No dudes en hacerlo, cuando te parezca que puede resultarte provechoso. Puede que incluso descubras formas de aplicar la técnica de la ensoñación a facetas de tu vida que nada tienen que ver con la evocación de anteriores encarnaciones.

Y ahora ha llegado el momento de dejar la teoría del ensueño durante un rato y proceder a llevar a cabo la primera experiencia real de fantasía dirigida. Vamos a empezar con un ensueño breve y nada complicado, un ensueño que te ayudará a adquirir confianza en tu capacidad para visualizar circunstancias con los ojos de la mente. Según vayas pasando por esta experiencia fantástica, no trates de hacer nada con tu mente consciente; recuerda que esa parte de ti está en reposo. No trates de recordar una vida pasada. Eso vendrá más adelante. Por ahora, todo lo que has de hacer es utilizar tu imaginación. Limítate a visualizar con los ojos de la mente todas las cosas que te sean descritas. Es fantasía pura.

Antes de meterte de lleno en la ensoñación, conviene que realices el ejercicio de relajación mental y física descrito anteriormente. Luego deja que tu inconsciente te transporte hasta esta escena imaginaria.

El Armario de la Fantasía

Has de verte a ti mismo en el centro de una habitación muy grande y vacía. Es una habitación agradable, soleada, llena de luz (5 seg.). No hay nada en esa habitación salvo un gran armario (5 seg.).

Visualízate a ti mismo acercándote al armario (5 seg.). Alargando la mano hasta el pomo. Abriendo la puerta, despacio (5 seg.). Dentro ves una barra de la que cuelgan muchas bolsas de ropa cerradas (5 seg.). Metes la mano y sacas una de las bolsas que hay colgadas (5 seg.). La abres (5 seg.).

Dentro, encuentras un traje, un traje completo (5 seg.). Al

tiempo que vas sacándolo despacio de la bolsa, lo examinas cuidadosamente. ¿Qué es? (10. seg.). ¿Cómo es? (10 seg.). ¿Cómo es al tacto? (10 seg.).

Ahora ponte el traje (5 seg.). Mientras te lo pones, compruebas que te sienta perfectamente. ¿Qué sientes ahora que lo llevas puesto? (1 seg.). Hay un espejo detrás de ti. Mírate en él (5 seg.). ¿Ha variado en algo tu aspecto externo? (10 seg.). ¿Cómo te sientes ataviado de ese modo? (10 seg.). ¿Acaso el traje despierta en ti alguna actitud o emoción determinadas? (10 seg.).

Y ahora, mientras estás ahí de pie, otra pregunta: ¿Adónde vas a ir, o qué vas a hacer, ataviado de ese modo? Dedica unos minutos a pensar la respuesta.

Ejercicio

Una vez que has dejado que tu fantasía llegue a su fin, y te has concedido un tiempo para reflexionar tranquilamente sobre la experiencia, has de contestar las siguientes preguntas:

1. ¿Cómo era tu traje? Escoge libremente entre hacer un dibujo o describirlo verbalmente, lo que prefieras.

2. ¿Qué sentiste al tacto cuando lo sacaste de la bolsa? ¿Qué sentiste una vez que lo tuviste puesto?

3. ¿Qué aspecto tenías tú con ese traje? ¿Tenías un aspecto diferente en cierto modo al que tienes ahora? Cuando contestes estas preguntas, no te fijes exclusivamente en la ropa. Presta también atención a detalles como las joyas que imaginas haber llevado; cualquier variación de estilo relacionada con el nuevo atuendo, como puede ser un peinado diferente o uñas de distinta longitud, y cualquier cambio de constitución física en esas circunstancias.

4. ¿Acaso el llevar ese traje despierta en ti algún sentimiento relacionado con tu persona? ¿Acaso suscita en ti alguna actitud o emoción digna de mención? ¿Crees que son características de tu temperamento actual?

5. ¿Adónde ibas, o qué hacías o te disponías a hacer, con ese atuendo?

6. ¿Relacionas ese traje con determinado lugar, época histórica o grupo de personas?

7. ¿Acaso esta experiencia te ha hecho pensar o sentir alguna otra cosa que te gustaría indicar?

Sesión 3

Siguiendo la Pista a las Leyes de la Reencarnación

Puede que hayamos tenido presentimientos sobre vidas pasadas y que tengamos ciertas teorías sobre experiencias acontecidas en otras épocas o lugares. Incluso puede que algunos de nosotros hayamos tenido sueños muy reales sobre vidas anteriores o súbitos recuerdos estando despiertos. Pero, ¿qué significan realmente tales experiencias? ¿Pueden enseñarnos algo sobre nosotros mismos y sobre cómo vivir *esta* vida de una forma más plena? Si el estudio de nuestras vidas pasadas no sirve para dar una respuesta afirmativa a esta pregunta, no será más que un pasatiempo interesante, una forma de satisfacer la curiosidad que sentimos sobre nosotros mismos, con un escaso valor práctico.

Pero vamos a suponer, por otra parte, que el estudio de nuestras vidas pasadas es en realidad un análisis del funcionamiento interno del universo en que vivimos, una especie de visión momentánea de la finalidad de la vida y el orden que prevalece en la misma. Si es así, esta investigación constituye una vía muy importante que puede llevarnos a encontrar la respuesta a dos de las preguntas más importantes que la humanidad se ha formulado: ¿Por qué es así la vida? ¿Por qué soy yo así?

A través del estudio de nuestras vidas pasadas, podemos conseguir ideas sobre cómo funciona la vida, cómo sacar el mejor partido de nuestros rasgos positivos y nuestras aptitudes, cómo superar los obstáculos que la vida parece poner en nuestro camino y cómo hacer frente a nuestros errores y debilidades.

A lo largo de este curso, vas a abordar el tema de tus vidas pasadas desde dos ángulos. En primer lugar, utilizarás teorías sobre las vidas pasadas para comprender mejor el funcionamiento de la vida. Y en segundo lugar, te servirás de esos conocimientos sobre el funcionamiento de la vida, o las leyes de la reencarnación, para desarrollar teorías sobre tus propias vidas pasadas y sobre las experiencias que hayas podido tener en cualquier vida. Tu forma de entender las leyes que rigen el proceso de la reencarnación será una importante base o fundamento. Pasará a ser el marco que dé sentido a las pistas de tus vidas anteriores que irás reuniendo conforme vayas realizando los ejercicios incluidos en este curso.

Y ¿qué son esas leyes que regulan el paso del alma de una vida a otra? Las vamos a clasificar en dos niveles: las leyes o premisas fundamentales que describen el proceso de la reencarnación y las leyes específicas que influyen en las experiencias concretas que vamos teniendo en las diferentes vidas.

Así pues, en primer lugar, vamos a examinar las premisas fundamentales. Todo aquel que se ha puesto a analizar la teoría de la reencarnación, se ha encontrado con sus principios básicos. En pocas palabras, que la vida es eterna, que tiene una finalidad y que está sujeta a un orden, y que nosotros hemos experimentado la vida como seres humanos y continuaremos experimentándola muchas veces. El hecho de que estés siguiendo un curso sobre cómo recordar vidas pasadas indica que esta filosofía te atrae o te parece verdad.

Vamos a analizar algunas de las cosas que implica la reencarnación. Cuando decimos que la vida es eterna y que hemos vivido antes en otros cuerpos humanos, lo que estamos diciendo realmente es que no somos seres físicos o materiales. Podemos llamar alma a nuestro verdadero yo. El alma pasa por muchas experiencias, cada una de las cuales tiene un impacto, y deja su marca en nuestra identidad. La persona que eres hoy en día es la suma de todas las experiencias que has tenido. Por tanto, la persona que eres hoy influye en la conformación de la persona que serás en el futuro, tanto en esta vida como en posteriores encarnaciones.

Posiblemente el aspecto más atractivo de la teoría de la reencarnación sea la importancia que da al libre albedrío. El libre albedrío juega un papel extremadamente importante en la ordenación de las cosas según la reencarnación. En cierto sentido, podríamos incluso decir que la finalidad de la vida —de todas nuestras vidas— es desarrollar todo nuestro potencial aprendiendo a sacar el mejor partido de lo que elegimos según vamos viviendo nuestra vida cotidiana. Las personas y las circunstancias que pasan a formar parte de nuestra vida nos dan la oportunidad de aprender a amar, de desarrollar nuestras habilidades y aptitudes, y de comprender mejor, en pocas palabras, de llegar a ser todo lo que, como hijos de Dios, somos capaces de ser.

Ahora bien, las elecciones se basan unas en otras, una elección conduce a cierta circunstancia, y esa circunstancia conduce a otra elección. La cadena de elecciones resultante hace que nuestra vida sea lo que es en un momento dado. Como no podemos cambiar nuestras circunstancias instantáneamente, a veces cometemos el error de pensar que no somos libres.

Así, por ejemplo, supongamos que has dedicado toda tu vida a desarrollar tu habilidad para jugar al tenis. Has elegido una serie de cosas como tomar clases, pasar tiempo practicando, incluso seleccionar amigos que comparten tu interés por los deportes. Sería poco realista esperar que de repente eligieras pintar al óleo en su lugar, y que al momento produjeras una obra maestra. Ahora bien, sí que podrías empezar a trabajar para desarrollar tus dotes artísticas, y de ese modo iniciar una nueva cadena de elecciones. Asimismo, sería una necedad decir que estabas predestinado para el tenis, en lugar de estarlo para la pintura, sabiendo que tú has sido el que has tomado mucho antes unas decisiones que han orientado tu vida hacia el deporte.

Eso mismo sucede con la reencarnación y el libre albedrío, excepto que abarcan un período de tiempo más largo. Posiblemente hayas realizado elecciones en otras vidas que ni siquiera recuerdas. Pero serán esas elecciones, y no el destino, lo que determinará la familia en la que naces, las circunstancias que están presentes en tu vida, y las aptitudes y características que posees.

El karma es eso, el proceso de realizar elecciones y de experimentar luego los resultados de dichas elecciones. El karma es el funcionamiento de la ley de la causa y el efecto. Como tal, es la dinámica fundamental en torno a la cual gira tu experiencia en su paso por las distintas vidas. Y vamos dejar bien sentado desde el principio que el karma no es un castigo por las malas acciones, no es un juez ni un jurado despiadado que nos condena por cada fallo, ni una fuerza misteriosa que llega y nos hunde por algún pecado cometido hace mucho tiempo y ya olvidado.

El karma es sencillamente la ley de la causa y el efecto puesta en funcionamiento. Nos dice que todo lo que pensamos, todo lo que hacemos y todo lo que decimos —sea constructivo o destructivo— es una causa que en su momento producirá un efecto. Cosechamos lo que hemos sembrado. Somos nosotros mismos los que determinamos para nosotros un karma agradable o desagradable.

Vamos a analizar más de cerca cómo opera todo esto. Al hacerlo, dejaremos el análisis de las premisas fundamentales de la reencarnación para pasar a estudiar las leyes específicas que la rigen.

Hay varias formas de experimentar la relación causa/efecto. El primer aspecto del karma tiene que ver con una regla muy simple, a saber, que ningún esfuerzo se echa en saco roto; el efecto de ese esfuerzo continúa. Ello quiere decir que las cosas que aprendemos, las habilidades que desarrollamos mediante nuestro trabajo y los esfuerzos que realizamos para llevarnos bien con otras personas, todas esas cosas tienden a continuar. Hasta que surja una situación en la cual optemos por cambiarlas, seguiremos con los mismos rasgos de personalidad, aptitudes, intereses y actitudes. Así pues, a la primera ley la podemos denominar Ley de la Continuación.

Hay otra forma de experimentar el karma. Como la finalidad que perseguimos cuando nos reencarnamos es evolucionar y aprender de nuestros errores, a veces hemos de experimentar los resultados de las elecciones equivocadas o destructivas. Sólo de esa forma podemos aprender de primera mano que ciertas acciones y pensamientos no conducen a nuestra evolución. Del mismo modo que el más cariñoso de los padres tiene a veces que dejar que su hijo se equivoque para que ello le sirva de lección, Dios permite que nos equivoquemos y que experimentemos las consecuencias. Dios no nos castiga cuando no somos generosos con los demás, ni cuando cometemos alguna acción deshonesta o usamos mal los recursos que han sido puestos a nuestra disposición. Pero según la ley de la causa y el efecto, tales acciones pueden tener ciertas consecuencias que nos servirán de lección para no repetir nuestros errores. Por tanto, a la segunda vamos a llamarla, Ley de las Consecuencias.

A veces experimentamos muy directamente las consecuencias de errores que hemos cometido en el pasado. Es como el ojo por ojo y diente por diente del Antiguo Testamento y de numerosas culturas antiguas. Así, por ejemplo, una destinataria de una lectura de Cayce supo que las repetidas desilusiones que estaba sufriendo en su vida amorosa se debían a que en una encarnación anterior ella había desanimado a muchos pretendientes al no cumplir su palabra. La Ley de las Consecuencias puede producir ciertas circunstancias en nuestras vidas que nos hagan darnos cuenta de lo que es estar en el lado de los perdedores.

A veces el daño físico infligido a los demás puede tener consecuencias físicas. Uno de estos casos es el de un ciego a quien Edgar Cayce dijo que en una pasada encarnación en Persia había dejado ciegos a otros con un atizador caliente. Ahora bien, una advertencia: no podemos decidir que una minusvalía o circunstancia desafortunada de otra persona sea un castigo por alguna mala acción cometida en el pasado. De hecho, detrás de la situación de una persona hay tantas posibles razones provenientes de vidas pasadas que nunca se puede juzgar desde fuera cuál es la verdadera causa. Lo importante se que lleguemos a comprender por qué experimentamos en nuestras propias vidas las cosas que nos suceden.

La Ley de las Consecuencias también nos aporta los resultados de las elecciones constructivas que realizamos. Así, por ejemplo, aquella persona que posee un hogar feliz posiblemente en vidas anteriores se había esforzado mucho por dar un hogar a los que carecen de él. La persona que posee el don de hacer amigos posiblemente habrá consolado y animado continuamente al prójimo en una encarnación anterior. La persona que goza de buena salud física habrá cuidado y asistido a otros en una experiencia previa.

A veces las consecuencias de las elecciones que realizamos son algo menos directas, o incluso pueden ser simbólicas, en cuanto a la forma como se producen. Pensemos, por ejemplo, en aquella mujer que muchas veces se sentía atraída por las personas que tenían poder y sin embargo les guardaba rencor en cierto modo. La lectura de Cayce dirigida a ella le dijo que ello se debía a que en una vida pasada ella había sido dama de honor de una reina. O pongamos por caso aquel hombre que en una vida anterior, que se desarrolló en Egipto, había trabajado en crear un sistema de comunicaciones con gentes que hablaban otras lenguas y pertenecían a culturas diferentes, con el fin de hacer negocios con ellos. Se le dijo que en la vida actual podría ganar dinero si invertía en líneas aéreas. Vemos cómo en la era moderna el avión ha conseguido lo que este hombre trató de lograr en su anterior encarnación en Egipto.

Todavía podemos seguirle la pista a otra ley más si estudiamos la evolución de las almas de vida en vida. Se trata de la Ley de la Compensación. Según esta ley, todos pasamos por experiencias con innumerables facetas hasta convertirnos en individuos equilibrados y completos. Según esta ley, podemos encarnarnos en seres de diferentes razas y religiones. Para llegar a ser equilibrados, posiblemente tendremos que experimentar cosas opuestas de vez en cuando. Esto es lo que aparentemente sucede con nuestra identidad sexual, por ejemplo. Durante las innumerables vidas que pasamos en la Tierra, la mayoría de nosotros nos hemos encarnado en cuerpos de los dos sexos con el fin de incorporar a nuestra identidad las mejores características de cada sexo. También nos es posible experimentar extremos opuestos tales como la mansedumbre y la valentía, el desarrollo intelectual y el desarrollo físico, un temperamento sociable y un temperamento introvertido, con el fin de pulir nuestro carácter.

Antes de pasar a ver cómo es posible encontrar en las lecturas de las vidas de Cayce el modelo correspondiente a cada una de estas leyes, vamos a resumirlas brevemente. De ese modo tendrás un breve análisis de las mismas que podrás consultar fácilmente.

La Ley de la Continuación: Los rasgos de la personalidad, las aptitudes, las aficiones y las habilidades suelen pasar de una vida a otra hasta que surge una situación en la que optamos por cambiar esos elementos.

La Ley de las Consecuencias: Experimentamos las consecuencias de aquello que elegimos. Las elecciones constructivas tienen consecuencias positivas y las elecciones destructivas tienen consecuencias negativas que nos enseñan a no volver a cometer ese error.

La Ley de la Compensación: Con el fin de equilibrar los rasgos de la personalidad, experimentamos extremos opuestos tales como la masculinidad y la feminidad, en las diferentes vidas.

Ahora vamos a fijarnos en unos cuantos casos reales. En cada uno de estos ejemplos, se describe la experiencia del individuo a lo largo de sus vidas pasadas junto con sus circunstancias actuales. Te corresponde a ti determinar qué ley está operando. Las respuestas figuran inmediatamente después del último caso, el número 7.

No pienses que esto es un test; se trata simplemente de un instrumento de trabajo que te ayudará a comprender las citadas leyes. No es necesario que escribas las respuestas ni que cuentes el número de respuestas correctas. Lo importante es que estudies cada caso cuidadosamente, que tomes nota de las leyes que no has sabido identificar y que llegues a comprender cómo funcionan realmente esos principios.

Caso 1: El protagonista es un italiano que vivía en América. Este individuo supo a través de una lectura de Cayce que había sido un antiguo explorador italiano de los tiempos de Colón, que llegó a las Américas para participar en diversas asociaciones. Ahora estaba nuevamente en América, aparentemente volvía a participar en asociaciones con fines comerciales. ¿Cuál es la ley que a tu modo de ver prevalece en esta historia?

Caso 2: En el caso de una mujer a la que se le dijo que había pertenecido a la tribu de los *mound builders** de Norteamérica en una encarnación anterior y que durante esa vida había contribuido al bienestar general fundamentalmente ayudando a la gente a construirse sus casas particulares. En su vida moderna, su hogar —preferentemente en un marco natural o rural, opuesto al urbano— tendría una gran importancia. ¿Qué ley te parece que está operando en este caso?

Caso 3: Esta es la historia de una joven que vivió en Inglaterra justo después de las Guerras Santas. Se recluyó en un convento de religiosas donde trabajó mucho con sus manos. En la vida actual sus manos eran muy hermosas y tenía la habilidad de crear cosas muy bonitas con ellas. ¿Qué ley estaría operando aquí?

Caso 4: Se trata de la historia de un hombre que fue verdugo durante la Revolución Francesa. Su lectura decía que inclu-

---

(*) Grupo de indios norteamericanos que en tiempos prehistóricos precolombinos construyeron los *burial mound* (túmulos).

so en esa vida se había odiado a sí mismo por tener que desempeñar ese papel. En su vida actual, odiaba las persecuciones de todo tipo e incluso se mostraba sensible ante la crítica destructiva. ¿Qué ley ves aquí?

Caso 5: El protagonista es nuevamente un hombre, esta vez se trata de un hombre que vivió después de la destrucción de la Atlántida. Fue un caudillo que condujo a un grupo de refugiados supervivientes hasta una nueva tierra y se estableció allí. Su único fallo fueron los excesos sexuales, que aparentemente dieron origen a muchas enemistades entre las personas que habitaron las tierras que él colonizó. En su vida actual era estéril. ¿Qué ley te parece que está operando en este caso?

Caso 6: Se trata de una mujer a la que le dijeron que en una vida pasada había sido una atleta griega. En la actualidad sentía una gran admiración, casi podríamos hablar de veneración, por la forma física ideal. ¿Qué ley opera aquí?

Caso 7: Finalmente, tenemos el caso de una mujer que a veces tenía la sensación de que se ahogaba y le costaba recobrar el aliento. Cuando preguntó en su lectura por la causa de tal sensación, se le dijo que en una vida pasada había reprimido sus emociones. ¿Qué ley puede verse en este caso?

Respuesta 1: Este parece ser un caso de continuación. Vemos cómo el hombre vuelve a ser de nacionalidad italiana y una vez más se ve atraído por las Américas. Casi lo vemos empezando exactamente donde acabó en su vida anterior.

Respuesta 2: Aquí también la explicación más clara parece ser la continuación. Aquello que la mujer valoraba tanto continúa teniendo un gran valor para ella. También podríamos pensar que la Ley de las Consecuencias tiene algo que ver con este caso, e imaginar que el hecho de que tenga un hogar tan agradable en esta vida se debe a lo que hizo por los demás en una experiencia anterior.

Respuesta 3: He aquí un caso en el que la Ley de las Consecuencias hizo que el alma experimentara los resultados de los trabajos por ella realizados en una vida anterior. Sus hermosas manos eran una representación simbólica de la forma como las había utilizado al servicio de su fe. Y su habilidad para crear con sus manos era consecuencia directa de los esfuerzos realizados en el pasado.

Respuesta 4: Se trata probablemente de un caso de compensación. Tras haber experimentado una situación extrema al actuar como verdugo, este hombre intenta encontrar el equilibrio evitando todo contacto con la persecución y la crítica.

Es un caso especialmente interesante porque no esperaríamos que fuera así el karma de un antiguo verdugo. Podemos considerar ese karma aparentemente suave desde diversas perspectivas. Por una parte, el hecho de que incluso cuando se encarnó en Francia se hubiera dado cuenta de que lo que hacía estaba mal, y que lo hubiera lamentado tanto, podría haber hecho innecesario el que este hombre tuviera que experimentar unas consecuencias más traumáticas. Por otra parte, podría haber aprendido la lección en otra vida anterior a la actual. La lectura a él destinada indica que posteriormente él fue víctima de la contrarrevolución, y por eso es posible que en esos tiempos ya hubiera experimentado directamente las consecuencias de sus acciones destructivas.

Respuesta 5: Aquí podría haber intervenido o la Ley de las Consecuencias o la Ley de la Compensación. En la lectura no se nos dice exactamente por qué sus excesos le originaron problemas entre los nativos. Si violó alguna de sus normas de moralidad o costumbres sociales, se podría pensar que su actual esterilidad es un castigo simbólico por sus malas acciones. Tal vez engendró muchos hijos y no se ocupó bien de ellos. En tal caso, podríamos pensar que su esterilidad actual tiene una finalidad compensatoria, un extremo se equilibra con el otro.

Respuesta 6: Aquí tenemos un caso sencillo y claro de continuación, en el cual las actitudes y características del pasado continúan formando parte del carácter individual.

Respuesta 7: Aquí opera la Ley de las Consecuencias, con un carácter simbólico.

En estos ejemplos se ve fácilmente cómo las cosas que nos gustan y las que no nos gustan en el momento actual, las aptitudes que tenemos y las que no tenemos, las relaciones que discurren suavemente y las que plantean muchas dificultades, pueden ser pistas que nos ayudarán a comprender nuestras vidas pasadas. También hemos visto cómo ahora, según funcionan estas leyes, estamos cosechando lo que hemos sembrado en otras vidas, que ahora estamos consiguiendo lo que entonces dimos, que ahora nos están haciendo a nosotros lo que en otras vidas hicimos a los demás y que en esta vida estamos encontrando en los demás las características que en otras vidas tuvimos nosotros.

Así pues, el karma puede traernos la dicha o puede causarnos problemas que disminuyen nuestra dicha. Es un sistema perfecto para que haya justicia, un sistema en el que cada uno de nosotros, segura e inevitablemente, afronta o experimenta en cierto modo lo que ha hecho a los demás, sea bueno o malo.

Al tratar de comprender esas leyes kármicas, hemos de plantearnos también ciertas preguntas: ¿Cómo podemos utilizar lo mejor posible aquello que tenemos en nuestro haber? ¿Qué podemos hacer en relación con nuestros fallos? ¿Cómo podemos evitar cometer los mismos errores una y otra vez? ¿A cuántas cosas habremos de enfrentarnos todavía?

Con mucha frecuencia has visto operar simultáneamente a más de una ley. Así, por ejemplo, las leyes de la eorodinámica vencen la ley de la gravedad, y los aviones despegan a diario de las pistas. La gravedad no queda anulada, pero queda neutralizada por otra ley. O quizá, de niño hayas llenado un cubo con agua y lo hayas hecho girar sin derramar una gota. En ese caso la fuerza centrífuga ha vencido la ley de la gravedad.

Del mismo modo, las lecturas de Cayce dicen que la ley de la gracia neutralizará el karma y que podemos elegir vivir según la ley de la gracia. ¿Qué es exactamente la ley de la gracia? Dicho de un modo muy sencillo, es una Regla de Oro: Haz a los demás lo que te gustaría que los demás te hicieran a ti. Si aplicamos esta Regla de Oro en nuestras relaciones con los demás, pasamos del karma a la gracia. Dicho de otro modo, vivimos de acuerdo con la ley de la gracia en la misma medida en que tratamos a los demás según esta Regla de Oro.

Sesión 4

Tú y Tu Entorno

Una de las formas de conocer tus vidas pasadas es mirar lo que hay a tu alrededor. Nuestro hogar, por ejemplo, refleja muchas cosas de nosotros que con frecuencia no percibimos. En nuestro hogar inconscientemente nos rodeamos de aquellas cosas con las que nos sentimos cómodos. Y no sólo nuestro hogar, también nuestros objetos personales, como la ropa y las joyas, revelan muchas cosas sobre nuestras vidas pasadas. El estilo de casa que nos gusta, el mobiliario y los accesorios que compramos —o que nos gustaría comprar algún día— e incluso los dibujos y diseños que nos agradan pueden darnos pistas en relación con las influencias provenientes de vidas pasadas.

Ejercicio A

Ahora vamos a utilizar una serie de imágenes para buscar indicios sobre tu pasado. En las páginas siguientes verás una serie de dibujos. Al ir mirándolos, has de darte cuenta de los sentimientos y pensamientos que te vienen a la mente. ¿Te gusta su estilo? ¿No te gusta? ¿Apenas te hacen reaccionar, o no despiertan en ti ninguna reacción? Si alguna de las imágenes te hace reaccionar con fuerza, has de expresar por escrito tus sentimientos lo mejor que sepas. Explica si tu reacción es positiva o negativa, e incluye cualquier comentario que te apetezca hacer en relación con las imágenes. Cuando hayas terminado de repasar los dibujos y pases al ejercicio B encontrarás allí cada uno de los elementos del ejercicio anterior. En este último ejercicio se señala la cultura y la época a la que pertenecen cada uno de los elementos del ejercicio A.

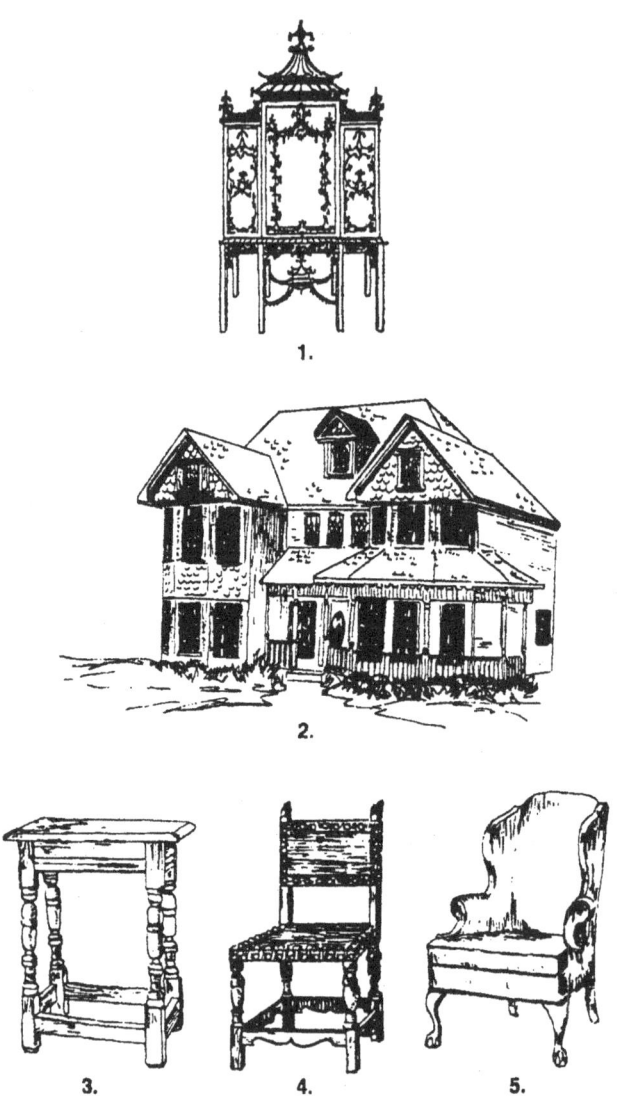

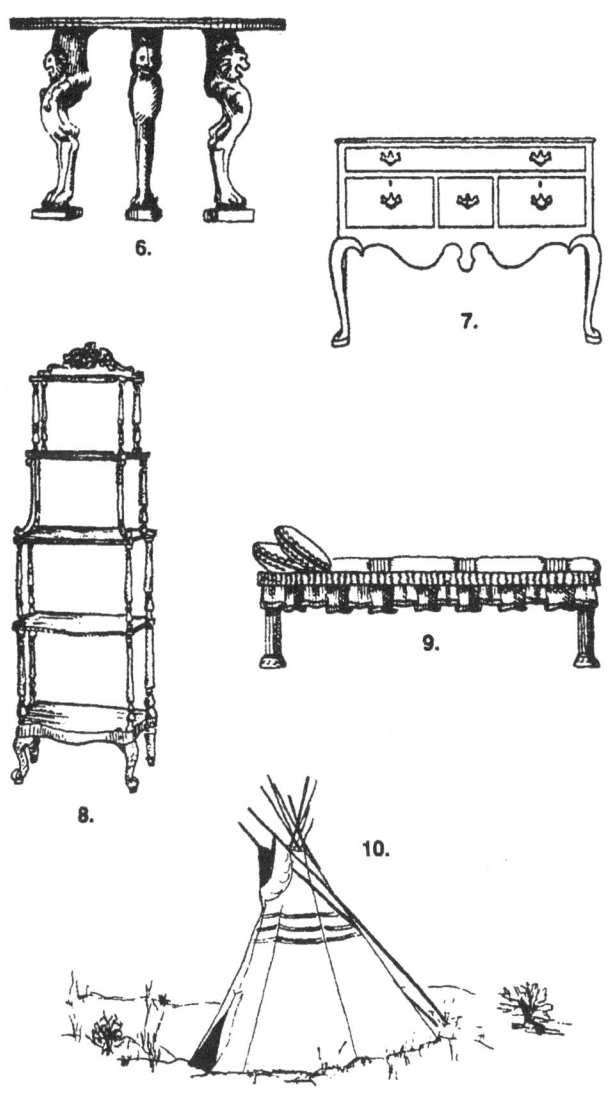

11.

12.

13.

14.

15.

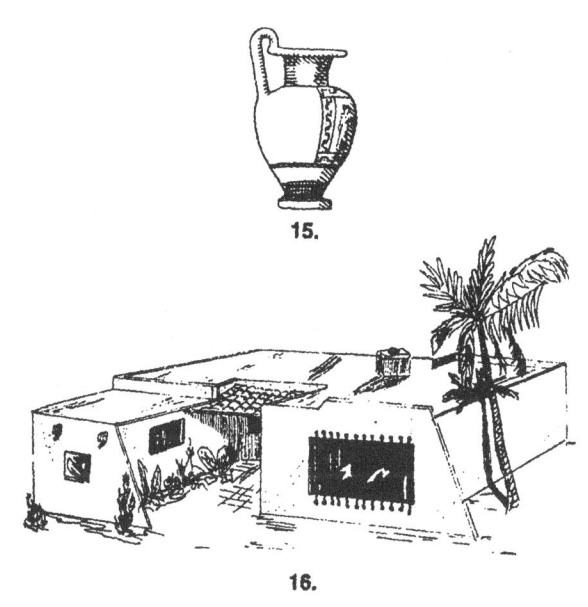

16.

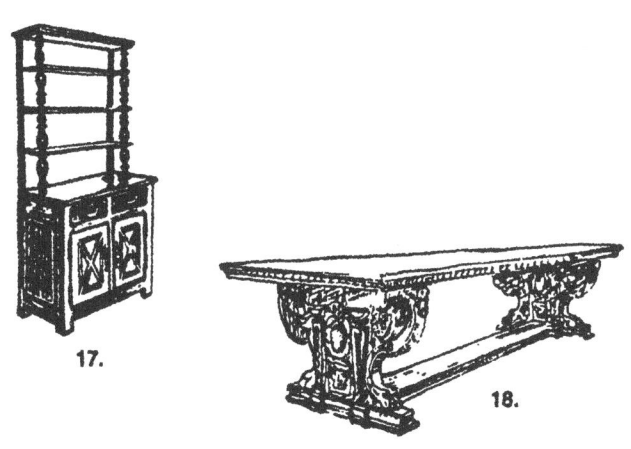

17.

18.

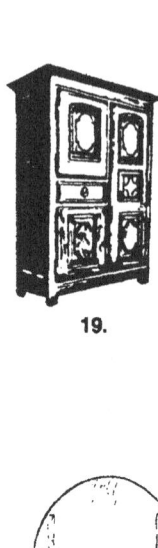
19.

20.

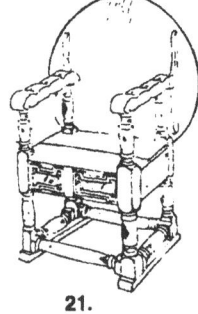
21.

22.

23.

24.

25.

26.

27.

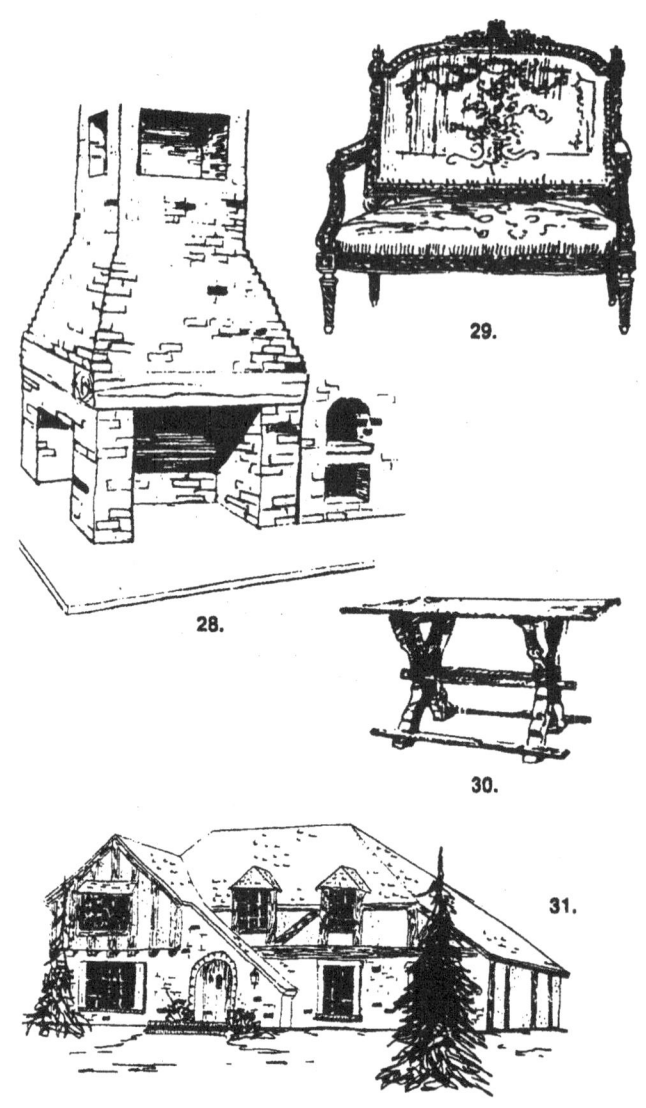

36.

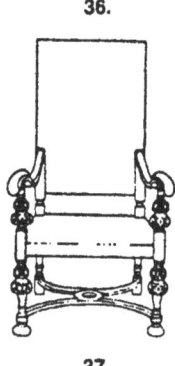

37.

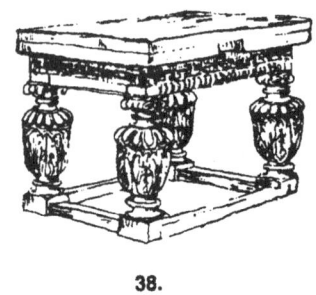

38.

39.

40.

41.

42. 43. 44.

45.

46.

47.

48.

53.

54.

55.

56.

57.

58.

59.

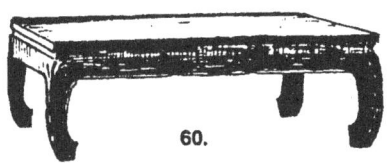
60.

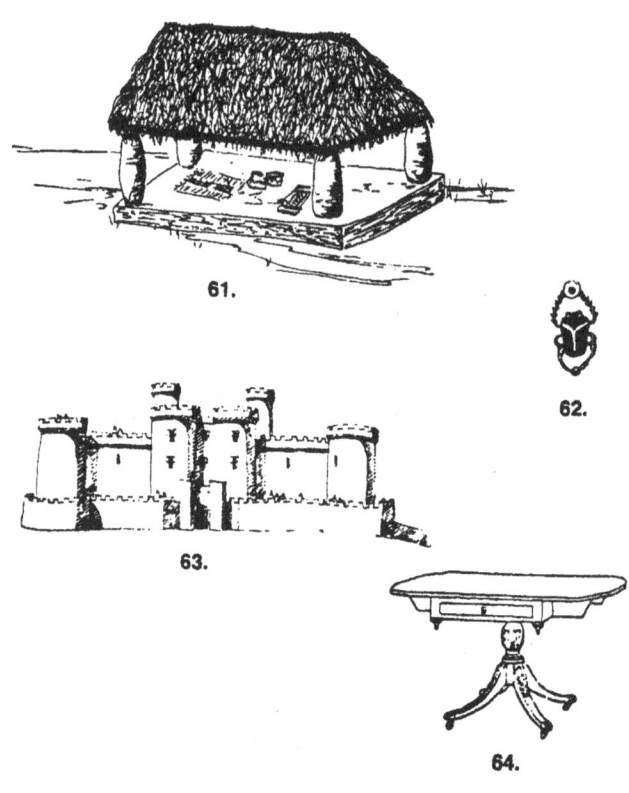

61.

62.

63.

64.

Las ilustraciones 1, 14, 23, 24, 27, 42 y 45 proceden de *The Book of Furniture and Decoration* (El Libro del Mobiliario y la Decoración), de Joseph Aronson. Copyright 1936, 1941, 1952, de Ediciones Crown, Inc. Utilizado con la autorización de Ediciones Crown, Inc.

Las ilustraciones 3, 4, 5, 6, 7, 8, 9, 11, 13, 15, 17, 18, 19, 21, 22, 26, 28, 29, 30, 32, 33, 34, 37, 38, 40, 43, 44, 47, 48, 49, 51, 52, 54, 55, 56, 57, 60, 62, 64 proceden del *American School of Interior Design* (Escuela Americana de Diseño de Interiores), 423 Cardinal Drive, Little Falls, New Jersey 07424.

Las ilustraciones 2, 10, 12, 16, 20, 25, 31, 35, 36, 41, 46, 50, 53, 58, 59, 61, 63 han sido realizadas por Karen L. Fili.

Clave para la identificación de las ilustraciones

Tú y Tu Entorno

1. Ropero chippendale, influencia china (1718-1779)
2. Casa estilo reina Ana (1702-1714)
3. Mesa de roble estilo jacobino (1603-1688)
4. Silla holandesa tachonada
5. Silla tapizada estilo reina Ana (1702-1714)
6. Mesa romana (1000 A.C.-500 D.C.)
7. Cómoda estilo reina Ana (1702-1714)
8. Estantería victoriana americana para poner curiosidades (1840-1880)
9. Cama griega (1100-350 A.C.)
10. Tienda de indio americano
11. Halcón alado egipcio (4500-1090 A.C.)
12. Diseño arquitectónico español
13. Mesa estilo renacimiento italiano (1300-1600)
14. Silla griega (1100-350 A.C.)
15. Cántaro griego (1100-350 A.C.)
16. Diseño arquitectónico azteca
17. Aparador estilo Luis XIII (aprox. 1624-1642)
18. Mesa estilo renacimiento italiano (1300-1600)
19. Armario estilo renacimiento italiano (1300-1600)
20. Poblado de los indios Taos
21. Asiento de "monje" o silla de comedor de roble de estilo jacobino (1603-1688)
22. Escritorio estilo hepplewhite (1786)
23. Cómoda estilo provenzal francés (1723-1774)
24. Taburete jacobino (1603-1688)
25. Diseño arquitectónico de la época victoriana
26. Taburete plegable griego (1100-350 A.C.)
27. Mesa romana (1000 A.C.-500 D.C.)
28. Chimeneas y hornos coloniales (1608-1720)
29. Sofá estilo Luis XVI (1774-1793)
30. Mesa sobre caballete antiguo estilo colonial (1608-1720)
31. Mansión inglesa Tudor
32. Escritorio en forma de riñón estilo sheraton (1751-1806)
33. Sofá y taburete victorianos (1840-1880)
34. Silla estilo chippendale (1718-1779)
35. Vivienda polinesia sostenida por pilotes
36. Cabaña de troncos de la América primitiva
37. Butaca estilo Guillermo y María (1689-1702)
38. Mesa isabelina (1558-1603)
39. Aparador estilo provenzal francés (1723-1774)
40. Talla en forma de concha utilizada para adorno del mobiliario en la época de la reina Ana (1702-1714)
41. Chalet de montaña suizo
42. Silla estilo hepplewhite (1786)
43. Mesa de té estilo chippendale (1718-1779)
44. Silla egipcia (4500-1090 A.C.)
45. Silla española
46. Casa estilo provenzal francés (1723-1774)
47. Antiguo aparador colonial (1608-1720)
48. Sofá tapizado estilo reina Ana (1702-1714)
49. Silla estilo reina Ana (1702-1714)
50. Casa estilo poblado indio
51. Cama decorada con un diseño chino
52. Mesa del siglo XVIII estilo rústico de Irlanda, Inglaterra o Escocia.
53. Arquitectura colonial americana del siglo XVIII
54. Cómoda alta estilo reina Ana (1702-1714)
55. Mesa plegable jacobina (1603-1688)
56. Sofá estilo neoclásico Luis XVI (1774-1793)
57. Mesa estilo Guillermo y María (1689-1702)
58. Casa de las antiguas plantaciones americanas (1734 y posteriormente)
59. Diseño arquitectónico colonial
60. Mesa baja china
61. Casa maya
62. Escarabajo egipcio (4500-1090 A.C.)
63. Castillo de los siglos XIII y XIV
64. Velador de alas abatibles estilo imperio americano (1795-1830)

Ejercicio B

El entremezclar imágenes procedentes de diversos lugares y correspondientes a diversas épocas, tal como se ha hecho en el ejercicio anterior, tiene por objeto conseguir que te fijes en cada uno de los objetos. Pero ello dificulta en cierto modo la detección por tu parte de modelos de respuesta recurrentes. Estos modelos de respuesta, parecidos o reiterativos, ante una serie de objetos procedentes de la misma región o correspondientes a la misma época histórica pueden constituir una pista valiosa para formular teorías sobre vidas pasadas.

Para realizar este ejercicio, has de volver a los dibujos que acabas de examinar. Esta vez, observa los diferentes conjuntos de imágenes procedentes de un mismo marco histórico para ver si experimentas una reacción general ante ese grupo de objetos. Para ayudarte a ello, los objetos han sido identificados y clasificados teniendo en cuenta la cultura y época a la que pertenecen. Los objetos identificados no figuran en el mismo orden en que aparecían las ilustraciones del ejercicio anterior; han sido agrupados teniendo en cuenta la zona y la época a la que pertenece cada artículo. Cuando hayas terminado de examinar cada serie de objetos, contesta las siguientes preguntas:

A. Estos objetos proceden de diversas civilizaciones antiguas:
La civilización egipcia (c. 4500-1090 A.C.):
11—halcón alado
44—silla
62—escarabajo
La civilización griega (c. 1100-350 A.C.):
9—cama
14—silla
15—cántaro
26—taburete plegable
La civilización romana (c. 1000 A.C.-500 D.C.):
6—mesa
27—mesa

B. Los siguientes artículos pertenecen a culturas no europeas.
China:
51—cama decorada con un diseño chino

    60—mesa baja
      (El artículo 1, aunque de fabricación inglesa, presenta influencias chinas y quizá debería incluirse aquí también.)
  Polinesia: 35—vivienda sostenida por pilotes
  Amerindia:
    Maya: 61—casa
    Azteca: 16—diseño arquitectónico
    Tipo poblado   20—casa de los indios Taos
                    50—casa
    Llanuras norteamericanas: 10—tienda

C. Estos artículos proceden de la Europa continental. Civilización europea, muchos lugares (c. siglos XIII y XIV):
    63—castillo
  Renacimiento italiano (1300-1600):
    13—mesa
    18—mesa
    19—armario
  Holandesa: 4—silla con tachones ornamentales
  Suiza: 41—chalet de montaña
  Española:
    12—diseño arquitectónico
    45—silla
  Francesa:
    Luis XIII (c. 1624-42): 17—aparador
    Provenzal francés (1723-74): 23—cómoda
                                 39—aparador
                                 46—casa
    Luis XVI (1774-93): 29—sofá
                       56—sofá (neoclásico)

D. Estos artículos proceden de las Islas Británicas.
    Tudor (h. siglo XIV): 31—mansión
    Isabelino (1558-1603): 38—mesa
    Jacobino (1603-88): 3—mesa de roble
                        21—"asiento de monje" o silla de comedor
                        24—taburete

        55—mesa plegable
irlandesa, inglesa o escocesa (siglo XVIII):
        52—mesa de estilo rústico

E. Los siguientes estilos de mobiliario proceden de Inglaterra. Sin embargo, también influyeron en la evolución del mobiliario en el continente europeo y en Norteamérica, y por tanto también pueden arrojar luz sobre pasadas influencias en esos escenarios. Las fechas muestran las épocas en que cada estilo gozó de mayor popularidad en Inglaterra.
   Guillermo y María (1689-1702): 37—butaca
                                      57—mesa

   Reina Ana (1702-14): 2—casa
                          5—silla tapizada
                        7—cómoda
                        40—talla en forma de concha para adorno del mobiliario
                        48—sofá tapizado
                        49—silla
                        54—cómoda alta
   Chippendale (1750-79): 1—ropero, de influencia china
                                34—silla
                                43—mesa de té
   Hepplewhite (1760-95): 22—escritorio
                              42—silla
   Sheraton (1790-1810): 32—escritorio en forma de riñón
   Victoriano (1840-80): 25—diseño arquitectónico
                                33—sofá y taburete

F. Nuestro último grupo de artículos procede de las colonias inglesas de Norteamérica y, por tanto, de los Estados Unidos.
   Período colonial (c. siglo XVII y comienzos del siglo XVIII):
      28—chimenea y hornos
      30—mesa sobre caballete
      47—aparador
      53—diseño arquitectónico
      59—diseño arquitectónico
   Americano primitivo (c. siglos XVIII y XIX):

36—cabaña de troncos
58—casa de una plantación
Imperio americano (1795-1830): 64—velador de alas abatibles
Victoriano americano (1840-80): 8—estantería para curiosidades

Piensa en tus reacciones ante cada grupo de artículos del Ejercicio A, y contesta las preguntas que figuran a continuación. Indica cualquier modelo de reacción que consideres lo bastante intenso como para resultar significativo. Tal vez desees dedicar más de un período de tiempo a algunas de estas preguntas y, en cambio, prefieras saltarte otras al no haber experimentado ninguna reacción digna de ser tenida en cuenta ante los objetos implicados. Cada una de estas dos opciones es perfecta.

1. ¿Has experimentado reacciones positivas, iguales o semejantes, ante objetos procedentes de alguna de las civilizaciones antiguas?

2. ¿Has experimentado algún modelo de reacción negativa ante objetos procedentes de estas civilizaciones antiguas?

3. ¿Ha despertado alguna de las culturas no europeas una fuerte reacción positiva en ti?

4. ¿Ha despertado alguna de dichas culturas una intensa reacción negativa en ti?

5. ¿Has experimentado algún tipo de reacción, positiva o negativa, ante los objetos del continente europeo en general? Indica las regiones cuyos objetos provocan estas reacciones y determina si tu reacción es positiva o negativa.

6. ¿Has experimentado algún modelo de respuesta ante los objetos procedentes del Renacimiento italiano? ¿Es éste favorable o desfavorable?

7. ¿Has experimentado alguna reacción ante los artículos procedentes de Francia, en general? ¿Es ésta positiva o negativa?

8. ¿Experimentas algún modelo de respuesta ante objetos de épocas francesas específicas? ¿Es este modelo favorable o desfavorable?

9. Cuando examinas los dibujos correspondientes a los grupos D y E que figuran más arriba, ¿experimentas una reacción ante los objetos ingleses, en general? ¿Cómo es esa reacción?

10. ¿Ha provocado en ti un modelo de respuesta alguno de los estilos británicos? ¿Ha sido positivo o negativo?

11. ¿Has experimentado alguna reacción al ver los objetos procedentes de las colonias y de los Estados Unidos? Piensa en el grupo E, que figura arriba, y en el grupo F. ¿Es tu reacción favorable o desfavorable?

12. ¿Has reaccionado de algún modo ante los artículos pertenecientes a alguno de los períodos americanos aquí expuestos? ¿Cómo ha sido esa reacción, positiva o negativa?

13. ¿Te gustaría añadir algún comentario en relación con este ejercicio?

Ejercicio C

Aunque los dibujos de estos ejercicios no son sino una pequeña muestra de los diversos estilos que hoy en día vemos a nuestro alrededor, probablemente algunas de las imágenes te habrán gustado realmente y otras no. ¿Hay algún dibujo que refleje tu sentido estético o que se parezca a algún objeto que tienes en tu hogar? ¿Has visto la casa de tus sueños, ese hogar que te gustaría tener?

Las preguntas que figuran a continuación te guiarán cuando busques en tu hogar y entre tus efectos personales, tratando de encontrar en tu medio ambiente alguna prueba de otras épocas o lugares. Observa cuidadosamente los ornamentos, dibujos y estilos presentes en tu hogar. Te sorprenderá la cantidad de detalles que anteriormente te habían pasado inadvertidos. ¿Reconoces ahora la presencia en tu hogar de vestigios de una encarnación determinada? Resulta divertido percibir aspectos de ti mismo que anteriormente no habías notado.

1. ¿Percibes en tu casa y en tu mobiliario alguna influencia intensa de otras épocas y lugares? ¿Qué artículos reflejan esas influencias y en qué parte de tu hogar están localizadas?

2. ¿Qué te parecen esos objetos?

3. Imagina durante un momento cómo sería la casa de tus sueños y su mobiliario. ¿Muestra esa casa alguna influencia dominante de determinado marco geográfico o histórico?

4. ¿Acaso tu gusto por lo que a ropa, joyas y otros efectos personales se refiere, indica la existencia de una posible conexión con cierta región concreta o período histórico determinado?

5. ¿Te has sentido alguna vez muy apegado a algún objeto material? ¿Asocias ese objeto con otra época o lugar?

6. Vamos a ver cómo lo que a ti te gusta o no te gusta de tu medio ambiente puede tener que ver con tu pasado: ¿Experimentas una reacción intensa, positiva o negativa, ante objetos presentes en los hogares de los demás que te recuerdan determinada época o región? ¿Acaso tus hábitos de lectura o tu costumbre de ver televisión o películas de cine revelan la existencia en ti de un interés especial por los artefactos de determinada cultura? Cuando visitas los museos culturales o históricos, ¿hay alguna sección especial dedicada a alguna época o lugar concretos que te resulte especialmente fascinante?

7. ¿Tras realizar este análisis de lo que a ti te gusta de tu medio ambiente y de tus efectos personales, te gustaría hacer algún comentario?

Antes de pasar a la siguiente sección de este curso, podría resultar útil examinar las observaciones que otras personas realizaron cuando hicieron estos ejercicios. Una mujer notó que reaccionaba positivamente ante todos los dibujos de muebles de la época de la reina Ana. Al mirar a su alrededor, descubrió que no sólo su propio hogar, sino también los hogares de otros familiares suyos reflejaban ese estilo. Fue a una biblioteca y leyó una serie de libros sobre esa época que le revelaron muchas cosas relacionadas con su teoría de que ella había vivido en Inglaterra en esa época.

Por ejemplo, siempre le habían gustado los muebles de nogal, ninguna otra madera le parecía bien. Y descubrió que en la época de la reina Ana se utilizó tanto la madera de nogal que pasó a llamarse la "Edad del Nogal" entre los entendidos en mobiliario.

A esta mujer le gustaban sobre todo las mesas pequeñas y le encantaba jugar a las cartas. Además, asociaba el beber té con el jugar a las cartas. Y descubrió que durante la época de la reina Ana había habido una gran afición a los juegos de cartas y se habían diseñado muchas mesas de juego, así como mesas para tomar el té al mismo tiempo.

Le encantaban los relojes altos y los espejos bonitos, pero su mueble favorito era el sillón de orejas tapizado, estilo reina Ana. Contó que todos los miembros de su familia, excepto ella, tenían un sillón de orejas y que ella siempre había sentido que le faltaba algo al no tener el citado sillón.

Una banalidad por ella descubierta tiene que ver con los hombres de aquellos tiempos. Las sillas carecían de brazos, lo cual permitía que la tela de las faldas de las señoras formara elegantes pliegues y también facilitaba la colocación de los largos faldones que usaban los señores. Los jóvenes acostumbraban entonces a dar la vuelta a estas sillas y se sentaban al revés, colocando los brazos sobre el respaldo. Esta señora comentó divertida que su querido abuelo siempre se sentaba en las sillas al revés y colocaba los brazos sobre el respaldo.

Un hombre se dio cuenta de que siempre reaccionaba muy negativamente ante cualquier cosa francesa relacionada con el período que va de Luis XIV a Luis XVI, pero que, en cambio, sentía una sensación sumamente reconfortante ante todo lo que era de estilo provenzal francés. Esto le desconcertaba, dado que ambos estilos son franceses y pertenecen al mismo período. A través de la lectura, descubrió que la grandiosidad y extravagancia de los monarcas de esos tiempos existió gracias a los elevados impuestos que tuvo que pagar el pueblo oprimido, y que esta opresión ayudó a sembrar la semilla de la Revolución Francesa. Pero que al mismo tiempo los hogares y mobiliario de las provincias de Francia reflejaban una vida mucho más hogareña.

Mientras pensaba en esto, el hombre cayó en la cuenta de que siempre había asociado la influencia de Luis XIV con los que son muy ricos, y que guardaba cierto resentimiento hacia aquellos que podían permitirse tales lujos. Dedujo que debía haber tomado parte en la Revolución Francesa, o que, por lo menos, había experimentado la opresión del pueblo y se había resentido por ello. También pensó que debía haber vivido en alguna de las provincias de Francia, donde había disfrutado de las comodidades ligadas a un hogar sencillo y modesto. Lo interesante es que este hombre dice que ahora se siente más capaz de superar ese resentimiento, pues comprende que se está agarrando a algo que ya no existe, que sólo está dentro de él.

Otra mujer notó que se sentía muy incómoda en una habitación de su casa. Tenía suelo de madera dura, una alfombrilla trenzada de forma ovalada y mobiliario de estilo americano antiguo, que había comprado sólo porque estaba rebajado. Aunque otras personas pensaban que el cuarto era bonito y confortable, ella siempre había querido cambiarlo. Le parecía que no era una habitación bonita, pensaba que no había estado inspirada al decorarla. Riendo pensó que existía la posibilidad de que se hubiera reencarnado en la antigua América y que hubiera vivido una vida triste o monótona entonces.

Se trata de un análisis subjetivo, y está claro que no se pueden extraer conclusiones sólidas del tipo de sofá que uno tiene en la sala de estar. Pero quizá podamos utilizar los sentimientos que despierta en nosotros nuestro medio ambiente material como uno de los hilos con los que tejemos la teoría de nuestras vidas pasadas.

En la siguiente sección, vamos a seleccionar otros hilos examinando la forma que tienes de reaccionar ante las diferentes zonas del mundo.

Sesión 5

Viaje Alrededor del Mundo

En una sesión anterior ya hemos dicho que las fuertes reacciones que experimentamos ante determinados lugares, culturas y épocas históricas nos indican algo sobre nuestro pasado. Posiblemente, ya te habrás dado cuenta de que ciertos países, culturas o épocas históricas despiertan en ti sentimientos muy fuertes. Tales reacciones pueden ser positivas o negativas, dependiendo de si tu pasada experiencia te dejó o no un buen sabor de boca, por así decirlo.

Ahora vas a tener la oportunidad de conocer más de cerca tales sentimientos, tanto aquellos de los que eres consciente como algunos en los que quizá no habías pensado tanto. Vamos a realizar un viaje imaginario alrededor del mundo, tomaremos nota de tus reacciones y de tus impresiones y opiniones sobre los diferentes lugares y las personas que allí habitan.

Tal vez estés pensando: "Pero yo no conozco lo bastante determinadas zonas del mundo como para poder formarme una opinión sobre ellas", o "Mi opinión va a estar excesivamente influenciada por los libros que he leído, los países que he visitado, las películas que he visto, y la historia que he estudiado". No te preocupes por esto. Recuerda que evocar vidas pasadas es fundamentalmente llegar a saber qué es lo que tú eres capaz de percibir, ver y recordar sobre una realidad pasada. Estas percepciones podrán llegar a encajar unas con otras en base a lo que tú hayas visto u oído en esta vida. Puede que estén desvirtuadas, o incluso que no sean exactas, desde un punto de vista objetivo. Pero la verdadera pregunta sigue siendo: "¿Por qué ha llegado hasta mí esta colección de impresiones sobre determinado país?

¿Por qué mis impresiones son distintas de las de otra persona?"
Al analizar tu forma individual de reaccionar ante un país determinado, empezarás a comprender las razones por las cuales tus impresiones son exclusivamente tuyas.

Por favor, lee cuidadosamente las instrucciones que has de seguir para realizar los tres primeros ejercicios. Habrás de reflexionar un poco para sacar el mejor partido de estos ejercicios. Te sugerimos que lo hagas sin prisa, que abarques solamente uno o dos países por sesión. Es muy importante que termines el Ejercicio A con todos los países que incluye antes de pasar a los Ejercicios B y C.

Ejercicio A

En este ejercicio has de incluir en una lista tantas impresiones como te vengan a la mente en relación con cada uno de los países o regiones que figuran a continuación. Lo único que has de hacer es relacionar unas cosas con otras y anotar *todo* lo que se te ocurra cuando pienses en esa parte del mundo. Probablemente descubrirás que tienes más que escribir sobre determinadas partes del mundo que sobre otras. Lo cierto es que sobre algunas zonas podrás anotar muy pocas cosas. Eso está muy bien. Tal vez trates de imaginar cada uno de esos lugares, o te apetezca verlos representados en una bola del mundo, o simplemente desees reflexionar sobre las imágenes que el nombre de un lugar en particular te trae a la mente. Es importante realizar este ejercicio en su totalidad antes de pasar al Ejercicio B.

Empieza por tomar nota de las impresiones que te vienen a la mente de forma espontánea. Luego, si te parece que necesitas más ideas, puedes consultar la lista que figura a continuación. Incluye una serie de palabras que te refrescarán la memoria. La lista tiene como fin ayudarte si no se te ocurre nada. Utiliza, con entera libertad, tantas ideas como te apetezca:

Suelo. Clima. Vida animal y vegetal. Habitantes —sus características raciales y físicas—, ropa y otros objetos de adorno personal, clases económicas y sociales, temperamento y comportamiento. Epocas históricas. Regiones y países. Ciudades. Trabajo y productos. Arte. Arquitectura, mobiliario y decoración. Música. Religión. Vida social, actividades realizadas en el tiempo libre y deportes y juegos. Comida.

Toma nota de todas las ideas o impresiones que te vengan a la mente en relación con cada una de las regiones que figuran a continuación. Se trata de las ideas que utilizarías para completar la siguiente aseveración:

"Cuando pienso en (nombre de la zona), pienso en _____."

1. Oriente Medio
2. Egipto
3. Norteamérica
4. Asia Menor
5. Africa
6. Australia
7. Latinoamérica
8. India
9. Grecia
10. Italia
11. Islas tropicales
12. Europa
13. Islas Británicas
14. Japón
15. China
16. Rusia

Ejercicio B

Ahora que ya has terminado de anotar todas las impresiones que provocan en ti diversas zonas del mundo, vamos a juntarlas con el fin de reflejar la idea global que tú tienes sobre cada uno de estos lugares. Has de contestar las preguntas que figuran más abajo, aplicándolas a cada una de las dieciséis regiones incluidas en el Ejercicio A. Las respuestas han de estar basadas en las listas de impresiones que has confeccionado en la sección anterior. En primer lugar, debes relacionar las preguntas con la región que figura al principio de la lista, es decir, con Oriente Medio, luego has de relacionarlas con Egipto, la segunda región incluida en la citada lista, etc. Debes realizar este ejercicio en su integridad antes de pasar al Ejercicio C.

1. Repasa tu lista de impresiones sobre esta zona. Has de reflejar por escrito si tu impresión es positiva (agradable, bonita

etc.), negativa (desagradable, fea, etc.) o neutra. La forma más sencilla de tomar nota de estas reacciones es poniendo +/-/0.

2. a) ¿Cuántas impresiones has calificado de positivas?
   b) ¿Cuántas impresiones has calificado de negativas?
   c) ¿Cuántas has calificado de neutras?
   d) ¿Cuál es el total de respuestas correspondiente a las tres primeras partes de esta pregunta? Este número ha de ser igual a la suma total de las impresiones que anotaste en relación con esta región cuando hiciste el Ejercicio A.

3. Descubre cuál es tu Cociente de Reacciones Positivas (CRP). Para ello has de dividir la respuesta que has dado a la parte a) de la pregunta 2 entre la respuesta que has dado a la parte d) de esa pregunta; es decir, CRP = a:d. Por ejemplo, si tus reacciones positivas en relación con esa región fueron tres y la suma total de tus impresiones sobre la misma región fue doce, tu CRP sería 3:12 = 3/12, o el 25%.

4. Descubre cuál es tu Cociente de Reacciones Negativas (CRN). Para ello has de dividir la respuesta que has dado a la parte b) de la pregunta 2 entre la respuesta que has dado a la parte d); es decir, CRN = b:d.

5. Vuelve a repasar tu lista de impresiones sobre esta región. A continuación, has de describir a las gentes que viven en esa zona (apariencia externa, ropa, clases, temperamento, etc.) basándote en esa lista.

6. Vuelve a examinar tu lista. Esta vez vas a usarla para describir el medio ambiente de la zona (suelo, clima, vegetación, etc.).

7. ¿Qué estilo de vida sugiere tu lista de impresiones (ocupaciones, actividades para el tiempo de ocio, vida social, arte, religión, etc.)?

8. ¿Acaso tus impresiones parecen estar centradas en puntos, ciudades o secciones específicas de esta zona? Si así fuere, toma nota de ello.

9. ¿A qué época pueden aplicarse la mayor parte de las impresiones que figuran en tu lista? Si fuera preciso, puedes expresarlo así: "antigüedad", "hace 100 años", "en el 1500", etc. Toma nota de cualquier alusión histórica que hayas hecho.

Ejercicio C

Este ejercicio tiene como objetivo resumir las observaciones e impresiones que has reflejado por escrito en los Ejercicios A y B, para una fácil utilización y lectura de las mismas. Para completar esta imagen, debes consultar directamente las respuestas del Ejercicio B. Cuando hayas contestado las preguntas sobre cada región que figuran más abajo, tendrás una especie de informe general sobre tus "recuerdos" de varios lugares del mundo.

Conforme vayas trabajando sobre esta imagen, empezarás a ver como ciertas zonas destacan positivamente y, en cambio, otras no resultan nada atractivas. Lo probable es que estos dos grupos jueguen el papel más importante en tus teorías sobre tus vidas pasadas. Las zonas que continúan siendo neutrales son probablemente lugares en los que no te has reencarnado, o bien regiones que actualmente no están muy influenciadas por tus vidas pasadas.

Posiblemente sacarás mayor provecho de este ejercicio si organizas tus respuestas en un gráfico con la lista de las regiones en la parte superior y una versión abreviada de cada pregunta a la izquierda, tal como figura a continuación:

	Oriente Medio	Egipto	Norteamérica	Etc.
1. CRP				
2. CRN				
3. ¿Atraído por personas?				
4. ¿Igual a personas?				
5. Etc.				
6.				

He aquí las preguntas en forma no abreviada:
1. ¿Cuál es tu Cociente de Reacciones Positivas?
2. ¿Cuál es tu Cociente de Reacciones Negativas?
3. ¿Te sientes atraído por personas como las que has descrito en la respuesta 5 (del Ejercicio B)?

4. ¿Te gustaría ser igual a las personas descritas por ti?

5. Expresa tu opinión sobre el medio ambiente descrito por ti en la respuesta 6.

6. ¿Encuentras atractivo o no el estilo de vida que describes en la respuesta 7?

7. Toma nota de aquellos aspectos del estilo de vida descrito por ti que te resultan más y menos atractivos, según el caso.

8. ¿Hay algunos lugares o regiones que te hayan impresionado especialmente (consulta las respuestas dadas por ti a la pregunta 8)? ¿Cuáles son esas regiones destacadas?

9. ¿Te has centrado en alguna época en particular (consulta la respuesta 9)? ¿En cuáles?

10. ¿Has viajado alguna vez a esa región? ¿Te gustaría hacerlo?

11. ¿Acaso los libros y películas que seleccionas, y las visitas a museos que realizas reflejan el interés que sientes por esa región?

12. ¿Se deja ver en tu ropa, hogar, mobiliario, etc., alguna influencia de esa parte del mundo?

13. ¿Crees que es posible que hayas vivido en ese lugar?

14. Si lo crees, señala dos características de tu persona que podrían provenir de esa vida.

La información que acabas de reunir en el Ejercicio C te da una visión general que te servirá como fuente de ideas sobre tus vidas pasadas. Es posible que hayas tenido que invertir mucho tiempo en la realización de este viaje alrededor del mundo. Pero cuando empieces a recoger pistas sobre tus vidas pasadas, posiblemente te asombrarás al ver cuántas cosas eres capaz de aprender sobre ti mismo mediante esta serie de ejercicios.

Por supuesto, habrá cosas que en seguida se harán notar. Te darás cuenta de cuáles son las partes del mundo que asocias con cosas agradables y cuáles las que no tienen para ti ningún atractivo. Una simple revisión de tus Cocientes de Reacciones Positivas y Negativas te lo indicará. Ahora bien, llegarás a comprender mejor tus reacciones cuando analices la opinión que tienes sobre los habitantes, el medio ambiente y la historia de cada país.

Por ejemplo, vamos a comparar cómo reaccionaron dos mujeres ante un mismo país, Inglaterra. Una tenía un alto Cociente de Reacciones Positivas; la otra tenía un alto Cociente de Reacciones Negativas. Ahora bien, la de las reacciones favorables había puesto el énfasis en el campo, las mansiones y los jardines, mientras que la de las reacciones negativas se había centrado en los castillos y en el clima frío y húmedo. Podríamos pensar que la primera mujer tuvo una vida agradable que discurrió entre la alta burguesía rural inglesa, mientras que la segunda abrigaba tristes recuerdos sobre una experiencia en un castillo.

Al realizar estos ejercicios, posiblemente te habrán sorprendido las fuertes impresiones que han producido en ti regiones en las que jamás habías pensado anteriormente, zonas de las que creías no saber nada. Así, por ejemplo, una persona se quedó asombrada al darse cuenta de que había pensado en volcanes, calor, fruta, piraguas, cuencos de madera, una vida tranquila y relajada, agua azul, oleaje cálido, baile, inocencia, y lo había relacionado con las islas de la zona tropical; había experimentado unas impresiones muy fuertes, efectivamente. No obstante, si alguien le hubiera preguntado acerca de esa parte del mundo, habría respondido que no sabía nada de ese lugar.

Posiblemente, te habrás dado cuenta de que tus impresiones sobre ciertas zonas del mundo se basan en determinadas ciudades o regiones y, en cambio, apenas te has fijado en regiones muy extensas. Para una persona, Latinoamérica se redujo a Perú, tal como indica su lista de respuestas; y las impresiones experimentadas por otra persona tuvieron que ver, en su mayoría, con la cultura maya.

Mientras describías a los habitantes de determinados países, ¿percibiste costumbres y rasgos de la personalidad que tienes tú también? Un hombre que describió la profunda espiritualidad del pueblo indio se dio cuenta de la existencia de una similitud entre su interés por el alma y la búsqueda espiritual que él mismo había emprendido en esta vida.

Incluso los lugares comunes presentes en tus respuestas pueden sacar a relucir la verdad. Una persona se fijó en que el carácter ahorrativo de los escoceses tenía mucho que ver con su propia frugalidad. ¿Podía considerar dicho individuo que este rasgo provenía de Escocia? Tal vez, si sus otras impresiones sobre Escocia daban también en el clavo.

Puede que hayas notado ciertas repeticiones al comparar y contrastar tus reacciones ante cada una de las diferentes regiones del mundo. Por ejemplo, el hecho de que normalmente te gusten los ambientes que describes como calientes y secos, y no te agraden aquellos que describes como húmedos y brumosos, puede estar relacionado con dos tipos de vidas, una en un clima desértico y otra en un clima húmedo. El hecho de que en la mayoría de las regiones del mundo la gente que has descrito pertenezca siempre a las clases más bajas vendrá a indicar algo muy distinto de lo que significan las descripciones reiteradas de gente rica. Será una pista diferente.

Las actitudes que se traslucen en tales descripciones son igualmente importantes. Si una persona se muestra resentida ante los ricos y manifiesta desagrado, ello podría deberse a que fue pisoteado en el pasado. Quien los describe en unos términos que denotan admiración podría haber sido rico o haber apreciado a los ricos en una encarnación anterior.

Así pues, al analizarlo globalmente, posiblemente verás elementos que encajan unos con otros como las piezas de un rompecabezas. Al principio, cuando extiendes las piezas del rompecabezas sobre la mesa, no ves más que unos trocitos de cartón de formas extrañas y colores variados. Luego empiezas a juntar las piezas casando colores y encajando formas. Por ejemplo, juntas los verdes y pronto te das cuenta de que las piezas van formando la imagen de un árbol. A partir de ese momento, resulta más sencillo reconocer los otros pedacitos del árbol y encajarlos.

Lo mismo sucede con la visión de conjunto que has obtenido. Primero te das cuenta de que las impresiones se parecen unas a otras, o que se relacionan unas con otras de algún modo, y a partir de ahí puedes saber cosas sobre tus recuerdos de cierto país o de sus habitantes. Posiblemente te darás cuenta de que te atraen determinados períodos históricos o determinadas clases sociales, mientras que otros te dejan frío. Puede que reconozcas rasgos de personalidad, intereses y aversiones que hoy en día son parte de ti. Estas ideas llegarán a ser la semilla de tus teorías sobre tus vidas pasadas.

Al llegar a este punto, tanto si tus teorías son muy vagas como si están muy bien desarrolladas, puedes continuar completando tu rompecabezas al tiempo que seguimos reuniendo pistas. Y del mismo modo que a menudo consigues encajar simultáneamente varias piezas de un rompecabezas, descubrirás que tu visión de conjunto te sugiere más de una teoría sobre tus vidas pasadas.

Ejercicio D

Como broche final de esta sesión, has de contestar las preguntas que figuran a continuación. No es un ejercicio largo y puedes contestar brevemente. Pero antes dedica un tiempo a analizar cuidadosamente las respuestas dadas por ti a las preguntas de los ejercicios anteriores.

1. Vuelve a revisar la visión de conjunto resultante del Ejercicio C, busca modelos o pautas similares o interrelacionados. Toma nota de todos los modelos o pautas que consigas descubrir.

2. ¿Te sugieren estos modelos o pautas alguna teoría sobre tus vidas pasadas? Intenta ser lo más explícito posible cuando expongas estas teorías, pero no te preocupes si todavía te faltan muchos detalles. Descubrirás más pistas en las siguientes sesiones. Al conseguir más información, querrás repasar este ejercicio para añadir más datos a tus teorías. Por favor, hazlo siempre que sientas esa necesidad.

3. ¿Te gustaría realizar alguna otra observación en relación con alguno de los ejercicios de esta sesión?

Sesión 6

Influencias Hereditarias y Medioambientales

Vamos a empezar a analizar el papel que juegan la herencia biológica y el medio ambiente en nuestras vidas. Para ello vamos a examinar la relación existente entre estas influencias y las que provienen de nuestras anteriores encarnaciones. Hasta este momento, nuestro trabajo se ha basado en la suposición de que nuestros intereses y características son modelados en gran medida por nuestras vidas anteriores. ¿Cómo entonces se explican los efectos de la herencia biológica y el medio ambiente?

La genética moderna ha puesto de manifiesto de una forma bastante concluyente que heredamos a través de nuestros genes no sólo nuestras características físicas, sino también muchos de nuestros rasgos psicológicos. Si eso es cierto, ¿cómo se puede afirmar que son las influencias de vidas pasadas, y no la genética, lo que hace que una persona sea gorda o delgada, un matemático y no un pintor, o lo que sea?

Y el mismo problema se nos plantea en relación con el medio ambiente. Sabemos que las experiencias de nuestra primera infancia, nuestro entorno familiar y prácticamente todo lo que sucede a nuestro alrededor influye en nuestra forma de pensar y en nuestro modo de reaccionar ante las circunstancias de esta vida. ¿Cómo podemos entonces atribuir ciertos rasgos de nuestro temperamento y de nuestra personalidad a experiencias acontecidas en vidas anteriores? ¿Acaso estamos negando que somos quienes somos, en gran medida, debido a nuestra herencia biológica y al medio ambiente en que vivimos?

Probablemente, la respuesta mejor es sí y no. Negamos que la herencia biológica y el medio ambiente sean los únicos agentes modeladores de nuestras vidas, negamos que sean unas fuerzas que nos conforman sin tener en cuenta lo que nosotros elegimos. Por otra parte, no estamos negando que la herencia biológica y el medio ambiente produzcan unos efectos muy reales en nuestras vidas. Pero en lugar de considerarlos como unos factores que determinan quiénes somos, quizá deberíamos pensar que la herencia biológica y el medio ambiente son las circunstancias por las que nos sentimos atraídos con el fin de enfrentarnos a los resultados de las elecciones que hemos realizado en el pasado. Dicho de otro modo, la herencia biológica y el medio ambiente interactúan con esa cosa que llamamos karma de tal forma que cada vida es la continuación de modelos o pautas, buenos o malos, que hemos establecido en vidas anteriores. Así podría funcionar.

En primer lugar, es importante que recordemos que en la teoría de la reencarnación la esencia de nuestro ser no es física. Es esa parte de nosotros que existía antes de que naciéramos en el cuerpo carnal que poseemos actualmente, y esa parte de nosotros que continúa viviendo después de que muere nuestro cuerpo. Imaginemos, para entenderlo mejor, que nuestra esencia no física es una sustancia maleable —un poco de arcilla, pongamos por caso—, y de ese modo nos será fácil comprender cómo las elecciones que realizamos van modelando aquello que hay dentro de nosotros. Cada vez que elegimos, damos forma a esa sustancia parecida a la arcilla, que llega a constituir una especie de expediente. Aquí el sujeto ha desarrollado una habilidad, allí ha engordado un problema, una experiencia feliz, una dolorosa... todas esas cosas dejan su huella en nuestro ser interno, dándole forma, y así surge nuestra identidad individual. Y cuando nuestra esencia no física se ve atraída hacia una forma física, arrastra hacia sí la herencia biológica y el medio ambiente que va bien con su identidad interna. Podemos pensar que nuestra herencia biológica y el medio ambiente en que vivimos son como un guante, hecho a la medida para que nuestra mano quepa perfectamente en él.

O bien pensemos lo siguiente: Vamos a suponer que esa esencia semejante a la arcilla es también magnética. Del mismo modo que la arcilla magnética atraería hacia sí limaduras de hierro, que la cubrirían y le proporcionarían una cobertura externa más dura, nuestra identidad interna se rodea de circunstancias físicas y medioambientales.

Es importante que recordemos que aquellos modelos o pautas que han adoptado una forma física concreta normalmente no se pueden cambiar de la noche a la mañana; la forma interna ha de cambiar antes de que sea posible construir un nuevo caparazón externo a su medida. Por ese motivo, los rasgos corporales pueden llegar a ser uno de los registros más duraderos de experiencias de vidas anteriores. Nuestra constitución física es uno de los elementos que más información nos proporcionan por lo que se refiere a determinadas pautas generadas en vidas pasadas. Por ello, es posible aprender a leer nuestro cuerpo en tanto en cuanto es un expediente que incluye lo que hemos creado y experimentado en el pasado.

Así, por ejemplo, vamos a analizar el caso de un hombre que nace con una parálisis parcial en el brazo derecho que le impide abrir esa mano del todo. Ello podría constituir una pauta o modelo creado en una vida pasada, una vida en la que ese sujeto habría sido un avaro, una persona muy agarrada, incapaz de ayudar, de echar una mano a los que vivieron con él. Así pues, ese sujeto actualmente no podría dar la mano a consecuencia del modelo generado por él mismo en una vida anterior. Por tanto, su experiencia actual le permite aprender hasta qué punto su pasado egocentrismo constituyó una limitación.

Otra persona se enteró a través de una lectura de Edgar Cayce de que sus constantes trastornos gastrointestinales eran consecuencia directa de una vida anterior en la que había sido glotón.

Por supuesto, no todas las pistas que nos proporciona nuestro cuerpo indican defectos o lecciones que hemos de aprender. Algunas no hacen sino dejar constancia de nuestro pasado, como las manos hábiles de quien ha sido un gran artista en el pasado, el agudo oído de quien fue un indio en una vida anterior y la agilidad física de quien en otra encarnación fue un magnífico atleta. Estas pistas resultan particularmente significativas cuando da la impresión de que la persona ha nacido con ellas, que son innatas, en lugar de ser producto del esfuerzo del individuo a lo largo de esta vida. Una mujer que acudió a Edgar Cayce para una lectura, se ganaba la vida como modelo mostrando sus maravillosas manos. La lectura dirigida a ella dijo que en una vida anterior había utilizado sus manos para ayudar a los demás.

Nuestros cuerpos pueden también almacenar recuerdos de traumas padecidos en vidas anteriores, de los que no nos hemos desprendido todavía. Las marcas de nacimiento podrían ser las huellas —cicatrices, por decirlo de algún modo— de heridas sufridas en anteriores encarnaciones. Así, por ejemplo, una mujer que tiene una mancha de nacimiento en la parte de atrás del cuello y padece una soriasis continuada en ese mismo lugar, puede pensar, por ello y por otras pistas que haya podido reunir, en una posible muerte en la guillotina durante la Revolución Francesa.

A veces las pistas contenidas en nuestro cuerpo indican que una situación pasada está siendo compensada. Pensemos, por ejemplo, en una mujer que ahora tiene problemas de obesidad. Esto, junto con algunas otras pistas sobre vidas anteriores, le sugiere que posiblemente haya tenido que luchar contra la pobreza y pasar hambre en una vida anterior.

Ya hemos visto como nuestros cuerpos pueden reflejar experiencias de vidas pasadas de muchas formas. Por tanto, es importante que nos demos cuenta de que una única pista contenida en el cuerpo no puede, por sí sola, instantáneamente sugerir una teoría sobre nuestras vidas pasadas. Ahora bien, sí puede constituir una pieza importante del rompecabezas.

Ejercicio A

Ha llegado el momento de que hagas un inventario de las pistas contenidas en tu propio cuerpo. Al contestar las preguntas que figuran más abajo, posiblemente se te ocurrirán algunas ideas sobre tus vidas pasadas. Toma nota de ellas, pues en la pregunta 18 puedes añadir alguna observación relacionada con este ejercicio si así lo deseas. Pero no importa nada, si no tienes ningún presentimiento, ninguna corazonada mientras realizas este ejercicio. Eso está muy bien también. Lo fundamental en estos momentos es que pienses tus preguntas y las contestes. Ello te dará varias pistas útiles en relación con tus pasadas encarnaciones. Más adelante tendrás tiempo de encajar las pistas de acuerdo con las directrices, con el fin de componer unas teorías globales sobre tus vidas pasadas.

Sección 1: Fuerzas Físicas

1. Analiza tu niñez y tu presente. ¿Posees, o has poseído,

ciertas características físicas que puedan ser consideradas como fuerzas físicas? Ejemplo de ello podrían ser unas manos fuertes y grandes que te permitan tocar el piano, o unos dedos hábiles que te permitan realizar trabajos de precisión, como la construcción de maquetas. Toma nota de todos los rasgos físicos de ese tipo que posees; luego señala cuáles son aparentemente innatos o se han desarrollado a una temprana edad, y cuáles, por el contrario, se han desarrollado gracias a tu trabajo y esfuerzo conscientes.

2. Nuevamente has de analizar tu niñez y tu presente. ¿Alguno de tus cinco sentidos es especialmente fino? Si es así, indica cuál de tus sentidos está especialmente desarrollado y explica de qué manera ha quedado demostrada su agudeza.

3. ¿Has estado especialmente dotado para algún deporte, tanto ahora como en el pasado? Indica aquellos deportes en los que sobresales o has sobresalido, así como las fuerzas físicas necesarias para ello. Por ejemplo, puedes incluir en tu lista actividades como el esquí de fondo, que requiere una gran resistencia y unas piernas fuertes. O, tal vez, de niño has sido el campeón de tenis de mesa del bloque, lo cual pondría de manifiesto que existe una gran coordinación entre tus manos y tu vista.

Sección 2: Debilidades Físicas

4. Indica los puntos flacos de tu cuerpo, las zonas que con frecuencia están enfermas o doloridas. Incluye también las dolencias crónicas (como los dolores de espalda o la sinusitis crónica) y también aquellas zonas que a menudo experimentan trastornos (por ejemplo, el estómago o el sistema respiratorio). Indica cuáles de esos trastornos te resultan especialmente molestos.

5. ¿Alguno de tus sentidos es poco fino o funciona mal? Indica cuál.

Sección 3: Marcas de Nacimiento y Otros Rasgos.

6. Señala las marcas de nacimiento que tienes e indica dónde están localizadas. Si sientes algo en relación con alguna de esas marcas, anótalo por favor.

7. ¿Tienes algún rasgo concreto que los demás con frecuencia comentan, o del que eres especialmente consciente? Por ejemplo, puede que los demás hablen a menudo de tus pies diminutos. O, quizá, siempre has sabido que tienes un cuello muy

largo. Toma nota de esas características y di también si lo consideras una ventaja o un problema.

Sección 4: Relación entre Tu Comportamiento y Tu Cuerpo.

8. Indica todos los hábitos que tengas referentes al cuidado y/o uso de tu cuerpo que se diferencien de los de la mayoría de las personas que conoces.

9. Indica cuáles son los hábitos que te esfuerzas conscientemente por conservar.

10. ¿Tienes algún hábito de tipo físico que ha suscitado protestas entre los demás? ¿Cuál es?

Sección 5: Tus Actitudes ante el Cuerpo

11. ¿Qué aptitud física desearías tener o has luchado por conseguir?

12. ¿Hay alguna lesión o debilidad física que temes tener que experimentar?

13. ¿Existen algunos tipos de cuerpos que normalmente te atraen o repelen? Explica cuáles son.

14. ¿Qué características físicas buscas y admiras en otras personas?

15. ¿Te has sentido de repente atraído por una persona? Describe las características físicas de esa persona que más te han llamado la atención.

16. ¿Alguna vez has sentido que no te gustaba una persona sin ninguna razón aparente para ello? ¿Cuáles son los rasgos físicos de esa persona que recuerdas?

17. ¿Qué debilidades o desventajas percibes más fácilmente en los demás? ¿Qué te parecen las personas que están en esas circunstancias?

Sección 6: Comentario General

18. ¿Se te ocurre alguna otra idea al realizar este ejercicio? Puedes incluir alguna teoría sobre tus vidas pasadas que te haya sugerido este inventario de tu cuerpo y lo que sientes al respecto, pero no te limites a hacer eso.

Al igual que nuestra herencia biológica puede reflejar influencias de vidas pasadas, las fuerzas medioambientales que parecen modelar nuestros intereses, habilidades y temperamento pueden ser consideradas como instrumentos que hacen entrar en acción en este mundo tridimensional a los modelos o pautas del alma. Los intereses, temores y aversiones que hemos experimentado a una edad muy temprana, e incluso nuestras habilidades y aficiones de entonces, pueden, en apariencia, provenir de las personas que nos han inspirado, de las experiencias didácticas que han estimulado nuestros deseos o habilidades, de los traumas que han despertado nuestros temores, etc. Pero a un nivel más profundo la pregunta que hemos de hacernos sigue siendo: ¿Acaso esas influencias medioambientales son de naturaleza accidental? O ¿nos han salido al paso con el fin de despertar ciertos modelos o pautas que el alma necesitaba experimentar? A lo largo de este curso vamos a trabajar con la hipótesis de que efectivamente hay una razón detrás de las circunstancias medioambientales concretas que rodean nuestro nacimiento y que, por tanto, podemos considerar nuestros intereses, temores y aptitudes como pistas de nuestras pasadas experiencias.

Algunas veces, nuestros gustos y aficiones infantiles indican cuáles han sido nuestras primeras inclinaciones. Muchas veces, esas actividades caen en el olvido cuando llegamos a la edad adulta. Pero hemos de preguntarnos: ¿Y si estos primeros intereses, aptitudes y aficiones fueran pistas de nuestras encarnaciones anteriores?

Una persona contó que cuando era niña le encantaba diseñar ciudades y proyectar la arquitectura de las mismas. Utilizaba papel y cartón para construir los escaparates de las tiendas y las fachadas de las casas, y planificaba el trazado de las calles. También le gustaba diseñar ropa para sus muñecas y recortarla. ¿Acaso esa niña estaba evocando conocimientos técnicos del pasado en el campo de la arquitectura o del diseño? Su inclinación a recortar sus creaciones en papel, en lugar de limitarse a dibujarlas, puede también considerarse muy significativa. Posiblemente, pone de manifiesto la necesidad que sentía de realizar algo concreto, o quizá un talento especial para trabajar con modelos tridimensionales.

Los familiares de un joven le recordaban de que siendo muy niño estaba obsesionado con dibujar aviones que caían a tierra. Dijeron que con mucha frecuencia escuchaba la "Obertura 1812" en el tocadiscos y que se ponía a llorar cuando los cañones disparaban. Los dibujos realizados en la infancia por esa persona y la fascinación que sentía por la "Obertura 1812" pueden deberse a los recuerdos que ese sujeto tenía entonces de una encarnación anterior en un ambiente castrense. Resulta curioso que ahora que es adulto no le interesen en absoluto las cuestiones de índole militar.

Otra persona dijo que era la única niña del bloque que jugaba a los piratas. Tenía el disfraz completo: el parche negro para el ojo, la espada y una camiseta con franjas horizontales. La mesa del jardín era su barco. En él podía navegar durante todo el día. Y, por supuesto, tenía que haber un tesoro oculto; así que ella enterraba algo y dibujaba unos mapas del tesoro muy detallados cuyos bordes quemaba para que parecieran pergaminos carbonizados. Es posible que determinados recuerdos de aventuras en el mar estuvieran influyendo en esta niña sin que ella se diera cuenta. O el citado juego ha podido ser un procedimiento para modelar su mente infantil en base a unos intereses profundamente arraigados. En este caso, el interés por los mapas ha prevalecido durante toda la vida, junto con un buen sentido de la orientación. Aunque hoy en día ello le sirve fundamentalmente para moverse en coche, puede muy bien considerar su destreza a la hora de confeccionar mapas y su sentido de la orientación como una pieza del rompecabezas de sus vidas pasadas.

Una mujer recordaba que nunca jugaba a las casitas, que siempre jugaba a dar sermones. Ponía a todas sus muñecas en fila y las sermoneaba durante horas. En este caso, la afición infantil se ha prolongado hasta la edad adulta. Hoy en día esta mujer es una experta conferenciante cuya habilidad para hablar sobre temas como la meditación, los sueños y el establecimiento de ideales espirituales ha tenido un gran impacto en miles de vidas. ¿Acaso desarrolló ese talento a lo largo de su vida actual o, tal vez, proviene de una vida pasada?

Ejercicio B

Es muy posible que al tiempo que vayas leyendo estos relatos sobre las aficiones e intereses infantiles de otras personas, empiecen a surgir recuerdos de tu propia infancia. Vamos a dejar que pienses durante unos minutos sobre esos recuerdos.

En este ejercicio vamos a ocuparnos de sucesos reales, en lugar de fantasías. Por tanto, lo que vas a experimentar aquí no es en realidad una ensoñación. Sin embargo, varias de las técnicas utilizadas para "soñar despierto" podrían resultar útiles también aquí. Es posible que desees revisar rápidamente la información sobre el ensueño que recibiste en la segunda sesión de este curso.

Es extremadamente importante que tu cuerpo y tu mente estén relajados. Antes de iniciar este viaje mental hacia atrás debes estar tranquilo. Tómate el tiempo necesario para ello. Sería muy bueno que realizaras los ejercicios de relajación presentados en el capítulo sobre el ensueño que acabamos de citar. Por lo menos, debes ponerte en una postura cómoda, cerrar los ojos, respirar con naturalidad, lenta y profundamente, y abandonar cualquier tensión.

Podría resultarte útil grabar en una cinta toda la información que figura a continuación para que te guíe a lo largo de esta experiencia, o bien pedirle a un/a amigo/a que te lea despacio la citada información. Sea cual fuere el método utilizado por ti, no debes interrumpir la corriente de recuerdos para anotar tus respuestas a las preguntas que aparecen en el texto. Con estas preguntas sólo se pretende que te fijes en algunos detalles de tu experiencia para que puedas recordarlos al finalizar este ejercicio. Dichas preguntas se te repetirán entonces.

Y ahora ha llegado el momento de que sigas la técnica de relajación que consideres más efectiva y posteriormente utilices tu memoria para revivir los aspectos de tu infancia descritos a continuación.

Déjate transportar hasta los primeros años de tu infancia. Visualiza con los ojos de la mente el suceso según va revelándose. Sumérgete en ese recuerdo, tanto como puedas, convirtiéndote en el/la niño/a que eras cuando sucedió ese incidente por primera vez.

¿Qué estás haciendo en ese recuerdo por ti escogido? ¿Con quién estás? ¿Cómo te sientes? Puedes retener ese recuerdo el tiempo que quieras, deja que esa experiencia vaya avanzando a su ritmo hasta su fin natural.

Ahora mira hacia atrás, evoca otros recuerdos de tu infancia. ¿Qué juegos te gustaban entonces? ¿Inventaste algún juego? ¿Qué hacías en los días lluviosos de verano? ¿Hubo algún juguete o pertenencia que valoraras especialmente?

¿Te gustaba dibujar? ¿Colorear? ¿O pintar con los dedos? En caso afirmativo, ¿qué cosas dibujabas?

¿Y tus cuentos favoritos? ¿Hubo algunos cuentos que quisiste esuchar una y otra vez? ¿Te gustaba leer cuentos y libros en solitario? ¿De qué tipo? ¿Hay alguno que destaque especialmente?

¿Qué pasaba con los amigos? Piensa en las amistades de tu infancia. ¿En qué se diferenciaban? ¿En qué se parecían? ¿Había alguna actividad concreta que te gustaba realizar con determinados amigos?

Sigue pensando en tu infancia durante unos minutos, mientras permanezcan tus recuerdos.

Cuando los recuerdos de tu primera infancia hayan llegado a su fin, has de retornar a tu presente y contestar las siguientes preguntas relacionadas con los mismos.

1. En la primera escena de tu infancia que reviviste en este ejercicio: ¿Qué hacías? ¿Cón quién estabas? ¿Te acuerdas de cómo te sentías?

2. En otros recuerdos de tu primera infancia, ¿qué juegos te gustaban más? ¿Alguno de estos juegos había sido inventado por ti?

3. ¿Qué cosas hacías en aquellos días de verano en que llovía?

4. ¿Valorabas de un modo especial alguno de tus juguetes o pertenencias?

5. ¿Te gustaba dibujar, colorear o pintar con los dedos? Si la respuesta es sí, ¿qué clase de cosas dibujabas con más frecuencia?

6. ¿Tenías tus cuentos preferidos? ¿Te gustaba escucharlos una y otra vez? ¿Te gustaba ponerte a leer cuentos y libros en solitario? ¿De qué tipo? ¿Cuáles sobre todo?

7. Piensa en los amigos íntimos de tu primera infancia. ¿En qué se parecían esos amigos? ¿En qué se diferenciaban? ¿Hubo alguna actividad que te hizo disfrutar de un modo especial cuando la llevaste a cabo con ellos?

8. Señala todas las circunstancias de tu primera infancia que consideres especialmente afortunadas.

9. Describe aquellas circunstancias de la primera etapa de tu vida que te parecen especialmente desafortunadas.

10. ¿Experimentaste en tu infancia algún anhelo o deseo particularmente intenso o continuado? ¿Cuáles?

11. ¿Cómo describirías en pocas palabras el temperamento y la personalidad que tenías de niño?

12. Toma nota de cualquier recuerdo adicional que te haya venido a la memoria o de cualquier comentario que te gustaría realizar.

Sesión 7

Analizando Tus Respuestas Emocionales

Reaccionamos de forma muy distinta a nivel emocional ante las circunstancias de este mundo. Por ello debemos hacernos estas preguntas: ¿Por qué las personas reaccionan de forma tan distinta ante la misma cosa? ¿Por qué, por ejemplo, a una persona le dan un pánico terrible las alturas, mientras que a otra le encanta practicar el *puenting*, y a otra le es totalmente indiferente ir en avión o estar en lugares elevados? ¿Por qué hay personas que aman a los perros y otras que los detestan o los temen? Una de las cosas más importantes que hemos de dar por hecho en este curso es que existe *cierta* causa detrás de esas diferencias, algo relacionado con las experiencias pasadas de la persona que hace que reaccione de esa forma y no de otra.

Por supuesto, es también posible que esas experiencias modeladoras de las reacciones hayan tenido lugar en la vida actual del individuo. Puede que la persona que ama a los perros haya pasado sus primeros años en un hogar feliz, donde la presencia de un perro querido por todos era un elemento importante de un ambiente familiar cálido y acogedor o que el que teme a los perros se haya visto atacado o amenazado por un animal de esa especie en su infancia. Sin duda, es posible encontrar explicaciones como las anteriores, que operan a lo largo de una única vida, para algunas de las respuestas emocionales del individuo.

Y sin embargo, aunque tales explicaciones pueden ser muy válidas en casos concretos, no son las únicas explicaciones que están a nuestro alcance, una vez que hemos aceptado la teoría de la reencarnación. Es muy probable que algunas de nuestras respuestas emocionales no tengan su origen en experiencias de esta vida. Tales reacciones han de proceder de algún sitio, y se nos dice que existe la posibilidad de que muchas de ellas arranquen de sucesos acontecidos en nuestras encarnaciones anteriores. Si eso es cierto, nuestras respuestas emocionales, reflejo en muchos casos de recuerdos de vidas pasadas, constituyen unas pistas muy importantes que podemos investigar si tratamos de descubrir qué experiencias hemos tenido en nuestras vidas anteriores.

Ahora vamos a examinar más de cerca algunas de tus respuestas emocionales para ver qué pueden revelarnos sobre tus encarnaciones anteriores. Cuando hayamos terminado los ejercicios que figuran a continuación, debes sumar las pistas que hayas reunido a partir de tus reacciones positivas o negativas ante las diferentes circunstancias, a las obtenidas por ti en sesiones anteriores, es decir, a las conseguidas al analizar tu hogar y tu entorno físico, tu forma de reaccionar ante las diferentes regiones del mundo, tu cuerpo, y las experiencias de tu primera infancia. Como veremos en capítulos posteriores, cada una de estas pistas puede constituir una ayuda muy valiosa para juntar las piezas de ese rompecabezas que forman las teorías sobre nuestras vidas pasadas.

Ejercicio A

Ciertas circunstancias provocan respuestas emocionales muy fuertes en muchas personas. En este ejercicio, has de relacionar tus propias respuestas con una serie de estímulos. Empieza por consultar la escala de valoraciones de la siguiente que incluye todas las posibles respuestas desde el miedo o el desagrado extremos hasta el gran disfrute. Escoge el número del 1 al 5 que mejor exprese cómo reaccionas ante las distintas circunstancias o condiciones que aparecen en la lista, y escribe los comentarios que te gustaría realizar en relación con cada elemento de la lista. Así pues, en cada caso tu respuesta comprenderá el nombre del estímulo o condición, el número correspondiente de la escala de valoraciones y cualquier comentario que consideres pertinente.

Sería conveniente que anotaras, a título de comentario, los distintos matices que puede presentar tu respuesta emocional. Así, por ejemplo, una persona escribió que sentía un gran temor cuando se bañaba en las aguas de un lago o de un océano, pero en cambio disfrutaba inmensamente en el agua de una piscina.

También podrías relacionar alguna de tus reacciones con las experiencias de tu infancia. Por ejemplo, si tienes mucho miedo al agua y recuerdas que de niño estuviste a punto de ahogarte, conviene que tomes nota de ello.

Ahora bien, puede que, en esta vida, no encuentres ninguna explicación a tu reacción y que, en cambio, descubras que parece cuadrar con una de tus teorías sobre tus vidas pasadas. También en este caso vale la pena que tomes nota de ello. Vamos a suponer, en primer lugar, que la teoría que has extraído de tus respuestas a las preguntas de los ejercicios anteriores es que te has encarnado en la antigua Tierra Prometida y, en segundo lugar, que al terminar de hacer este inventario te das cuenta de que hoy en día te encuentras muy a gusto entre judíos; posiblemente te gustará dejar constancia de esta vinculación tan evidente.

Se trata simplemente de sugerencias, y no debes limitarte a realizar comentarios del tipo que acabamos de mencionar. No dudes en realizar cualquier tipo de observación que consideres útil.

Cuando te analices a ti mismo, has de tener en cuenta las reacciones que experimentaste en tu infancia ante los estímulos que figuran en la lista. Y recuerda, lo que nos interesa son tus respuestas emocionales, no tus opiniones a nivel intelectual. Aunque, por ejemplo, tu sentido lógico te diga que los prejuicios raciales son una tontería, si descubres que te sientes muy incómodo con miembros de determinado grupo étnico, has de tomar nota de esa reacción. Tiene que tener un origen, y si la pasas por alto estarás privándote de una información que podría ayudarte mucho a comprenderte a ti mismo y a conocer tus vidas pasadas.

Ahora te presentamos una escala que has de utilizar para valorar tu respuesta emocional ante cada uno de los elementos que figuran más abajo:
1. Esta circunstancia o estímulo me da mucho miedo, me desagrada o me molesta.
2. Me produce cierta ansiedad, o me molesta un poco.
3. Me es indiferente.
4. Me resulta bastante agradable, o me siento a gusto así.
5. Disfruto mucho con ello, o me siento muy a gusto así.

Y aquí está la lista de estímulos. Has de anotar tu forma de

responder o reaccionar ante ellos junto con los comentarios pertinentes.
1. Estar dentro del agua.
2. Estar en lugares elevados.
3. Estar en espacios cerrados.
4. Estar en espacios muy abiertos.
5. Estar solo al aire libre.
6. Haber sido abandonado.
7. Las multitudes.
8. La soledad.
9. Los sonidos muy fuertes.
10. El silencio.
11. Los libros y la lectura.
12. Llevar prendas muy gruesas.
13. Llevar prendas de cuello alto.
14. Llevar sombrero.
15. Las personas de ciertas nacionalidades o grupos étnicos (especifica).
16. Las personas con determinados acentos extranjeros o regionales (especifica).
17. Las personas que profesan ciertas religiones (especifica).
18. Las personas con determinados rasgos físicos (especifica).
19. Las personas de determinada edad (especifica).
20. Las personas con ciertas ideas políticas (especifica).
21. Las personas que tienen ciertas profesiones (especifica).
22. Las autoridades.
23. Las personas del mismo sexo.
24. Las personas del sexo contrario.
25. Las personas que se adelantan.
26. Las personas que se retrasan.
27. Los ratones.
28. Las aves.
29. Las serpientes.
30. Otros animales (especifica).
31. La luz del sol.
32. La oscuridad.
33. El calor.
34. El frío.
35. Los climas húmedos.

36. Los climas secos.
37. El viento.
38. Los rayos.
39. El fuego.
40. La muerte.
41. El hambre.
42. Los embarazos y los partos.
43. Viajar a mucha velocidad.
44. Ir en avión.
45. Los puentes.
46. Los túneles.
47. Las escaleras.
48. Las pistolas.

Ejercicio B

Ahora vamos a analizar algunas de las respuestas emocionales que a tu modo de ver son positivas. Contesta las preguntas que figuran a continuación con una respuesta emocional que en tu opinión sea positiva. Puedes dar una respuesta que te parezca divertida, inspiradora o agradable y digna de ser tenida en cuenta. Al igual que en el inventario anterior, aquí también son muy importantes los comentarios que hagas en relación con cada uno de los elementos, y es mejor incluirlos junto a cada respuesta, en lugar de ponerlos todos juntos al final de este análisis. Los tipos de comentarios que sugerimos para el Ejercicio A resultarían también adecuados para la mayoría de los elementos de esta sección. Nuevamente insistimos en que debes tener en cuenta las reacciones que experimentaste en tu infancia, además de las actuales, y centrarte en tus emociones y no en tus opiniones.

1. Los elementos incluidos en la lista del Ejercicio A son citados a menudo cuando a alguien se le pregunta por cosas ante las que reacciona positiva o negativamente. Indudablemente existen otros estímulos que provocan en ti fuertes respuestas emocionales positivas. Ahora debes indicar cuáles son esos estímulos, que no están incluidos en el ejercicio anterior, junto con cualquier comentario pertinente al respecto.

2. ¿Hay algunas impresiones o reacciones de naturaleza sensorial que te hacen disfrutar de un modo especial? Descríbelas.

3. ¿Te entusiasmas o disfrutas intensamente cuando participas en algún juego o actividad por grupos? Indica cuáles son esas actividades y describe lo que sientes en relación con cada una de ellas.

4. ¿Hay alguna actividad física que te resulte especialmente apasionante o estimulante, es decir, que te haga disfrutar mucho a nivel intelectual o participativo?

5. ¿Disfrutas leyendo sobre alguna actividad física? Indica el título de uno o dos libros que versen sobre este tema.

6. ¿Hay algún otro libro que haya provocado en ti una intensa respuesta emocional positiva? ¿Sobre qué trata o tratan?

7. ¿Te agradan las películas que tratan sobre alguna actividad física en concreto? Di el título de una o más películas de esas características.

8. ¿Recuerdas haber visto alguna otra película que despertara en ti sentimientos positivos muy intensos? ¿Cuáles eran los temas de esas películas?

9. ¿Has tenido alguna experiencia emocional positiva ante la música? Describe el tipo de música que te estimuló de ese modo, los sentimientos que esa música despertó en ti y las circunstancias en que esa respuesta tuvo lugar.

10. ¿Ha habido en tu vida algún otro estímulo o acontecimiento que haya provocado en ti una respuesta emocional positiva excepcionalmente intensa? Describe ese acontecimiento y señala la característica de tal suceso que a tu modo de ver te hizo reaccionar con tanta fuerza.

Ejercicio C

Los factores que ponen de manifiesto nuestros mayores temores y aversiones, al igual que los que provocan reacciones positivas en nosotros, pueden ser pistas que nos traigan recuerdos de vidas pasadas. En tales casos, por supuesto, lo probable es que lo recordado sean experiencias desagradables. Efectivamente, los psicólogos y psiquiatras se basan en este principio cuando hurgan en los recuerdos de la primera infancia con el fin de comprender ciertos problemas de adaptación surgidos en la edad adulta; ahora bien, restringen dicho principio al marco temporal de esta vida. Al trabajar con la hipótesis de la reencarnación, vemos como recuerdos procedentes de épocas más tempranas salen a la luz a través de nuestras aversiones, y de aquellas cosas que tememos y que nos desagradan sobremanera.

Las preguntas que figuran a continuación te servirán como guía, en primer lugar, para explorar tus respuestas emocionales negativas y, en segundo lugar, para estudiar las ideas que dichas reacciones te ayudarán a desarrollar en relación con tu pasado remoto. Has de incluir cualquier comentario que consideres oportuno; puedes volver a consultar el Ejercicio A si necesitas refrescarte la memoria en cuanto a la clase de observaciones que van a resultarte más útiles. Al igual que en las sesiones anteriores, piensa en las reacciones que has experimentado tanto en tus primeros años como en el presente, y céntrate en aquellas experiencias que han sido o son muy emotivas para ti.

1. El inventario del Ejercicio A incluye algunas cosas que a menudo salen a colación cuando las personas confiesan qué es lo que más temen y más les desagrada. ¿Hay algún estímulo no incluido en esa lista que provoca una intensa reacción negativa en ti? Indica cuáles son y añade las aclaraciones que consideres oportunas.

2. ¿Has reaccionado alguna vez manifestando un fuerte temor o aversión al leer algún libro o relato? Escribe el título de tales libros o relatos, y describe los sentimientos que despertaron en ti y las ideas que tienes sobre los mismos.

3. ¿Has reaccionado alguna vez muy negativamente al ver una película? Indica qué películas te han hecho reaccionar de ese modo y describe qué emociones sentiste al verlas.

4. ¿Has reaccionado alguna vez de un modo muy negativo al escuchar una composición musical? Describe esas experiencias.

5. ¿Cuáles son las circunstancias de tu vida de las que te quejas más?

6. ¿Qué defectos te llaman más la atención en los demás?

7. Describe una pelea física importante en la que hayas participado. ¿Acaso te sirvió para manifestar alguna emoción negativa intensa?

8. ¿Te da mucho miedo padecer alguna lesión o enfermedad física concreta? Indica cuál.

9. ¿Existe alguna circunstancia o actividad que tratas de evitar? Descríbela e indica también el porqué de tu aversión.

10. ¿Temes sobremanera alguna experiencia o actividad?

11. ¿Temes de un modo especial a alguna clase de personas? En esta pregunta la palabra "clase" se refiere a la edad, sexo, raza, religión, clase social, ocupación o a cualquier otro aspecto que te dé miedo.

12. ¿Qué es lo que más temes?

13. ¿Existe algún otro elemento o circunstancia que provoque en ti una fuerte respuesta negativa? Describe el estímulo, las emociones que éste saca a la luz y cualquier idea que pudieras tener sobre el porqué de tu reacción.

Sesión 8

Construyendo Teorías sobre las Vidas Pasadas con Pistas de la Vida Actual

En una de las sesiones anteriores hemos visto como podemos encontrar pistas de nuestras encarnaciones anteriores en nuestro cuerpo y en las experiencias que hemos tenido en nuestra infancia, o, dicho de otro modo, en nuestra herencia biológica y en el medio ambiente en que hemos nacido. La razón por la cual estos factores son unas fuentes de información tan valiosas sobre nuestras vidas pasadas es que son consecuencia de las elecciones que hemos realizado en nuestras vidas anteriores. Es decir, las elecciones que hemos llevado a cabo en el pasado han contribuido en cierta medida al desarrollo de nuestra alma y han hecho necesario que el alma tenga que aprender una serie de lecciones específicas. Y la herencia biológica y el medio ambiente en que nace el individuo tienen como función darle la oportunidad de aprender esas lecciones.

Cuando nos ponemos a darle vueltas a la idea de que las circunstancias de carácter hereditario y medioambiental nos permiten experimentar las cosas que el alma necesita aprender, llegamos a experimentar cierto sobresalto. Todos los individuos se ven atraídos por la situación que mejor satisface las necesidades de su alma con vistas a su desarrollo. Ello sugiere la existencia de una interconexión tan compleja en la vida que sólo la mente de nuestro Creador podría concebir. Cuando analizamos nuestra herencia biológica y nuestro medio ambiente a la luz de la reencarnación, llegamos a considerar los vínculos genéticos existentes entre nosotros y otras personas, y las experiencias que tenemos con los demás, como parte del organizado discurrir de la vida, que en todo momento refleja las necesidades del alma de todos los seres humanos que existen sobre la faz de la Tierra.

Pero es muy importante que tengamos en cuenta que la idoneidad de nuestra herencia biológica y de nuestro medioambiente, por una parte, y la interconexión de nuestro viaje anímico con los viajes anímicos de los que nos rodean, por otra, no nos atan a un destino predeterminado. Todos somos libres de elegir en cada momento, podemos libremente utilizar una influencia constructiva proveniente de nuestro pasado o no hacer caso de ello, vencer una influencia negativa o no hacerlo. Tales elecciones producirán cambios en nosotros mismos y en las situaciones en que vivimos. De ese modo estableceremos los modelos o pautas presentes en nuestras vidas y contribuiremos a determinar las condiciones o circunstancias de nuestros futuros nacimientos.

Ahora vamos a tratar de encajar los modelos o pautas de esta vida con las teorías sobre las vidas anteriores. Vamos a servirnos de las nociones que tenemos sobre las Leyes de la Continuación, las Consecuencias y la Compensación para comprender cómo es posible relacionar nuestras anteriores encarnaciones con las situaciones de la vida actual. Si te parece que necesitas revisar esas leyes, regresa a la Sesión 3 de este curso.

Una vez más, vamos a utilizar casos reales extraídos de las lecturas de las vidas de Edgar Cayce. En el primer grupo de casos se describe una de las encarnaciones pasadas de cada individuo, y se trata de que tú descubras las circunstancias que esa experiencia podría haber generado en la vida actual. Luego haremos a la inversa: se te comunicará algún dato de la situación actual de cada individuo, y tendrás que determinar las experiencias pasadas que podrían haber dado origen a las actuales circunstancias..

En cada una de estas dos secciones, primero se presentan los casos reales e inmediatamente después se proporcionan las respuestas. Analiza cuidadosamente cada uno de estos casos y formula tu propia teoría, antes de consultar la respuesta verdadera y pasar a estudiar la lectura del siguiente individuo.

Cuando trates de contestar las preguntas, ten presente que no existe ninguna solución única que pueda atribuirse a cada caso. La progresión exacta de las circunstancias, su pasar de vida en vida, se basa en tantos factores individuales que las posibilidades son realmente infinitas. Razón por la cual también es importante que, cuando teorices sobre tus propias vidas pasadas, tengas en cuenta que estás eligiendo uno de los muchos posibles guiones.

Y ahora ha llegado el momento de tratar de describir cómo podrían ser las situaciones actuales motivadas por lo sucedido en las vidas pasadas descritas a continuación:

Caso 1: Una mujer supo a través de una lectura de Edgar Cayce que había estado con el pueblo de Nehemías en los tiempos del Antiguo Testamento, cuando tuvo lugar la reconstrucción de las murallas de Jerusalén. Era entonces demasiado joven para poder participar en la reconstrucción de las murallas, pero ayudaría más tarde a decorarlas. Teniendo en cuenta cómo operan la Ley de la Continuación, la Ley de las Consecuencias y la Ley de la Compensación, ¿cómo cabe esperar que influyera en su vida actual su experiencia en la antigua Tierra Prometida?

Caso 2: Esta mujer se enteró de que había sido una india nómada que había vivido en la región de Chicago. ¿Cómo podría ser su vida actual?

Caso 3: Una de las lecturas de las vidas de Edgar Cayce ubicó a su destinatario en la antigua ciudad de Nueva York. Había sido uno de sus fundadores, contribuyendo significativamente al establecimiento de las leyes de la ciudad. También había participado en la planificación del trazado de la ciudad. ¿Qué se puede esperar de este hombre hoy en día?

Caso 4: A otra persona se le dijo que había tomado parte en las Cruzadas. Aparentemente, había partido lleno de ideales espirituales, pero pronto descubrió, cuando empezó el saqueo y el pillaje, que las motivaciones que habrían de prevalecer eran las ganancias materiales. ¿Adivinas qué consecuencias ha podido tener todo esto para este hombre en el siglo XX?

Respuesta 1: Como puedes ver, hay muchas posibilidades. Esta mujer podría haber escogido la experiencia que no pudo tener en los tiempos del Antiguo Testamento por ser demasiado joven, y dedicarse en esta vida a la construcción. Podría haber continuado su pasada experiencia llegando a ser decoradora en la vida actual, o podría sentir ahora un gran interés por la cantería o sillería o por ese período de la historia bíblica. Cualquiera de estas posibilidades, y varias otras, serían consecuencia de su experiencia anterior. De hecho, en esta vida dicha mujer ha mostrado un gran talento como decoradora, trabajando sobre todo con paños, brocados y tapices.

Respuesta 2: Aquí vemos como la misma experiencia puede llevarnos por caminos divergentes, dependiendo de cuáles sean las necesidades del alma individual. En esta vida, esta mujer podía haber llevado una existencia nómada, podía haberse movido mucho. O, por el contrario, haber compensado su anterior desarraigo convirtiéndose en una mujer casera y formal. Lo cierto es que supo encontrar el equilibrio ideal entre estas dos posibilidades. Fue una persona que valoró mucho su hogar, a la que no le gustó viajar por el hecho de viajar, si bien hubo de realizar numerosos viajes con fines didácticos.

Respuesta 3: Probablemente podríamos imaginarnos a este hombre trabajando como político, arquitecto o ingeniero. Podríamos pensar que la experiencia positiva que tuvo anteriormente en Nueva York le había inducido a amar esa ciudad, e incluso a sentirse atraído por ella en la vida actual. Y efectivamente fue neoyorquino en la vida moderna. Y aunque no sabemos qué carrera eligió, lo cierto es que le gustaban las líneas, las formas y las diseños arquitectónicos.

Respuesta 4: Nos es posible construir varias teorías para esta persona. Tal vez, su éxito material se vio bloqueado a causa del saqueo y el pillaje que cometió en su vida pasada. Incluso puede que le robaran. Por una parte, existe la posibilidad de que continuara siendo un hombre materialista, que necesita volver a aprender cuán importantes son los valores espirituales. Pero podría haber hecho justamente lo contrario, podría haberse convertido en un clérigo que ha renunciado a las ganancias materiales para avanzar por la senda del espíritu.

En la lectura de Cayce dirigida a este hombre, se nos dice que siempre estaba lleno de sospechas y solía dudar de la sinceridad de los demás cuando no estaban de acuerdo con él en algo. Aquí descubrimos un aspecto interesante de la experiencia de las Cruzadas. Este hombre abandonó su motivación espiritual, influido por otras personas, y empezó a cometer pillaje. Hoy en día continúa sin fiarse de las intenciones de los demás en su trato con ellos. Podemos imaginar que su lectura le ayudó a comprender que él es responsable de su propia vida y motivaciones.

Al igual que el hombre cuyo caso acabamos de describir, todos nosotros hemos de asumir la responsabilidad de las elecciones que hemos realizado y las situaciones que se derivan de dichas elecciones. Las teorías sobre nuestras vidas pasadas servirán sobre todo para ayudarnos a comprenderlo. Conforme vayamos entendiendo mejor cómo las experiencias que hemos tenido en nuestras encarnaciones anteriores influyen en las circunstancias que nos rodean en la vida actual, estaremos más dispuestos a responsabilizarnos de nuestras elecciones. Empezaremos a darnos cuenta de que las circunstancias actuales son producto de las decisiones que hemos tomado en el pasado y llegaremos a ser conscientes de que nosotros construimos nuestro futuro mediante las elecciones que realizamos en el presente, y a darnos cuenta de que podemos libremente realizar elecciones nuevas, si fuera necesario.

Y ahora vamos a abordar las teorías sobre las vidas pasadas desde el ángulo opuesto. Vamos a seguir utilizando los casos reales extraídos de las lecturas de las vidas de Edgar Cayce, y averiguaremos algunas cosas sobre la vida actual de cada uno de los individuos. Trata de adivinar qué clase de experiencias pasadas han influido para que el individuo se encuentre en la situación en que está en la actualidad.

Caso 5: Un destinatario de una lectura de Cayce estaba lleno de dudas y temores en la vida actual. ¿De dónde le vendría eso?

Caso 6: Este ejemplo tiene que ver con una mujer que en esta vida temía mucho dar a luz. ¿Qué suceso de otra vida podría haber originado ese temor?

Caso 7: Se trata de una mujer para la cual la obesidad constituía un tremendo problema. ¿Qué pensarías de su pasado?

Caso 8: Acudió a Edgar Cayce un hombre con mucho carisma. La lectura a él destinada dice que era una de esas personas a quienes cuesta muy poco proporcionar alegría o felicidad a los demás, y que de él dependía con mucha frecuencia la posición social de otras personas. ¿Qué clase de vida habría vivido en el pasado para poseer actualmente ese don?

Respuesta 5: Esta respuesta muestra cuán importante es tener distintos tipos de pistas sobre las vidas pasadas antes de componer una teoría plausible. Son tantas las experiencias que podrían originar dudas y temores en nosotros que nos es muy difícil averiguar qué experiencia ha operado en ese caso en particular. Necesitaríamos saber muchas más cosas de ese hombre: sus gustos, intereses, miedos y aversiones, etc., antes de intentar adivinar sus pasadas experiencias. Por lo que a ti se refiere, al trabajar en este curso para destapar tus vidas pasadas, has ido consiguiendo esas informaciones adicionales en una serie de ejercicios. Cada dato es una pista, una pieza más del rompecabezas.

La lectura de Cayce destinada al hombre de las dudas y temores dijo que éste había sido un criticón en una vida anterior. Al parecer, había criticado despiadadamente a los demás, y ahora estaba sufriendo las consecuencias de lo que había hecho en esa vida, y estaba lleno de temores y dudas sobre sí mismo. Se le dijo que la solución no estaba en negar su capacidad para la crítica, sino en canalizarla para que fuera constructiva. Podemos imaginárnoslo en esta vida como árbitro de conflictos laborales o como crítico de cine, dos posibles usos constructivos de su sentido crítico.

Respuesta 6: Bueno, la explicación más obvia es que esta mujer murió de parto en una vida anterior, o que tuvo un hijo fuera del matrimonio por lo que fue censurada o incluso castigada. Tal vez, tuvo alguna otra experiencia desgraciada con niños. Lo cierto es que la mujer fue informada de que había participado en la colonización de América en una vida pasada, y que en esa vida había visto como ardía su casa y morían sus hijos en un incendio, posiblemente por un ataque de los indios.

Una vez más, nos damos cuenta de lo difícil que nos resultaría comprender la causa del miedo que esta mujer tiene al parto si no poseyéramos una información adicional a partir de la cual poder formular una teoría sobre sus vidas pasadas. Pero, simplemente para mostrar cómo es posible encajar las distintas piezas del rompecabezas y construir una hipótesis coherente sobre una encarnación anterior, vamos a tratar de imaginar algunas de las cosas que esa persona habría descubierto sobre sí misma si hubiera seguido nuestro curso, en lugar de haber obtenido la información en las lecturas de Edgar Cayce. Además del miedo a dar a luz, posiblemente habría percibido su tendencia a preocuparse por la seguridad de las personas a las que ama. Tal vez, hubiera notado que le desagradaba la cultura india o, quizá habría sentido miedo al oír el sonido de las sirenas por la noche. Todo esto no es más que pura especulación, por supuesto. Pero muestra cómo podemos analizar nuestra propia personalidad para buscar en ella información sobre nuestras vidas pasadas.

Respuesta 7: Aquí tenemos otro ejemplo muy bueno de cómo la misma situación puede tener causas distintas en individuos diferentes, puede tener su origen en vidas pasadas diferentes. Tal vez, esa persona murió de hambre en otra vida, y el recuerdo inconsciente de ese hambre de muerte le hace comer más de lo necesario; es incluso posible que su cuerpo recuerde esa experiencia y haya desarrollado la tendencia a almacenar grasa como medida de autoprotección. O, quizá, fue en otra vida una de esas personas que siendo tremendamente glotonas no engordan. En tal caso, su actual obesidad sería la respuesta retardada ante semejante hábito. Según la lectura de Edgar Cayce destinada a ella, la causa real de su presente estado fue una vida en la que esta mujer, siendo delgada y ágil, se había reído de las personas gordas. Ahora se le había dado la oportunidad de estar en el pellejo de aquellas personas.

Respuesta 8: Podemos suponer que este hombre ocupó algún puesto importante anteriormente, aun cuando no seamos capaces de concretar cuándo o dónde. Con frecuencia, un dato como ése basta para poder trabajar sobre nuestras vidas pasadas. Así, por ejemplo, en el caso que nos ocupa, al saber esto tendríamos que informar a este hombre de que está llamado a utilizar su poder con amor y sabiduría. Con toda seguridad, todo el que en teoría ha tenido mucho poder en sus vidas pasadas desearía ser consciente de los peligros que encierra el poder para tratar de evitarlos. Ello pone de manifiesto que a menudo no es necesario conocer todos los particulares de una vida anterior para sacar una lección de la misma.

Probablemente, sientes curiosidad por conocer la vida pasada de este hombre, igual que te apetece conocer las tuya propia. Resulta que este hombre fue un romano ilustre que, con mover un dedo, podía marcar el destino de quien estaba en la arena. No se sabe si llegó a apuntar con el pulgar hacia abajo. Si no lo hizo, queda claro por qué ha recibido nuevamente el don de la autoridad, para utilizarla constructivamente. Pero también es cierto que fue culpable de condenar a algunas personas y que ya sufrió las consecuencias de esa acción en alguna encarnación intermedia. Si sucedió así, podría pensarse que en su encarnación actual se le ha dado la oportunidad de comprobar si ya ha aprendido la lección. Se le ha dado poder, en un campo menos importante esta vez, para ver si es capaz de usar de él de una forma más positiva esta vez.

Ya hemos aplicado la ley de la causa y el efecto a varias situaciones. Has realizado unos ejercicios prácticos sobre cómo seguir las leyes en las dos direcciones: empezando por la vida pasada y tratando de comprender las consecuencias, y empezando por la vida actual y tratando de descubrir el pasado. Como ves, no se trata de una ciencia exacta. Habrá que individualizar siempre a la hora de determinar las causas y los efectos, con el fin de que encajen con las elecciones y circunstancias de cada alma.

Te resultará más sencillo descubrir tus propias vidas pasadas que averiguar las vidas anteriores de personas desconocidas. Eso es así porque sabes más cosas de ti mismo, y además porque cuentas con la ayuda de tu propia intuición, que vamos a estimular a través de las ensoñaciones y de los sueños y la meditación.

Cuando formules tus teorías sobre las vidas pasadas, ten siempre presente que las pautas generales, como sucedía en el caso del hombre que tenía mucho poder, son más importantes que los detalles. Si trabajas con un modelo general que sospechas está influyendo en tu vida, los detalles vendrán por añadidura. Si, conforme vamos avanzando, se te ocurre alguna teoría o algún pensamiento sobre tus encarnaciones anteriores, debes escribirlo para que no se te olvide. Tendrá un gran valor para ti, posteriormente. Ahora vamos a seguir avanzando y a desenterrar unos cuantos detalles, y posiblemente algunos modelos o pautas también, mediante una ensoñación sobre tus aptitudes y aficiones.

Sesión 9

Explorando Tus Aptitudes, Aficiones e Intereses

Uno de los aspectos más prácticos de la teoría de la reencarnación tiene que ver con nuestras aptitudes, habilidades e intereses. Muchos individuos se enteraron a través de las lecturas de Edgar Cayce de que en otras vidas habían aprendido técnicas y hallado vocaciones y que, además, seguían poseyendo tales aptitudes en la encarnación actual y podían servirse de ellas hoy en día. Todo esto resulta muy interesante, porque quiere decir que todos nosotros estamos haciendo uso de unos conocimientos técnicos y de unos intereses acumulados a lo largo de muchas vidas. Ello nos convierte en unas criaturas de gran talento, efectivamente. Pero por mucho talento que tengamos, a veces nos cuesta averiguar cuáles son nuestras habilidades. Y hasta que nos demos cuenta, éstas permanecerán en estado latente, sin ser utilizadas.

Y ¿cómo entonces podemos darnos cuenta de cuáles son nuestras aptitudes? Bueno, suele ayudar el saber, en primer lugar, qué es lo que buscamos. Sencillamente, ¿qué es una aptitud? El diccionario lo define como una habilidad o don natural que puede cultivarse, perfeccionarse y convertirse en una ocupación o afición. Ten en cuenta que esta definición incluye no sólo aquellas técnicas que hemos desarrollado activamente en nuestras vidas y estamos utilizando, sino también aquellas que no hemos expresado y que nos gustaría desarrollar si tuviéramos la oportunidad de hacerlo. Es importante que nos fijemos en esto en nuestro estudio, pues las influencias procedentes de nuestras vidas pasadas a menudo se manifiestan en forma de impulsos, y no de auténticas realizaciones. Por tanto, a la hora de analizar nuestras habilidades o talentos, hemos de tener también en cuenta aquellos intereses que están latentes en nosotros, además de las habilidades que hemos desarrollado activamente.

Con frecuencia interpretamos mal el significado de la palabra "talento". Lo ligamos a personas que trabajan en campos como el arte, la música o el teatro. Y rápidamente asumimos que, si no estamos dotados para esas actividades, no tenemos talento. Pero ni eso es cierto, ni estamos siendo justos con nosotros mismos. El talento puede expresarse de muchas formas. Del mismo modo que las semillas de flores contenidas en un paquete se abren y desarrollan dando lugar a una gran variedad de formas y colores, las personas se desarrollan según su pauta o modelo único. Cuando busquemos nuestros talentos, hemos de tener en cuenta la gran gama de intereses, habilidades y aficiones del ser humano. Hemos de prestar atención tanto a las muy evidentes como a las menos evidentes. Y hemos de tener cuidado en no descartar ninguna habilidad o interés sólo porque no encaje con lo que nosotros pensamos que debería ser un talento.

Piensa en una mujer a la que le encanta observar a las aves. Es capaz de identificar a todas las aves que acuden a su comedero. Sabe qué les gusta comer, cuándo emigran y qué sonidos emiten. ¿Es eso un talento? Apuesto a que lo es, aunque ella jamás pensara en llamarlo así.

Y ¿qué me dices del hombre que recuerda muy bien todos los detalles? Eso no es exactamente como bailar *claqué*, pero, no obstante, es un talento, un don. Hay otras características mentales que también son talentos o dones especiales. La habilidad para trabajar con números, la facilidad para resolver misteriosos asesinatos tras haber leído sólo los dos primeros capítulos del libro, el tener un gran sentido del humor, todas estas cosas son talentos que provienen de las experiencias que el individuo ha tenido en el pasado, tanto en esta vida como en vidas anteriores.

Y, por supuesto, hemos de tener en cuenta las habilidades y aficiones tradicionales: música, costura y bordado, alfarería, escultura, pintura, pesca, deportes, jardinería, coleccionismo, navegación, fotografía, escribir obras de ficción, componer versos... Podríamos pasarnos horas citando aficiones y no se nos agotarían los ejemplos. Y quizá, seguiríamos sin mencionar tus aficiones y habilidades particulares. Así que te va a tocar analizarte a fondo para llegar a conocer cuáles son tus habilidades e intereses.

Ahora vamos a examinar unas cuantas preguntas que podrían ayudarte a realizar ese inventario. Sería muy bueno que dedicaras un tiempo a pensar en serio en esas preguntas, y por ello conviene que estés relajado. Tal vez, desees cerrar los ojos al tiempo que meditas sobre las respuestas. O puede que quieras tener a mano papel y lápiz para poder anotar algunos de tus pensamientos. Sea cual fuere el método que prefieras, relájate. Luego, cuando estés preparado, puedes continuar.

Algunos de nuestros talentos ya están desarrollados y forman parte de nuestra vida cotidiana. Con frecuencia utilizamos tales habilidades en las actividades que optamos por llevar a cabo cuando ninguna tarea externa ocupa nuestro tiempo y energías. Así pues, un buen sistema para empezar a buscar esta clase de habilidades es hacerse a uno mismo la siguiente pregunta: ¿Qué hago yo en mis ratos de ocio?

Ahora bien, recuerda una cosa, no caigas en la trampa de pensar que sólo has de tener en cuenta actividades de carácter recreativo como coleccionar sellos. Tal vez, te guste pasar tus ratos de ocio visitando a los amigos. Ello podría indicar que estás dotado para las relaciones públicas. O quizá, lo que más te gusta es sentarte en tu butaca y ver los deportes en la televisión. Eso es una afición, es la clase de cosa que deberías tener en cuenta en estos momentos. Así que, piensa en esta pregunta, puedes tomar notas sobre ello: ¿Qué te gusta hacer en tus ratos de ocio?

Vamos a seguir centrándonos en tu vida actual durante unos momentos. Examinemos un área en la que muy probablemente habrás utilizado los talentos que has desarrollado, el área laboral. Si tienes trabajo, haz una lista de las técnicas que necesitas dominar para realizar tu trabajo. No omitas nada. Analiza una de tus jornadas de trabajo ordinarias para ver cuántas técnicas se te ocurren. Mientras lo haces, puedes tomar nota de las actividades que se te dan mejor. Y, a propósito, si eres ama de casa, eso cuenta como trabajo. Ahora, deja de leer durante un minuto, mientras confeccionas la lista de técnicas y habilidades relacionadas con tu trabajo, ya sea mentalmente o sobre el papel.

A continuación, vamos a pasar a otra pregunta. Esta vez, la pregunta es más bien una ilusión: ¿Cómo te gustaría pasar tus ratos de ocio si tuvieras tiempo, dinero o talento para hacer lo que quisieras? Para contestar esta pregunta, puedes pensar en actividades a las que dedicarías algunas horas, o bien en grandes aventuras que ocuparían una vida entera. En este caso, no hay ninguna limitación, ni en cuanto a los recursos materiales necesarios para llevar a cabo lo que imaginas, ni en cuanto a las habilidades implicadas. Dedica unos minutos a reflexionar sobre esta pregunta: ¿Cómo te gustaría pasar tus ratos de ocio, si pudieras?

Y ahora piensa en la pregunta final: ¿Qué clase de personas te resultan más interesantes? Cuando ves un magacín de noticias en televisión o lees una publicación como *People* (Gente), ¿te gustan las historias cuyos protagonistas son magnates del mundo de los negocios, músicos, montañeros, etc.? Lo probable es que te fascinen muchos tipos de personas. Pero si lo piensas, probablemente descubrirás que estas personas se dividen en distintas categorías dependiendo de las actividades que realizan. Una vez más has de dedicar cierto tiempo a reflexionar sobre la pregunta: ¿Qué clase de personas te resultan interesantes?

Ejercicio A

Hemos pasado varios minutos dándote ideas, preparándote para descubrir cuántos talentos y aficiones tienes. Ahora ha llegado el momento de utilizar esos pensamientos para completar tu inventario de habilidades, intereses y aficiones.

Este ejercicio consta únicamente de dos preguntas fundamentales. Para responder a la primera has de indicar qué habilidades, intereses y aficiones operan en tu vida, deberás incluir en una lista las cosas que te vinieron a la mente cuando examinaste las actividades que llenan tus ratos de ocio y las técnicas que tienes que poner en práctica al realizar tu trabajo.

Los elementos de esta lista han de ser actuales. Es decir, si pintaste con óleo hace diez años, pero no has vuelto a hacerlo desde entonces, no lo incluyas aquí. Ahora bien, aunque escribas esta lista en primavera, y sólo caces en otoño, deberás incluir la caza como afición actual.

La segunda pregunta te pide que indiques cuáles son los talentos e intereses que no has desarrollado, que no han hallado expresión en tus aficiones actuales ni en las actividades que realizas en tus ratos de ocio. Aquí has de indicar lo que te gustaría hacer si pudieras. En las contestaciones a esta pregunta ha de estar incluido todo aquello que sospechas que serías capaz de hacer si tuvieras tiempo para recibir lecciones, dinero para comprar el material y equipo necesarios, y la posibilidad de estar en el lugar adecuado, así como las actividades que te vinieron a la mente cuando se te pidió que imaginaras qué te gustaría hacer en tus ratos de ocio. También puedes tomar nota de las ocupaciones de otras personas que te resulten interesantes, a menos que ya las hayas incluido como actividades en las que tú también participas. Asimismo, puedes indicar tus pasadas aficiones y otras cosas que sabes que puedes hacer, pero que no haces por una razón u otra.

Ahora haz el inventario de tus propios talentos e intereses. Para ello has de contestar las dos preguntas que figuran a continuación. Las listas que confecciones pueden ser tan largas como desees, tarda el tiempo que quieras en hacerlas. Ahora bien, has de cumplir una regla: Asegúrate de que incluyes por lo menos diez elementos en cada lista.

1. ¿Qué habilidades, intereses y aficiones operan en tu vida? Aquí has de incluir las técnicas que empleas en el trabajo que realizas actualmente y las actividades que ocupan tus ratos de ocio hoy en día. Recuerda que estas cosas han de formar parte de tu vida *actual*. Deberías poder citar por lo menos diez.

2. ¿Qué talentos e intereses posees y, sin embargo, no has desarrollado, no han quedado expresados en la profesión que ejerces en la actualidad, ni en tus aficiones, ni en las actividades que realizas en tus ratos de ocio? Aquí puedes incluir en una lista las cosas que te gustaría hacer, si pudieras; aquellas actividades que crees que serías capaz de realizar, si tuvieras tiempo, recursos materiales y la oportunidad de desarrollar la habilidad que posees; tus antiguas aficiones y otras actividades que sabes que puedes hacer pero que hace mucho tiempo que no llevas a cabo y, por último, las cosas que hacen que las vidas y ocupaciones de otras personas te resulten interesantes o atractivas, siempre que no hayas incluido ya en una lista esas actividades al contestar la pregunta 1.

Ahora que has terminado de hacer el inventario de tus talentos, tanto de los que expresas como de los que no expresas, vamos a relacionarlos con tus encarnaciones anteriores de dos formas. En primer lugar, vamos a trabajar con tus aptitudes actuales utilizándolas como trampolín para recordar tus vidas pasadas.

Y, en segundo lugar, vamos a estudiar cómo puedes sacar a la luz algunos de tus talentos ocultos y empezar a utilizarlos en tu vida actual.

Ejercicio B

El primer paso que has de dar es escoger un talento o una afición de entre los incluidos en la respuesta a la pregunta 1, que figura arriba, es decir, una habilidad que esté operando en tu vida actual. Escoge una de tus habilidades preferidas, algo que realmente te encanta realizar o que te parece que haces especialmente bien. Una vez realizada la selección, utilizaremos el talento escogido como elemento central del ensueño descrito más abajo.

Antes de meterte de lleno en esta experiencia, convendría quizá que revisaras la información sobre el ensueño que hemos presentado anteriormente, concretamente en la Sesión 2. Si vas a pedir a un amigo que te dirija en esta experiencia, ha llegado el momento de pasarle la información. Si vas a utilizar la cinta magnetofónica, puedes ir a buscar el equipo. Sea cual fuere el método que hayas decidido utilizar, no te olvides de prepararte para esta experiencia. Para ello has de relajar tu mente y tu cuerpo tan profundamente como puedas. Recuerda que te hemos proporcionado un texto para que te sirva como guía a la hora de realizar tus ejercicios de relajación; aparece en la segunda sesión de este curso.

Al igual que en el ejercicio de relajación mencionado anteriormente, la información sobre el ensueño que figura a continuación incluye una serie de sugerencias a propósito de la duración de las pausas. Estas recomendaciones, que pueden resultar muy útiles si estás grabando la información o si un amigo te la está leyendo, tienen como función permitirte visualizar las imágenes de tus fantasías con una mayor viveza y meterte más de lleno en esta experiencia. Recuerda que no pretendemos que se sigan a raja tabla, pues deben adaptarse a las necesidades individuales del sujeto.

Conviene realizar otra pequeña advertencia antes de empezar el proceso de ensoñación. En la descripción del ensueño que figura a continuación se incluyen varias preguntas. Ahora bien, no interrumpas la corriente de experiencias para contestarlas sobre el papel. Limítate a tomar nota mentalmente de los detalles que te piden. Las citadas preguntas aparecerán nuevamente al final de tu viaje al mundo de la fantasía, y entonces podrás escribir tus respuestas.

Y ahora has de traer a la mente ese talento que opera en tu vida en la actualidad y que va a ser el centro de tu atención. Tómate el tiempo necesario para dejar a un lado tus preocupaciones mundanas y realiza los ejercicios de relajación física y mental que consideres más adecuados para ti. Cuando estés preparado, empieza a leer los textos que figuran a continuación y déjate llevar por tu imaginación, ella te guiará a lo largo de esta experiencia.

Ahora has de pensar en aquel talento o afición que has escogido por ser especialmente agradable o gratificante para ti. Sea lo que fuere esa actividad, has de verte a ti mismo poniéndola en práctica en tu vida actual (10 seg.).

¿Dónde practicas tu afición o muestras tu habilidad? Mira con los ojos de tu imaginación y percibe las imágenes, sonidos y olores que constituyen el marco de esa actividad. Hazte a la idea de que es un juego y trata de ver cuántas cosas eres capaz de ver a tu alrededor. Sumérgete en ese mundo (30 seg.).

Ahora céntrate en lo que estás haciendo. No te limites a verte a ti mismo implicado en la actividad que constituye tu afición, o dando muestras de talento; has de imaginarte a ti mismo realizando esa actividad. Siente cómo tu cuerpo realiza su función, tanto si permanece activo como si está quieto mientras tiene lugar la actividad elegida (10 seg.).

Tu estado de ánimo ha de ser el que normalmente tienes cuando realizas tu actividad favorita. ¿Qué emociones sientes? ¿En qué piensas mientras te dedicas a tu afición? Tómate el tiempo que necesites para imaginarlo con todo detalle. Has de ir pasando mentalmente por todas las etapas que comprende la puesta en práctica de tu afición. Percibe cómo es el proceso (1 min.).

Y ahora, mientras permaneces totalmente absorto en tu actividad imaginaria, deja que el marco en que está ubicada desaparezca y sea sustituido por otro escenario, por cualquier medio ambiente en el cual puedas imaginar que se desarrolla una actividad similar a ésa (10 seg.). Imagina el nuevo escenario. Percibe cómo es. Toma conciencia de tu presencia en este nuevo marco (10 seg.).

¿Sigues tomando parte en tu actividad? ¿Es la misma actividad o ha cambiado en algo? (10 seg.). ¿Estas rodeado de otras personas? Si es así, ¿cómo son? ¿Qué aspecto tienen? (10 seg.). Si estás solo, ¿qué es lo que sientes? Experimenta la escena que se está desarrollando ante los ojos de tu imaginación (1. min.).

Cuando tu ensoñación haya llegado a su fin natural, reflexiona sobre la misma durante un rato. Luego contesta las siguientes preguntas:
1. ¿Qué talento o afición escogiste para este ejercicio?
2. Describe brevemente el marco que imaginaste cuando te viste a ti mismo participando en la actividad seleccionada.
3. ¿Qué cambios se produjeron a tu alrededor cuando se te pidió que imaginaras un nuevo escenario?
4. ¿Cambió tu afición o habilidad en cierto modo cuando imaginaste que la expresabas en un marco diferente?
5. ¿Cómo describirías la actitud mental que adoptas cuando participas en aquello que constituye tu afición, o expresas tu talento?
6. ¿Te vinieron a la mente nuevos pensamientos o sentimientos cuando cambió el escenario imaginado?
7. A veces las cosas que imaginamos de forma espontánea son las pistas que buscamos y que nos ayudarán a comprender mejor nuestro pasado. Piensa un poco ahora en el ejercicio que acabas de realizar y trata de contestar esta pregunta: ¿Acaso la imagen que evocaste al visualizar tu actividad en otro marco te aporta información sobre el origen de tu afición o sobre dónde has utilizado tu talento anteriormente?
Si bien los detalles específicos del escenario pueden o no ser exactos, el cambio de marco producido, o la forma como esa actividad ha cambiado, podría reflejar la relación existente entre la habilidad actual del sujeto y las experiencias del pasado.
8. ¿Te gustaría hacer alguna otra observación relacionada con tu ensueño?

Ejercicio C

Las habilidades que no hemos desarrollado ni expresado, al igual que los talentos que utilizamos activamente, pueden tener su origen en nuestras pasadas experiencias. En este caso, el reto no es tanto conocer su origen cuanto sacarles el mejor partido en la actualidad, dejar que nuestros activos ocultos pasen a operar en nuestra vida actual. Ahora vamos a dar un paso en esa dirección, trabajando en el nivel en que empieza toda creación: con nuestros pensamientos.

Empieza por consultar nuevamente el inventario que realizaste en el Ejercicio A. Selecciona un talento o habilidad entre los incluidos en la respuesta a la segunda pregunta, donde se te pedía que indicaras aquellos intereses y habilidades que no expresas en las actividades que realizas en la actualidad. Examina la lista y elige un elemento que te encantaría que operara en tu vida actual, algo que te llenaría de satisfacción o que haría que tu vida fuera más sencilla o mejor en cierto modo.

Cuando lo hayas elegido, vas a dar un primer paso, un pequeño paso encaminado a la consolidación de esta habilidad, que pasará a formar parte de ti. En la página siguiente hay un dibujo de un globo de aire caliente. Este globo está preparado para elevarte a nuevos logros y motivos de satisfacción. Sólo le falta una cosa, y esa cosa es una dirección.

Podrás observar que alrededor del globo hay gran banda. Pero la banda está en blanco. Te corresponde a ti fijar simbólicamente una dirección para el globo, escribiendo en la banda ese talento o habilidad que no has desarrollado. Hazlo en letras grandes. No temas escribir tu habilidad con una caligrafía clara y bonita. Escríbelo ahora mismo, para que puedas ir en globo en la dirección que realmente deseas.

Ya has escrito un letrero en tu banda, y el globo está preparado para elevarse y llevarte hasta nuevos horizontes, volando dentro de ti. Pero para que esto suceda, es necesario que dejes a un lado el globo dibujado sobre el papel y crees otro globo, esta vez en tu conciencia. Nuevamente, dejarás que el globo te lleve donde, de lo contrario, no pensarías ir. La imaginación tiene algo muy bueno, y es que te permite ir donde te gustaría ir y hacer lo que te gustaría hacer. Ahora puedes crear y experimentar libremente otra realidad.

Otra vez has de ponerte cómodo y emplear una técnica de relajación física y mental que te resulte eficaz. Luego has de imaginar la siguiente escena:

Estás caminando por un prado abierto, espacioso. Hace un día estupendo, con sol, temperaturas suaves, sopla una brisa cá-

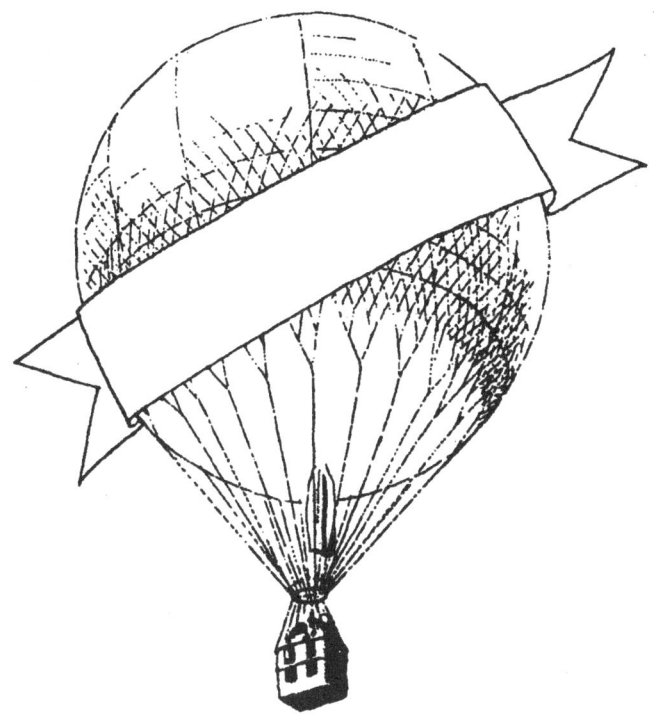

lida, suave (5 seg.). Estás muy animado, y te sientes lleno de esperanza y felicidad, mientras atraviesas este hermoso prado. Sabes que te van a suceder cosas muy buenas en este día, aunque no estás muy seguro de lo que va a ocurrir (5 seg.).

Ves un precioso globo de aire caliente, está atado en el extremo opuesto del prado. La cesta del globo está adornada con serpentinas. Una banda rodea la lona de colores alegres (5 seg.). Al acercarte a tu globo —pues instintivamente sabes que es tu globo—, descubres que el nombre del talento que no has desarrollado está escrito en letras muy grandes en la banda. Conforme vas acercándote, ves con más claridad la palabra escrita en la banda y sabes que este globo va a llevarte a un lugar donde podrás experimentar ese talento, esa habilidad especial (5 seg.).

Acércate a tu globo (5 seg.). Se balancea suavemente movido por la cálida brisa. Parece invitarte a subir a bordo y ver adónde va a llevarte. Y decides hacer exactamente eso. Te metes en la cesta (5 seg.).

El globo comienza a elevarse lentamente. Una suave brisa agita tu cabello (5 seg.). Sabes que estás a salvo, que estás seguro en este globo, que te devolverá al suelo tan suavemente como te ha elevado del suelo. Y estás impaciente por dejarte llevar por él.

Al estar más arriba, el aire es más limpio, más puro. El cielo es de un color azul brillante, con alguna nube algodonosa y blanca (5 seg.). Observas, lleno de admiración, los campos que están debajo de ti, mientras el globo va flotando.

Pero en cierto modo te sientes alejado de la escena que ves debajo. Sabes que atrás ha quedado tu forma habitual de verte a ti mismo y de ver el mundo. Te estás desprendiendo de las viejas limitaciones. Estás subiendo por encima de ellas, al tiempo que te elevas sobre la Tierra (5 seg.).

Cada vez subes más, te da la sensación de estar flotando, mientras te dejas llevar hacia arriba. Empiezas a relajarte, esa deliciosa sensación te está invadiendo sigilosamente, mientras tú te dejas llevar. Y permaneces sentado en la cesta de tu globo, recostado, totalmente relajado (10 seg.).

Entonces sientes una ligera sacudida y te das cuenta de que el globo se ha parado. Movido por la curiosidad, te asomas al borde de la cesta (5 seg.). Y con gran asombro por tu parte descubres que acabas de aterrizar en el lugar idóneo para expresar tu nuevo talento o afición: Mira a tu alrededor. Todo lo que necesitas aparece ante ti. ¿Qué ves? (10 seg.). ¿Estás en un lugar conocido o en un lugar nuevo? Observa con la máxima atención el escenario en que te hallas? (30 seg.).

Introdúcete en este escenario, que ha sido elegido justamente para ti. Ya sabes lo que has de hacer a continuación. Tu talento o tu afición te vienen de un modo natural. Empiezas, con cierta indecisión al principio, pero pronto te encuentras metido de lleno en ello (10 seg.). Imagínate a ti mismo tomando parte en esa actividad, dedica unos segundos a imaginarlo. Fíjate bien en todas las imágenes y sonidos que forman parte de esa escena; en las otras personas que participan en ella, y sobre todo, en lo que sientes y piensas mientras expresas de ese modo tus habilidades (60 seg.).

Ahora ha llegado el momento de regresar al globo. Está preparado para partir. Subes al globo y te dejas llevar suavemente y fácilmente hasta tu vida real, esa vida que dejaste atrás cuando subiste al globo por primera vez. Te sientes reconfortado y satisfecho mientras regresas (10 seg.). A continuación, has de permanecer relajado mientras reflexionas sobre unas preguntas.

¿En qué cambiaría tu vida si realmente pudieras hacer esas cosas que has vivido en tu ensoñación? (10 seg.). ¿Cómo cambiaría tu vida para mejor? (10 seg.). ¿Habría algún inconveniente? (10 seg.). ¿Se verían afectadas de algún modo aquellas personas que forman parte de tu vida si expresaras tu talento o habilidad? (10 seg.). ¿En qué cambiaría tu rutina de todos los días? (10 seg.). Piensa en estas cosas durante unos segundos (30 seg.).

Ahora vuelve a tu vida cotidiana. Acabas de recorrer un territorio muy extenso y ha llegado el momento de mezclar una serie de ideas que te han podido venir a la mente en diferentes momentos de tu ensoñación. Para ello, te presentamos una serie de preguntas cuya finalidad es ayudarte a centrar las ideas que tienes sobre tu talento oculto. Sólo pretendemos ayudarte, así que puedes saltarte con toda libertad cualquier pregunta que preferirías no contestar.

Este ejercicio exige que te centres en un talento no desarrollado que desearías formara parte activa de tu vida. Ello podría sirvirte de estímulo para que las actividades de tu vida cotidiana experimentaran un cambio. Así pues los efectos de este ejercicio podrían trascender del ámbito de este curso. Por ese motivo, se han incluido con las preguntas que figuran a continuación más comentarios que en la mayor parte de los ejercicios del curso. El objetivo de tales comentarios es ayudarte a decidir si has de realizar un gran esfuerzo en tu vida actual con el fin de desarrollar tu habilidad oculta, y darte unas cuantas ideas sobre algunas de las medidas que puedes tomar para lograrlo, en caso de que elijas hacerlo. Puede que te resulte útil leer cada punto y reflexionar sobre ello —pregunta y comentario— antes de escribir la respuesta a la pregunta.

1. ¿Qué talento, o afición, no expresado en tu vida actual optaste por explorar en este ensueño?

2. ¿Qué elementos de la fantasía del globo necesitaste para poner en práctica tu habilidad o afición? ¿Alguno de tales elementos es especialmente importante?

Para responder a esta pregunta has de indicar qué elementos de los aparecidos en la fantasía del globo te son necesarios para expresar tu talento o afición. Pueden ser cosas como provisiones, equipo, ropa especial, instrucciones, lo que necesites para realizar tu nueva actividad, sea lo que fuere. Es importante que sepas de qué se trata, porque antes de sacar a la luz tu talento oculto, has de saber qué cosas vas a necesitar para empezar. Se te pide que tomes nota de todo elemento que destaque, porque probablemente jugará un papel importante a la hora de hacer realidad tu fantasía. Su adquisición constituirá un primer paso en el proceso de desarrollo de ese nuevo talento o afición.

3. Examina el escenario adonde te llevó el globo. ¿Qué características hacen de *ese* escenario un marco apropiado para el desarrollo de tu talento oculto?

Esta pregunta se parece a la anterior. Al pedirte que analices qué tiene de especial el marco elegido en tu ensueño para el desarrollo de tu afición, se te insta a que tengas muy claro qué es lo que necesitas para que tu medio ambiente real sea el idóneo para el desarrollo de tu nueva actividad. Así, por ejemplo, puede que en tu ensoñación estuvieras escribiendo una gran novela. En tal caso, lo más importante, por lo que al marco se refiere, sería que el cuarto donde trabajaras fuera silencioso, confortable y estuviera lleno de obras maestras de la literatura universal. Dicho de otro modo, que la habitación te motivara a escribir. Así pues, si realmente quisieras sacar a la luz tus dotes literarias, ése sería un paso pequeño pero importante que habrías de dar, tal como te indica el ensueño. Podrías hacer un esfuerzo para crear un espacio —aunque fuera pequeño, sólo un rincón de un cuarto— que te ayudara a adoptar el estado de ánimo adecuado para escribir.

Por supuesto, tienes que analizar tu realidad. Es decir, has de decidir si es sensato alterar tu estilo de vida para sacar a relucir tu talento oculto. Así, por ejemplo, puede que en tu fantasía estuvieras haciendo *surf* en las playas del Caribe. En tal caso, tal vez no te resulte nada práctico introducir ese escenario en tu vida. Tendrías que evaluar si esa actividad es lo bastante importante como para justificar un cambio tan drástico de estilo de vida.

Esta reflexión va unida a la pregunta 4. Supongamos que decides que no puedes introducir en tu medio ambiente actual los cambios necesarios para copiar el escenario de tu fantasía. Podrías, sin embargo, incorporar a tu vida algunos de los elementos de ese marco, y ello bastaría para permitirte desarrollar tu habilidad oculta.

4. Piensa en las circunstancias, anteriormente citadas, que hacen que el escenario de tu fantasía resulte tan adecuado para la expresión de tu talento escogido. ¿Conoces algún procedimiento que pudiera ayudar al desarrollo de tales circunstancias en tu vida real?

5. ¿Cómo mejoraría tu vida si pudieras practicar esa afición con regularidad? ¿Te traería ello algún inconveniente?

Aquí se te pide que pienses en cómo esta actividad podría cambiar tu vida para mejor, y también en sus desventajas. Si tienes dudas sobre la conveniencia de sacar a la luz tu talento oculto, estas dos preguntas te ayudarán a ver con más claridad las opciones. En algunos casos, posiblemente decidas, con toda razón, que, por muy grata que resulte esa fantasía, sencillamente no sería realista el tratar de poner en práctica esa afición ni expresar esa habilidad.

Y es entonces cuando has de hacerte la siguiente pregunta. Con frecuencia es más importante tomar contacto con los beneficios que conlleva una habilidad o afición que participar activamente en ello. Así, por ejemplo, las cualidades subyacentes del *surf* podrían ser una serie de cosas como, por ejemplo, la agilidad y equilibrio físicos; ahora bien esto puede también conseguirse en el hogar o acudiendo a un balneario. O bien lo esencial de la fantasía podría ser la aventura, en cuyo caso el sujeto podría pasar algún fin de semana en lugares nuevos. Sea cual fuere tu talento o afición, has de intentar averiguar por qué disfrutarías tanto realizando esa actividad, y luego buscar otros sistemas para poder llevar a tu vida esos mismos influjos positivos.

6. ¿Existe algún procedimiento a través del cual puedas desarrollar algún aspecto de tu talento o afición sin realizar cambios importantes en tu estilo de vida actual?

7. Toma nota de dos posibles experiencias de vidas anteriores que hayan podido motivar la presencia de esa afición o talento ocultos.

Esta pregunta nos lleva al tema en que nos habíamos centrado en un principio. Piensa en tu talento oculto y relaciónalo con, al menos, dos situaciones de vidas pasadas que pudieran haber provocado esa afición o habilidad. Esto se parece a los ejercicios basados en casos reales que protagonizaban otras personas. En ellos se te informaba sobre las circunstancias actuales de unos individuos y tenías que adivinar las posibles causas, que arrancaban de vidas anteriores. La única diferencia es que aquí el caso real es el tuyo propio.

8. ¿Te gustaría hacer algún otro comentario relacionado con tu ensoñación sobre tu habilidad no expresada? Piensa en el influjo positivo que podría ejercer ese talento o afición en tu vida actual. Analiza también las ideas que pudieras haber sacado en relación con su origen en vidas anteriores.

Cuando hayas terminado de contestar estas preguntas posiblemente te vendrá muy bien tomarte un descanso. Puede ser éste un buen momento para cerrar el libro durante un rato, dejar de pensar en tus talentos y aficiones —desarrollados o no desarrollados—, y ver qué ideas podrías dar a conocer al día siguiente.

Sesión 10

Descubriendo Pistas Sobre Tus Vidas Pasadas a través de los Sueños, la Meditación y Tus Experiencias y Sentimientos Religiosos

Según las lecturas de Edgar Cayce, una de las formas mejores y más fiables de aprender cosas sobre nuestras vidas pasadas es analizar los sueños. En los sueños, tú eres tu propio vidente, eres el mejor vidente y el más seguro. ¿Por qué? Porque en sueños recibimos toda la información que necesitamos, en el momento adecuado, es decir, cuando estamos en condiciones de recibirla y podemos aprovecharla mejor.

Los sueños vienen hasta nosotros para nuestro bien. Vienen para ayudarnos y guiarnos, no sólo para satisfacer nuestra curiosidad. Por tanto, si tienes un sueño que revela cierto aspecto de una vida anterior, puedes estar seguro de que lo tienes porque la vida pasada que retrata está relacionada con cierta situación o problema que se te plantea en la actualidad. El sueño te ayuda a ver tus actuales circunstancias desde la perspectiva de una experiencia anterior. Te muestra los sentimientos, actitudes y emociones implicados en esa experiencia. Ello te proporciona unas ideas muy valiosas que no podrías sacar de otra fuente, unas ideas fiables que puedes aplicar inmediatamente a tu situación actual.

Puede que te preguntes: Si esto es tan importante, ¿por qué ninguno de mis sueños está relacionado con mis vidas pasadas? Y la respuesta es que probablemente lo esté. Lo que pasa es que no haces caso de los detalles contenidos en los sueños. Son cosas que muy fácilmente se pasan por alto, como, por ejemplo, los elementos del paisaje o del fondo, el tipo de edificios, el estilo arquitectónico o el vestuario de los personajes.

Cuando recordamos un sueño, a menudo nos fijamos tanto en los aspectos emocionales del mismo que pasamos por alto muchos indicios sutiles, aparentemente insignificantes, que pueden revelarnos cosas sobre nuestras anteriores encarnaciones. Podríamos pensar que estos retazos de información son como fragmentos de película, que por separado dicen muy poco y que, en cambio, cuando se unen y se pasa la película, el argumento se revela en su integridad.

Asimismo, los fragmentos que percibimos a través de los sueños pueden juntarse para componer una historia que podría haber sucedido en el pasado.

Pero para poder juntar estos fragmentos, es necesario tener antes una colección de ellos. Y para eso resulta sumamente útil tener un diario de sueños. Si no escribes tus sueños en un cuaderno especial reservado para tal fin, éste sería un buen momento para empezar. Descubrirás que es extremadamente valioso, no sólo porque te puede ayudar a descubrir tus anteriores encarnaciones, sino también por la orientación que va a proporcionarte en diversas áreas de tu vida actual.

Al llegar a este punto, tal vez desees consultar el Capítulo 5 de la segunda parte de este libro, que contiene diversas ideas y sugerencias sobre cómo escribir un diario de sueños. ¿Por qué no empiezas esta noche? Para ello tienes que dejar junto a tu cama, antes de acostarte, los instrumentos que necesites para escribir tu diario de sueños, y sugestionarte de que vas a recordar tus sueños. Y acuérdate de escribirlos en cuanto te despiertes, mientras los tienes muy recientes.

Si ya escribes un diario de sueños, descubrirás que te viene muy bien repasar tus primeras anotaciones para ver qué pistas se esconden allí. Y conforme vayas teniendo nuevos sueños, habrás de analizarlos para ver si descubres en ellos información sobre tus vidas pasadas. Aunque no hay reglas rígidas para determinar qué es una pista sobre las vidas anteriores, he aquí algunos indicios que *pueden* significar que la información tiene que ver con una encarnación anterior:

La presencia de objetos en los que se aprecia una influencia extranjera, como pueden ser un chal español, unas puertas de estilo francés y unos jarrones chinos.

El hecho de que tú u otros personajes del sueño lleven un traje característico de otra cultura o época histórica.

El que tú o algún conocido tuyo aparezca en un cuerpo físico de otro sexo o raza distinto del/de la que tú tienes en esta vida.

El que tú u otra persona hable en un idioma extranjero.

La localización del sueño en otra cultura o época histórica.

Y los sueños relacionados con viajes organizados, visitas a museos, e investigaciones en archivos y documentos.

Ahora vamos a examinar algunos ejemplos de la información sobre vidas pasadas que otras personas han recibido en sueños, y posiblemente comprenderás mejor qué es lo que has de buscar. Debes tener en cuenta, sin embargo, que tus sueños son mensajes que tú te envías a ti mismo. Están expresados en tu propio lenguaje individual, a través de tus propios símbolos. Lo que mejor puede indicar que un sueño dado ofrece información sobre vidas pasadas es tu propio convencimiento de que así es, con independencia de si se parece o no a los ejemplos expuestos más abajo.

Una mujer soñó que cerraba unas puertaventanas (o puertas de estilo francés) que tenía su casa. Por entonces, su proceso de divorcio se hallaba en la fase final. Esta mujer piensa que el hecho de cerrar unas puertaventanas (o puertas de estilo francés) significa que en el pasado se había encarnado en Francia al igual que su marido, y que la relación que había comenzado en esa vida estaba ahora a punto de terminar.

El diario de otro individuo contiene una descripción de un sueño cuyo protagonista ve un patio interior, en el cual han florecido las flores plantadas hace mucho tiempo. Esta persona está planchando un mantel español mientras mira al patio. El sujeto siente que está floreciendo una cosa proveniente de una encarnación en España, y se da cuenta de que se están allanando las dificultades que obstaculizaban su desarrollo.

A veces vemos a personas que conocemos en la vida actual, vestidas con trajes de otras épocas. Un hombre contó que había visto a su amigo vestido con una túnica griega. Piensa que esto indica que vivieron juntos en la Grecia clásica.

En algunas ocasiones hemos recibido en sueños información sobre nuestras vidas pasadas, antes de que se produzca en la vida actual la situación con la que se relaciona dicha información. Es como si nuestro inconsciente nos estuviera preparando para lo que se avecina. Por ejemplo, una mujer soñó que se ponía un manto semejante al velo oscuro que llevan las mujeres musulmanas. Poco tiempo después, su hijo se puso muy enfermo y tuvo que cuidarlo durante muchos años. Permaneció recluida en su habitación, sin poder relacionarse con otras personas, y se dio cuenta de que existía una gran semejanza entre la vida que llevaba ella en esos momentos y la existencia tan limitada que habían tenido las mujeres musulmanas en el pasado. Este sueño y la teoría de que había sido musulmana en otra encarnación, le permitieron hacer frente a su situación invocando las fuerzas que había acumulado en su vida anterior.

Otras veces, los sueños nos transmiten información sobre nuestras vidas pasadas a *posteriori*, es decir, después de que ha ocurrido un suceso determinado. Es como si tuviéramos que tratar de resolver una situación sin estar preparados para conocer la causa que nosotros mismos hemos activado. Por ejemplo, un hombre contó que había tenido una relación muy complicada con un amigo durante más de dos años. Le parecía que había sido traicionado en esa relación. Esto le resultaba muy doloroso porque pensaba que no merecía esa traición. Durante esos dos años oró y meditó para tratar de perdonar a su amigo. Y finalmente tuvo un sueño que le indicó que lo había logrado.

Poco tiempo después tuvo otro sueño. En él vio un gran libro abierto. Al ir pasando las páginas, vio unas imágenes muy vivas que ilustraban la historia de su vida en Francia, y comprendió que en esa vida él había traicionado a su amigo. Se dio cuenta de que todo lo que le había pasado en la vida actual era una repetición de la experiencia anterior, sólo que al revés.

Muchas personas cuentan que han tenido sueños sobre vidas pasadas parecidos a películas, con una ambientación, un vestuario y un argumento trágico. Una mujer contó que había soñado que era una esclava que trataba de escapar. Los esclavos fueron perseguidos por hombres a caballo, y finalmente atrapados y arrastrados hasta un claro que había en una selva pantanosa. La mujer se despertó aterrada.

Mientras tomaba nota de su sueño, se dio cuenta de que uno de los cazadores de esclavos era un hombre que ella conocía en la vida actual. Le pareció que el sueño explicaba el porqué de la aversión y el miedo que sentía con frecuencia hacia esa persona. Al darse cuenta del origen de sus sentimientos, trató de cambiar de actitud y de superar ese miedo y esa aversión. Un comentario marginal interesante es que aproximadamente un mes más tarde un amigo también soñó que ella era una esclava. Esto es especialmente digno de mención si tenemos en cuenta que por entonces ese amigo no sabía nada del sueño de esa mujer.

En algunos casos, los sueños son todavía más complejos y explícitos. Una mujer contó que había tenido un sueño muy largo en el que la llevaban de excursión. La excursión comenzaba en una antigua tumba egipcia. Su sueño era así: El guía, señalando con el dedo un mosaico en el que aparecía una reina egipcia de ojos azules rodeada de niños que jugaban a sus pies, dijo que esa reina era la reina de los ojos azules, una reina muy amada por las gentes a las que había gobernado. A continuación se produjo un cambio de escenario y le mostraron un bajorrelieve de bronce que representaba una lucha en la que participaban hombres a caballo, y el bajorrelieve se convirtió en una auténtica guerra mientras lo miraba. Luego la llevaron ante un gran mueble de estilo colonial americano, que aparentemente la redujo de tamaño. Tuvo que hacer un tremendo esfuerzo para alcanzar un cajón que había en la parte de arriba y abrirlo. Allí encontró una carta. Al mirarla, supo que la carta era para ella y que simbolizaba su sueño, que era un mensaje de su pasado.

Por supuesto, estas narraciones no son más que ejemplos de sueños que contienen indicios sobre experiencias de vidas pasadas. Todos somos distintos. Tú puedes tener tu propio sistema para encontrar pistas sobre tus encarnaciones anteriores. Y los sueños son la forma única y exclusiva que tenemos cada uno de nosotros de mostrarnos la verdad. Esa es la razón por la cual las lecturas de Cayce insisten en que el sujeto del sueño es la persona más capacitada para interpretar su propio sueño. Lo importante es que nos demos cuenta de que tenemos acceso a esa información, y que para desenterrar esos recuerdos lo único que tenemos que hacer es trabajar sobre nuestros sueños.

Las lecturas de Edgar Cayce con frecuencia instan a las personas a practicar habitualmente la oración y la meditación como medio para favorecer su desarrollo espiritual. Aunque generalmente se recomienda su utilización conjunta, oración y meditación no son la misma cosa. La oración puede considerarse como una llamada a Dios para que actúe en nuestra vida, en tanto que en la meditación permanecemos sentados en silencio a la espera de encontrarnos con Él dentro de nosotros mismos. Otra forma de decirlo es afirmar que cuando oramos hablamos con Dios y cuando meditamos, escuchamos mientras la voz de Dios que está dentro de nosotros nos habla.

El Capítulo 6 presenta una explicación más completa de lo que es la meditación, cómo se practica y cómo puede afectar a nuestra vida. Se incluyen sugerencias sobre los métodos de meditación, ahora bien las técnicas empleadas no son ni mucho menos tan importantes como la sinceridad en cuanto a las intenciones y la *regularidad* con que se practica. Pues, como sucede con cualquier técnica, la meditación ha de aprenderse. No es probable que percibas todo su valor tras una única sesión o al cabo de algunas sesiones muy espaciadas. Si piensas que la meditación podría ser beneficiosa para ti y, sin embargo, no la practicas con regularidad, éste es un buen momento para empezar a hacerlo.

Ahora regresemos al tema central de nuestro curso, y veamos cómo puede ayudarnos la meditación a conocer nuestras vidas anteriores.

A muchas personas se les indicó en las lecturas de Cayce que debían utilizar la meditación como medio para aprender más cosas sobre sus encarnaciones anteriores. Lo cierto es que este consejo aparece con tanta frecuencia en las lecturas que hemos de asumir que va dirigido a todos. ¿Cómo puede la meditación ayudarnos a recordar cosas sobre nuestras vidas anteriores? Puede que descubras que la meditación te hace recordar cosas de forma espontánea, mientras realizas tus actividades cotidianas. O quizá, tras meditar, recibas más información sobre tus vidas pasadas cuando sueñas. A veces la información sobre tus vidas anteriores llegará hasta ti mientras realizas el ejercicio de meditación.

Así, por ejemplo, un hombre se enteró a través de una lectura de Cayce de que había sido escritor y profesor en la antigua Grecia. Se le instó a que meditara no sólo para recordar sus experiencias con más detalle, sino también para recordar sus escritos. Se le dijo que, si bien los escritos originales habían sido destruidos hacía mucho tiempo, las verdades contenidas en ellos tendrían un gran valor hoy en día.

Otro supo que había sido profesor durante la Revolución

Americana. Se le pidió que meditara para avivar esos recuerdos, y que luego escribiera sobre ello, fundamentalmente sobre los recuerdos relacionados con la verdadera libertad.

En cuanto a ti, tal vez, al realizar algún ejercicio de meditación hayas creído encontrar reminiscencias de encarnaciones anteriores.

Estas experiencias pueden adoptar muchas formas. A veces, parece que suena algo, como le sucedió a una persona que siempre que meditaba creía escuchar el sonido de las campanas de una iglesia. Otras veces, el individuo es capaz de ver con los ojos de la imaginación imágenes de objetos y de prendas de ropa relacionados con una vida anterior. Así, por ejemplo, una persona preguntó a Cayce qué podía significar el visualizar en los ejercicios de meditación una pantalla de cobre y el Golfo de México. Y Cayce le dijo que esas visiones simbolizaban una vida anterior en la que primero había ayudado a su pueblo a conservar sus verdades y sus enseñanzas, y luego había atravesado el Golfo de México para llevar esas enseñanzas a otras tierras.

Al decidir utilizar la meditación como técnica para evocar vidas pasadas, podríamos creer que lo normal sería recordar encarnaciones que han discurrido en un marco religioso. Y así sucede con frecuencia, pues el simple hecho de sintonizar con nuestra naturaleza espiritual a través de la meditación puede hacernos recordar experiencias pasadas en las que nuestra atención estaba centrada en lo espiritual.

Por ejemplo, una persona contó que mientras meditaba profundamente percibió una catedral y se vio a sí misma como una monja en oración. Esa experiencia adquirió una mayor profundidad cuando sintió que se convertía en esa persona, que estaba arrodillada en el claustro de una catedral. Pero luego sucedió algo todavía más asombroso. De repente, mientras la monja rezaba la oración impresa en una estampa, se acordó de una época todavía más temprana, en la que también había sido monja y había escrito la plegaria que tenía en sus manos. Así pues, estaba tomando conciencia de tres encarnaciones al mismo tiempo: la mujer que medita en una habitación de su casa, la monja que reza en una catedral y una monja de una época anterior, vestida con unos hábitos mucho más toscos, escribiendo una oración.

Un médico que acudió a Cayce para que le dedicara una lectura supo que se había encarnado en la Tierra Prometida en los tiempos de la reconstrucción de Jerusalén y de su templo. Había formado parte del grupo que acompañó a Zorobabel hasta Jerusalén. Este hombre había sido miembro de la clase sacerdotal y había contribuido a dejar constancia de los acontecimientos. En la vida actual, cuando meditaba solía acordarse con regularidad de los servicios prestados en el templo. Cayce le dijo que esos recuerdos eran un reflejo de su vida anterior.

Sea cual fuere la modalidad o el contenido de los ejercicios de meditación, lo cierto es que a veces todo ello nos resulta totalmente ajeno, vislumbramos caras desconocidas, o lugares u objetos extraños. Pero otras veces, lo que visualizamos nos resulta muy familiar o nos recuerda vagamente algunos lugares que hemos visitado o sobre los que hemos leído. En algunos casos, tales experiencias pueden distraer nuestra atención y restar eficacia a nuestra búsqueda de la armonía a través de la meditación; pero en otros, harán que nos demos cuenta de que hay algo más. Por eso es muy importante realizar ejercicios de meditación con regularidad, antes de poder esperar que la meditación nos proporcione unas ideas que nos ayuden realmente en nuestra búsqueda espiritual.

Ejercicio A

Las preguntas que figuran a continuación tienen una doble finalidad. En primer lugar, tienen como objetivo ayudarte a conseguir información sobre tus vidas pasadas gracias al estudio de tus sueños o a la práctica regular de la meditación. Y, en segundo lugar, al darte la oportunidad de tomar nota de las ideas así obtenidas, estas preguntas deberían ayudarte también a saber apreciar cuán valiosos son el estudio de los sueños y la meditación, no sólo para llegar a conocer las encarnaciones anteriores, sino también para comprender muchos otros aspectos de la vida.

Es muy posible que descubras que en estos momentos no puedes dar respuesta a algunas de estas preguntas. Pero no te desanimes. Recuerda que tanto el estudio de los sueños como la meditación normalmente dan fruto despacio, tras haber practicado con regularidad durante bastante tiempo. Posiblemente sea éste el ejercicio del curso que haya que realizar de un modo más continuado, volverás a él una y otra vez, a medida que las futuras experiencias en el área de los sueños y de la meditación te vayan proporcionando una información nueva y útil, que habrás de registrar aquí. Actúa de este modo, siempre que te lleguen ideas importantes por esas dos vías. Es posible que la información sobre tus vidas pasadas tarde algún tiempo en llegar hasta ti a través de los sueños y de la meditación; pero cuando lo haga, descubrirás que es una de las informaciones más válidas y útiles a las que has tenido acceso.

1. De entre los sueños que has tenido, describe alguno que en tu opinión contenga información sobre tus vidas pasadas. Si tienes un diario de sueños, posiblemente querrás repasar tus anotaciones para ver si has pasado por alto algún detalle importante.

2. ¿Has tenido alguna vez sueños recurrentes, es decir, sueños que se han repetido varias veces a lo largo de tu vida? Analízalos despacio buscando en ellos algún indicio sobre tus vidas anteriores, y toma nota de esos detalles.

3. Describe alguna experiencia que hayas tenido estando despierto, y que te parezca que indica la existencia de una encarnación anterior. Has de incluir en cada descripción las circunstancias de la experiencia, cualquier idea que tengas sobre aquello que pudo causarla y la información sobre tus vidas pasadas que hayas adquirido gracias a dicha experiencia.

4. ¿Has tenido, estando despierto o soñando, alguna experiencia en relación con anteriores encarnaciones que, a tu modo de ver, pueda estar producida por la meditación?

5. ¿Has recibido alguna información sobre tus vidas pasadas mientras realizabas un ejercicio de meditación?

6. ¿Notas que existe alguna relación entre el nivel de "comprensión" que has alcanzado por lo que a tus vidas pasadas se refiere y el tiempo y el esfuerzo que has dedicado al estudio de los sueños y a la meditación? Para responder a esta pregunta no has de fijarte simplemente en el número de pistas sobre vidas anteriores que has recibido. Cuando hablamos de "comprensión" nos referimos a tu habilidad para ver las pistas que posees desde una perspectiva útil y utilizarlas constructivamente en tu vida actual.

7. ¿Te gustaría realizar algún otro comentario sobre el estudio de los sueños y/o los ejercicios de meditación? ¿Has obtenido alguna otra idea como resultado de tus esfuerzos en una de esas dos areas o en ambas? No te limites analizar si te has ente-

rado de cosas sobre tus vidas anteriores. Has de incluir aquí cualquier aspecto de tu vida actual que pienses que se ha visto favorecido gracias al trabajo realizado por ti en el área de los sueños y de la meditación.

Ejercicio B

Tal como podrían afirmar muchas personas que practican la meditación, el hecho de meditar con regularidad puede hacer mucho por aumentar la frecuencia de nuestras experiencias religiosas, así como su fuerza o su poder. Pero, por supuesto, también es posible que aquellos que no meditan lleguen en determinados momentos a sentirse cerca de Dios. Algunos piensan que el participar en los ritos formales de una religión escogida ayuda a sentir con intensidad el amor del Creador. Otros consideran que la oración en solitario sirve para tender el puente que nos une al Creador. Y un tercer tipo de personas toman una mayor conciencia del Infinito en aquellos momentos que pasan solos al aire libre, en medio de una gran tranquilidad, aun cuando no participen en ninguna actividad de las que normalmente se califican como "religiosas".

Las circunstancias en las que un individuo entra en contacto con el Divino son innumerables, y la variedad de palabras que es posible escoger para describir esa experiencia es muy amplia.

Al llegar a este punto, vamos a examinar tus pasadas experiencias espirituales, estén o no relacionadas con la práctica de la meditación y con tu actitud ante la religión. Ello puede ayudarnos de diversas formas.

El investigar el papel que la religión juega en tu vida actual puede proporcionarnos una serie de pistas importantes sobre anteriores encarnaciones en entornos religiosos. También podría sacar a relucir una serie de detalles que te ayudarán a saber discernir la parte importante de tus teorías sobre las vidas anteriores, descartando aquellas que tienen que ver con vidas en las que el fin perseguido conscientemente no era necesariamente el desarrollo espiritual. Además, al centrar tus pensamientos en lo espiritual, este ejercicio puede realmente avivar tus recuerdos de vidas anteriores. La reencarnación afecta al alma, que es por ello el almacén de nuestros recuerdos de vidas anteriores. Al apartar nuestra atención de nuestros cuerpos y de los sucesos externos, y centrarla en nuestro alma, es de esperar que tales recuerdos estén más a nuestro alcance.

1. ¿Qué temas relacionados con la religión te interesan en la actualidad? Indica qué prácticas y cuestiones religiosas son más importantes para ti en estos momentos, y en qué medida influyen en tu vida actual.

2. ¿Te gusta de un modo especial algún aspecto de las prácticas y cultos religiosos? ¿Existe algún aspecto que no te gusta?

3. ¿Sientes algo hacia aquellas personas que tienen vocación religiosa y entregan su vida? En caso de que reacciones de forma distinta ante el clero de distintas confesiones religiosas o distintos ambientes, o que tu reacción se produzca ante determinadas religiones pero no ante otras, por favor sé explícito a la hora de contestar. Por ejemplo, puede que reacciones de una forma ante los predicadores cristianos que aparecen en televisión, de otra forma ante los rabinos judíos, y que tu actitud ante los monjes budistas sea absolutamente neutral.

4. ¿Has pensado alguna vez que tenías vocación religiosa? ¿Cómo has reaccionado ante esta idea, o cómo reaccionarías? En este caso, también has de tener en cuenta tus sentimientos, en lugar de tus opiniones a nivel intelectual.

5. Describe las experiencias religiosas impactantes que hayas tenido en el pasado.

6. ¿Cuánto tiempo pasas solo? ¿Consideras que el tiempo que permaneces en solitario es un tiempo valioso para ti? ¿Hay alguna circunstancia en la que prefieras estar solo? ¿Tienen que ver esos momentos con tus experiencias o sentimientos religiosos?

7. ¿Participas habitualmente en alguna actividad que eleve tu espíritu?

8. ¿Tienes algo más que decir en relación con tus experiencias y sentimientos religiosos?

Sesión 11

Identificando Pautas o Modelos Presentes en Tu Vida

Hasta este momento, no hemos hecho sino reunir piezas, fragmentos de recuerdos inconscientes que han ido surgiendo en tus fantasías, rasgos de la personalidad, gustos, habilidades y aversiones. Ya es hora de analizar otra clase de pistas: las influencias de vidas pasadas que se dejan ver cuando examinamos las pautas o modelos presentes en tu vida actual.

¿Qué es una pauta o modelo? Sencillamente es algo que se produce en la vida repetidas veces, aun cuando los detalles concretos puedan variar. Así, por ejemplo, una persona podría descubrir la presencia a lo largo de toda su vida de un modelo o pauta consistente en tener problemas con aquellas personas que tienen poder, desde maestros de escuela en la infancia hasta jefes en la edad edulta. Cambian las personas, cambian los escenarios, incluso puede que varíe la naturaleza del problema. Pero la pauta o modelo subyacente, es decir, el no llevarse bien con los que tienen poder, permanece.

En algunos casos, los modelos surgen en la vida social. La cantidad de amigos que tenemos, la clase de personas que nos atraen una y otra vez, el daño que nos han hecho nuestros amigos, el apoyo que nos han prestado, todo ello son posibles áreas que podemos analizar si deseamos encontrar algún modelo en nuestra vida. Una mujer comprendió que una gran parte de sus amistades habían comenzado en el momento en que ella había tendido la mano a alguien que necesitaba ayuda. Eso era un modelo presente en su vida.

En las relaciones de amor abundan los modelos. Muchas personas han descubierto que siempre tropiezan con las mismas dificultades en sus relaciones amorosas, aun cuando cambie el sujeto, el marco, y las circunstancias particulares.

Y ¿para qué sirve el conseguir identificar esos modelos? Piensa que todos venimos a esta vida para cumplir determinados cometidos, desarrollar ciertos valores y superar ciertas debilidades. Incluso podemos pensar en preparar una agenda de trabajo para cada vida, en determinar las áreas en las que necesitamos crecer y evolucionar. Esta agenda, por supuesto, reflejará los puntos flacos que hemos puesto de manifiesto en el pasado y los logros personales que arrancan de vidas anteriores. Y sólo podremos cumplir lo contenido en nuestra agenda de trabajo si nos enfrentamos a circunstancias que nos permitan trabajar sobre lo que nos hemos propuesto llevar a cabo. Así pues, es lógico pensar que las situaciones que se nos presentan una y otra vez en nuestra vida social y laboral, en nuestras relaciones familiares y amorosas, e incluso en nuestras actividades crematísticas incluyen modelos que reflejan influencias de vidas anteriores.

Ejercicio

Puede que descubras en seguida algunos de los modelos presentes en tu vida, sin tener que reflexionar mucho para ello. Y, en cambio, es posible que otros sean algo menos evidentes. Las preguntas de este ejercicio tienen como finalidad ayudarte a identificar los modelos presentes en varias áreas de tu vida.

Analiza despacio estas preguntas y contéstalas lo mejor que puedas, pero no te quedes bloqueado si no te acuerdas de alguna respuesta. Lo importante es que tomes nota de lo que se te ocurra en cada una de las áreas tratadas. Este es uno de los ejercicios que probablemente requerirá que le dediques más de una sesión, y debes tomarte el tiempo que necesites para terminarlo. Párate cuando quieras y reflexiona sobre aquellas ideas que se te ocurran conforme vayas analizando cada uno de los puntos. La última pregunta de cada sección te dará la oportunidad de tomar nota de tales pensamientos.

Las personas que han realizado este ejercicio anteriormente han encontrado que lo más sencillo y práctico es hacer una serie de cuadros para contestar las preguntas. Cada cuadro servirá para un área de la vida. Verás que de ese modo los modelos presentes en tus respuestas destacan más, y se reconocen más fácilmente. Los diversos empleos, etapas de la vida y relaciones interpersonales tratados figurarán a la izquierda de cada cuadro. Las columnas estarán encabezadas por una de las preguntas de esa parte del ejercicio, escrita en forma abreviada. La última pregunta de cada sección se contestará después de completar el cuadro. Dicha pregunta requiere que hables en general sobre los modelos presentes en ese área de tu vida. Así, por ejemplo, el cuadro de la primera parte de este ejercicio, en la que se investiga tu vida laboral, podría ser algo así:

Empleo	¿Cómo lo encontraste?	¿Difícil de encontrar?	Duración del empleo	¿Disfrutaste mucho?	Etc.
Repartidor de periódicos					
Redactor de periódicos					
Bibliotecario					
Maestro de escuela					
Etc.					

16. Ideas relacionadas con modelos vocacionales:

Parte 1: Modelos Presentes en el Desarrollo de tu Vocación o en tu Vida Laboral

1. Indica todos los empleos que has tenido en tu vida. Escríbelos en orden cronológico si puedes, empezando por tu primer trabajo y terminando por el trabajo que realizas en la actualidad, o el que has realizado en último lugar.

A continuación, has de contestar las preguntas 2 a 15, que figuran a continuación, en relación con cada uno de los empleos que figuran en la lista que has confeccionado al contestar la primera pregunta.

2. ¿Cómo encontraste este empleo?
3. ¿Te costó encontrarlo?
4. ¿Durante cuánto tiempo has tenido este empleo?

5. ¿Qué es lo que más te ha gustado de este puesto de trabajo?
6. ¿Qué es lo que menos te ha gustado de él?
7. ¿Qué habilidades tuyas han resultado ser más útiles para la realización de este trabajo?
8. ¿Tienes alguna habilidad que, si bien no has utilizado en este trabajo, piensas que podría haber sido útil? ¿Cuál?
9. ¿Qué tal te llevaste con tu jefe en este trabajo?
10. ¿Qué tal te llevaste con tus compañeros de trabajo?
11. ¿Qué tal te llevaste con tus subordinados?
12. ¿Se te ha presentado con frecuencia alguna circunstancia favorable, o te ha sucedido a menudo algo positivo, mientras has permanecido en este puesto de trabajo?
13. ¿Se te ha planteado repetidas veces el mismo problema mientras has realizado este trabajo?
14. Si éste no es el empleo que tienes en la actualidad, ¿por qué lo dejaste?
15. ¿Deseas comentar alguna otra cosa en relación con este empleo?
16. Tras analizar la totalidad de tu vida laboral, ¿deseas hacer algún comentario sobre los modelos presentes en tu vida laboral o en tu actividad vocacional?

Parte 2: Modelos Presentes en Tus Actividades Económicas

Presta atención a todas las etapas de la vida que has experimentado hasta el momento actual: infancia (hasta los trece años, aproximadamente), adolescencia (desde los catorce hasta los dieciocho, aproximadamente), transición hasta la edad adulta (desde los dieciocho hasta los veintidós), primera parte de la edad adulta, mediana edad, tercera edad o jubilación. Has de contestar las diez primeras preguntas en relación con cada período, y luego la pregunta 11 que está relacionada con tu vida hasta estos momentos.

1. ¿Cuál fue tu principal fuente de ingresos durante esa etapa de tu vida?
2. ¿Cuál fue tu segunda fuente de ingresos?
3. ¿Qué persona controló fundamentalmente tu dinero?
4. ¿Qué tal manejaste tu dinero en esa etapa?
5. ¿Eran tus ingresos suficientes para hacer frente a tus necesidades?

6. ¿En qué gastaste fundamentalmente tu dinero, además de en cubrir tus necesidades básicas?

7. Cuando tenías algún dinero extra, ¿en qué te lo gastabas?

8. ¿Se vio tu economía afectada varias veces por una misma circunstancia o acontecimiento favorable?

9. ¿Se te plantearon repetidas veces determinados problemas económicos?

10. ¿Deseas realizar algún otro comentario relacionado con tu situación financiera en esa etapa de tu vida?

11. Toma nota de todas las ideas que se te ocurran en relación con los modelos económicos presentes a lo largo de tu vida.

Parte 3: Modelos Presentes en Tus Relaciones Familiares

1. Di el nombre de tus familiares más cercanos: madre, padre, padrastros, hermanas, hermanos, cónyuge, hijos y otros familiares de los que te sientas especialmente cerca.

Contesta las preguntas 2 a 8 relacionándolas con cada uno de los familiares que has nombrado. A continuación pasa al punto 9, la pregunta se refiere a tus relaciones a nivel familiar en general.

2. ¿Cómo describirías, en pocas palabras, tus relaciones con esa persona?

3. ¿Has tenido siempre el mismo tipo de relación con esa persona? En caso de que no haya sido así, ¿puedes recordar cuándo, cómo o por qué cambió?

4. ¿Qué es lo mejor de tu relación con esa persona?

5. ¿Qué ha sido lo más difícil o lo que más problemas te ha causado?

6. ¿Ha habido en esa relacion etapas positivas para ti?

7. ¿Ha habido problemas que se han ido repitiendo mientras ha durado la relación?

8. ¿Deseas hacer algún otro comentario sobre tu relación con esa persona?

9. ¿Se te ocurre alguna otra idea sobre los modelos presentes en tus relaciones familiares?

Parte 4: Modelos Presentes en Tu Vida Social

Contesta las preguntas 1 a 10 sobre tu vida social, relacionándolas con cada una de las siguientes etapas: preescolar, jardín de infancia hasta primero de EGB, segundo y tercero de EGB, de cuarto a séptimo de EGB, adolescencia o la transición hasta la edad adulta, la primera parte de la edad adulta, la mediana edad, la tercera edad o la jubilación. La pregunta 11 se refiere a los modelos sociales que se manifiestan a lo largo de toda tu vida.

1. ¿Tuviste suficientes amigos durante esos años?
2. ¿Cómo empezaron la mayor parte de las amistades que entablaste en esa etapa?
3. ¿Cuántas veces a la semana tuviste trato con esos amigos?
4. ¿Cuántos amigos íntimos dirías que tuviste en ese período?
5. ¿Cuáles fueron las actividades que más te gustó realizar con tus amigos?
6. De entre las experiencias que tuviste con tus amigos o en tu vida social, ¿cuál fue la que te ayudó más?
7. ¿Cuál de las experiencias que tuviste te resultó más decepcionante o te hizo más daño?
8. ¿Hubo en tu vida social sucesos o circunstancias favorables que se repitieron varias veces?
9. ¿Hubo en esa fase de tu vida problemas sociales que se repitieron una serie de veces?
10. ¿Deseas hacer algún otro comentario sobre tus amistades o sobre tu vida social durante ese período?
11. Toma nota de las ideas que se te hayan ocurrido en relación con los modelos presentes en tu vida social.

Parte 5: Modelos Presentes en Tus Relaciones de Amor
1. Di los nombres de aquellas personas con las que hayas tenido una relación amorosa muy intensa. Empieza por tu primer amor y continúa dando nombres hasta llegar a tu amor actual.

Has de contestar la preguntas 2 a 5 y 10 teniendo en cuenta cada una de tus relaciones amorosas. Los puntos 6 a 9 se refieren a las relaciones que ya han terminado. Y la última pregunta tiene que ver, una vez más, con los modelos que han perdurado en ese área durante toda la vida.

2. ¿Cómo conociste a esa persona?
3. ¿Qué es lo que primero te atrajo de él/ella?
4. ¿Qué sucesos o circunstancias agradables se repitieron una serie de veces, o persistieron mientras duró la relación?
5. ¿Hubo algún aspecto difícil que prevaleció o surgió repetidas veces?

6. ¿Cuánto tiempo duró esta relación?
7. ¿Cuáles fueron las razones fundamentales que motivaron su final?
8. ¿Quién puso fin a la relación?
9. ¿Cómo te sentiste cuando terminó?
10. ¿Deseas hacer algún otro comentario sobre esta relación?
11. ¿Te gustaría realizar alguna observación de carácter general en relación con los modelos presentes en tus relaciones amorosas?

Probablemente, habrás conseguido identificar unos cuantos modelos al contestar estas preguntas. Pero si todavía te cuesta reconocerlos, he aquí una indicación que puede resultarte útil. Si has realizado unos cuadros para contestar las preguntas, tal como te sugerimos al comenzar este ejercicio, repásalos nuevamente y lee las columnas en sentido vertical, es decir, de principio a fin. ¿Has observado si aparece en diversos puntos aproximadamente la misma respuesta, repetida dos o tres veces, o incluso más veces? Si así fuera, habrías descubierto un modelo. Así, por ejemplo, puede que en las preguntas sobre tu economía hayas contestado varias veces que otra persona controla tu dinero. O, quizá, hayas descubierto que siempre has sabido manejar bien tus bienes. Cada una de estas cosas constituye un modelo, que te dirá algo en relación con un valor, o con una debilidad, sobre el/la que tendrás que trabajar durante esta vida.

Una vez que hayas tomado conciencia de tus modelos, te darás cuenta de que esas pautas generales que operan en tu vida actual constituyen el pilar sobre el que descansan tus teorías sobre vidas anteriores. Y entonces todas las pistas que has ido recogiendo pasarán a ser los detalles que podrás utilizar para justificar esos modelos. Cuando lo hagas, los modelos te resultarán más evidentes, y podrás ver cómo se relacionan con las numerosas influencias a las que te ves sometido todos los días de tu vida. Las siguientes sesiones de este curso te guiarán a través de este proceso.

Sesión 12

Ensueños sobre Vidas Pasadas

En estos momentos, la ensoñación no es una experiencia desconocida para ti. Conforme has ido avanzando en este curso, hemos querido que hubiera un equilibrio entre el tiempo de imaginación y de reflexión, y el tiempo que has dedicado a examinar tu vida buscando pistas sobre tus encarnaciones anteriores. En esos momentos de reflexión y de fantasía has entrado en un estado de ensoñación, y probablemente has visto las cosas de un modo muy diferente a como las veías cuando razonabas lógicamente sobre las preguntas de algunos ejercicios.

Ahora ha llegado el momento de construir en base a las ideas que has ido reuniendo. ¿Cómo? Dejándolas a un lado y dando rienda suelta a tu imaginación. Aunque esto te parezca una contradicción, lo cierto es que tiene mucho sentido. Recuerda que tu mente consciente es sólo una parte. Tu mente consciente efectivamente te ha servido para realizar indagaciones y reunir ideas. Pero mientras esta actividad se ha desarrollado a nivel consciente, tu mente inconsciente también ha estado ocupada.

Ten presente que el inconsciente es el almacén de los recuerdos de tus vidas pasadas. Y mientras has realizado los ejercicios con tu mente consciente, tu inconsciente se ha visto afectado por los recuerdos que los ejercicios han ido despertando. Tu mente inconsciente —del mismo modo que el suelo es labrado, fertilizado y sembrado— ha sido preparada para sacar a la luz el fruto de la experiencia de tus vidas pasadas.

Ahora vas a tener la oportunidad de revivir esa experiencia en tu imaginación. El hacerlo te ayudará a comprender mejor alguno de los modelos que más te afectan actualmente. Puedes elegir cualquier modelo, positivo o negativo, para trabajar con él. El hecho de desarrollar una teoría sobre sus comienzos en una vida anterior te será muy útil en esta vida, tanto si tu objetivo inmediato es aprovechar al máximo su potencial positivo como si lo que pretendes es acabar con un modelo que te crea problemas.

Ahora vuelve a repasar los cuadros que completaste en la última sesión. Tómate el tiempo necesario para seleccionar un modelo en uno de esos cuadros. Vale cualquier modelo, con tal de que sea una pauta que te gustaría comprender mejor. Una vez que hayas escogido el modelo, tu labor consciente habrá finalizado de momento. Lo único que tendrás que hacer entonces será sentarte, ponerte cómodo, relajarte, y dejar que tu mente inconsciente realice su tarea, que consistirá en presentarte una escena extraída de alguna de tus vidas pasadas.

Tal vez quieras, antes de empezar, repasar rápidamente lo que dijimos sobre el ensueño en la segunda sesión. He aquí un resumen de los puntos más importantes:

1. Es fundamental que la mente y el cuerpo estén relajados. En la Sesión 2 de este curso presentamos unas instrucciones para la realización de un ejercicio práctico de relajación.

2. Es aconsejable que realices una grabación que contenga las instrucciones de la ensoñación o que te las lea un/a amigo/a, para que no tengas que trabajar con tu mente consciente mientras dure el proceso de ensoñación.

3. Presta atención a las pausas incluidas en el texto que figura más abajo, pero no te sientas obligado a realizarlas si su ubicación o duración no se adaptan a tus necesidades.

4. No interrumpas la experiencia para anotar tus respuestas a las preguntas formuladas en el ensueño. Limítate a tomar nota mentalmente de los detalles.

Piensa, durante unos momentos, en el modelo extraído de tu vida actual que constituye el foco central de esta experiencia. A continuación, prepárate para relajarte tranquilamente durante cierto tiempo. Ponte lo más cómodo posible, puedes estar sentado o tumbado. Tómate el tiempo necesario para realizar el ejercicio de relajación que consideres más eficaz. Cuando lo hayas terminado, pasa a la etapa siguiente de esta experiencia imaginativa dirigida.

Vamos a dedicar un ratito a hacerte comprender lo bien que se te da ver con los ojos de tu imaginación. Empieza por imaginarte cualquier habitación de tu casa. Puedes elegir cualquier habitación. Puede ser la habitación en la que has realizado el ejercicio de relajación, o cualquier otra (5 seg.).

Sea cual fuere la habitación que has escogido, imagínate a ti mismo entrando en ese cuarto. Estás de pie en la puerta de la habitación, ¿qué ves a tu alrededor? (10 seg.). ¿Cuántas cosas eres capaz de imaginar en relación con las puertas y ventanas de ese cuarto, por ejemplo? (5 seg.). ¿Cómo son las paredes? (5 seg.). ¿Cómo son los muebles, los adornos, las chucherías y demás objetos que viste en esta habitación la última vez? (10 seg.). Párate un momento y repasa mentalmente todo lo que puedes imaginar en relación con esta habitación (30 seg.).

Y ahora imagínate a ti mismo saliendo de esa habitación, saliendo de tu casa, saliendo al exterior. Te estás viendo a ti mismo yendo afuera (15 seg.). Ahora, estás de pie fuera de tu casa, imagínate las cosas que puedes ver. Empieza por lo que ves cuando miras hacia delante (15 seg.), luego gira despacio hacia la derecha y mira allí (15 seg.). Luego mira hacia atrás (15 seg.), y gira hacia la izquierda para mirar allí (15 seg.). Muy bien, estás aprendiendo realmente a ver con los ojos de la imaginación. ¿Ves lo fácil que es?

Ahora vamos a probar otra cosa. ¿Has visto en la televisión esas fotos tomadas desde un satélite que con frecuencia enseñan en los partes meteorológicos? Imagina que eres capaz de ver la Tierra desde allí arriba. Has de ver la Tierra como la verías si estuvieras por encima de las nubes, si estuvieras mucho más arriba (5 seg.). La Tierra se está convirtiendo en un globo gigantesco situado debajo de ti, y tú estás lejos, estás mucho más arriba, y observas cómo gira la Tierra más abajo. ¿No es asombroso lo que cambian las cosas vistas desde arriba? Todos los detalles quedan ocultos bajo las nubes, y lo único que ves es un gran globo que gira indolentemente allí abajo (10 seg.).

Sabes que te aguarda una experiencia en un lugar y un tiempo distintos. No sabes exactamente cómo va a ser esa experiencia, pero la prevés al ir acercándote al globo giratorio situado debajo de ti (5 seg.).

Y ahora imagina que eres arrastrado suavemente hacia ese globo. Las nubes son como suave algodón, y tú eres ligero como una pluma, mientras pasas por ellas, y te dejas llevar lentamente (5 seg.). Estás relajado, y una sensación de paz y bienestar te invade al tiempo que atraviesas las nubes, arrastrado hacia ese globo que gira despacio debajo de ti. Despacio, suvemente, silenciosamente prosigues... (15 seg.).

Y entonces, tan suavemente que casi no te das cuenta de que has aterrizado, te encuentras pisando tierra firme. Mírate los pies. ¿Qué ves en ellos? (5 seg.). Y mira la superficie sobre la que están tus pies. ¿Qué es? (5 seg.). Ahora, examina lentamente el resto de tu cuerpo y tu ropa. Luego mira hacia arriba despacio, empezando por los pies hacia arriba (10 seg.).

¿Qué es lo primero que ves cuando miras a tu alrededor? (5 seg.). Examínalo durante unos segundos, fíjate lo más que puedas en los detalles del lugar donde estás (30 seg.).

Y mientras permaneces de pie en el lugar donde has aterrizado, te das cuenta de la existencia de otras personas que pertenecen a esta época diferente y a este lugar distinto en que te encuentras. Fíjate en quiénes son y qué aspecto tienen (15 seg.). Empiezas a interactuar con ellos, tratas de hacerlo con la mayor naturalidad posible teniendo en cuenta la época y el lugar (15 seg.).

Y entonces te viene a la mente tu modelo, ese modelo que te gustaría comprender mejor. Y mientras examinas dicho modelo, empieza a desarrollarse una escena que deja todo bastante más claro. Del mismo modo que eres capaz de soñar por la noche, sin esfuerzo y dando muestras de una gran creatividad, puedes dejar que esta experiencia se desarrolle, sin que ello te cueste un gran esfuerzo, como sucede cuando sueñas. Tienes mucho tiempo. Sigue adelante con esta experiencia que está desarrollándose ante ti (2 min.).

A continuación, la escena que tenías delante empieza a difuminarse. Poco a poco, el mundo que has estado experimentando comienza a disolverse, y te das cuenta de que ha llegado la hora de regresar a tus actuales circunstancias. Al tiempo que la escena de tu ensoñación se desvanece, comienzas a ver con claridad el exterior de tu casa, y nuevamente te ves de pie fuera de la casa donde estás viviendo en estos momentos (10 seg.).

Pero algo ha cambiado. Ahora tienes una forma nueva de ver las cosas, y ello se debe a tu ensueño. Ahora te comprendes a ti mismo un poco mejor. Y has construido una teoría sobre ese modelo que tanto te había desconcertado. Dedica unos segundos a reflexionar sobre esto (30 seg.).

Ejercicio

Ahora, cuando tu ensueño está reciente todavía, es el momento ideal para plasmar sobre el papel las cosas que has visto, has hecho y has sentido. Puede que te apetezca escribirlo en forma abreviada, o puede que prefieras narrar en su integridad todo lo que has experimentado en tu ensueño. Cualquiera de los dos procedimientos es válido; simplemente, asegúrate de que lo que escribes servirá para que te acuerdes de los puntos más importantes, cuando lo releas o consultes posteriormente.

Una vez que hayas terminado de realizar esas anotaciones sobre tu ensueño, estarás en condiciones de iniciar el proceso de "embalaje o cobertura", en el cual utilizarás todas las pistas que has ido reuniendo hasta este momento para construir tus teorías sobre tus vidas pasadas. Para obtener mejores resultados, es conveniente dejar pasar un día o dos antes de pasar a la sección siguiente.

Sesión 13

Construyendo Tus Propias Teorías sobre Tus Vidas Pasadas

Ya ha llegado el momento de que construyas tus propias teorías sobre tus vidas anteriores. Has pasado mucho tiempo reuniendo pruebas, analizándote a ti mismo y analizando tu vida desde todos los ángulos imaginables. Cuando menos, ahora deberías conocerte a ti mismo mejor de lo que te conocías antes. Cualquier teoría sobre tus vidas pasadas que se te ocurra será simplemente una forma de interpretar los conocimientos que acabas de adquirir sobre tu persona.

Lo que sigue es algo esencial. Cualquier teoría sobre tus vidas pasadas es sobre todo importante por su utilidad para ti. Es bueno saber que lo que pensamos sobre nuestras encarnaciones anteriores es cierto, y es divertido tratar de comprobarlo. Pero, en último término, hay que calificar como buena aquella teoría sobre las vidas pasadas que da sentido a nuestra situación actual, porque nos ayuda a aprovechar al máximo las oportunidades que nos brinda esta vida.

Así, por ejemplo, una joven decidió que en una encarnación que tuvo lugar en el 1700 había sido mormona. Sentía que en esos tiempos se había dirigido al Oeste, había atravesado los Estados Unidos en un carromato con el fin de gozar de libertad religiosa. Esa teoría la llenó de excitación, le parecía cierta. El único problema fue que al investigar un poco descubrió que en el 1700 no había mormones, pues Joseph Smith no fundó esa secta religiosa hasta el 1830.

¿Podemos decir entonces que la teoría construida por esa mujer es un fracaso? No, decididamente no. Pues, aun cuando los detalles no fueran exactos, esa hipótesis le había enseñado muchas cosas sobre sí misma. El viaje en carromato al desierto americano le sirvió para darse cuenta de que tenía un espíritu aventurero. El tema de la libertad religiosa puso de manifiesto hasta qué punto era importante para ella el ser capaz de formular sus propias creencias. Además, le ayudó a dominar su tendencia a reaccionar con excesiva fuerza cuando le parecía que alguien ponía trabas a su libertad religiosa. E, independientemente de si esa mujer fue o no mormona en el 1700 o en otra época, su teoría ciertamente sugiere que debería estudiar la doctrina de esa secta para ver qué significado tenía para ella.

Por otra parte, puede que dicha teoría animara a esa mujer, que siempre había vivido en el Este, a ir de vacaciones al Oeste, cosa que siempre había deseado. Y ¿quién sabe qué experiencias podría haberle deparado el Oeste americano?

Este ejemplo muestra cuán importante es que comprendas que tus teorías sobre tus vidas pasadas tienen valor fundamentalmente porque te informan sobre cómo emplear la vida que estás viviendo en estos momentos. No obstante, a la mayoría nos gusta saber que vamos por buen camino, una vez que hemos formulado una teoría sobre nuestras pasadas encarnaciones. Nos gusta sentir que sabemos quiénes hemos sido y dónde hemos estado. Y ahí entraría en juego la labor de detective que has venido realizando hasta estos momentos. Has dedicado el tiempo necesario para estudiar a fondo tu personalidad actual, y has animado a tu inconsciente a operar con entera libertad. Eso es todo lo que necesitas para desarrollar una teoría sobre tus vidas pasadas que sea precisa y útil al mismo tiempo.

Ejercicio A

Al llegar a este punto es posible que tengas cierta idea, bien una vaga sensación o unos conceptos muy definidos, sobre tus anteriores encarnaciones. O, por el contrario, puede que todavía no veas con mucha claridad tus vidas anteriores. En cualquiera de los dos casos, vamos a tratar de construir unas teorías sobre tus vidas pasadas que sean claras en la medida de lo posible.

El primer paso que has de dar es tomarte el tiempo necesario para revisar cuidadosamente las respuestas a las preguntas de los ejercicios que has realizado hasta el momento. Debes releer tus respuestas y las notas que has tomado al realizar los diferentes ejercicios. Y al tiempo que te refrescas la memoria, presta especial atención a todo aquello que sobresalga de un modo especial, las cosas que te han sorprendido y las que parecen ser muy importantes.

Las preguntas que figuran más abajo te piden que indiques qué es lo que más te ha llamado la atención de los ejercicios que acabas de repasar. Puede que algo que no te pareció digno de recordar cuando lo escribiste haya cobrado una gran importancia a la luz de una idea con la que te has tropezado en la última etapa del curso. Por eso es importante que vuelvas a mirar los ejercicios de un modo global. Si contestas las preguntas despacio y con mucho cuidado, y juntas aquellas respuestas que te parezcan más importantes, podrás alcanzar esa amplitud de perspectiva que estamos tratando de lograr en este curso. Tómate el tiempo que necesites para completar este ejercicio antes de pasar a la siguiente sección.

Preguntas 1-18: Fíjate en las respuestas que has dado a las preguntas de las diferentes secciones y toma nota de aquellos elementos que te parezcan más importantes. Has de fijarte asimismo en tus observaciones generales y en tus ideas más notables, además de en las respuestas a las preguntas concretas. En la pregunta 19 se te pedirá que descubras la relación existente entre las respuestas que das a los siguientes dieciocho puntos.

1. Despertando recuerdos (Sesión 1).
2. El armario de la fantasía (Sesión 2).
3. Tú y tu entorno (Sesión 4).
4. Viaje alrededor del mundo (Sesión 5).
5. Pistas de tu cuerpo (Sesión 6, Ejercicio A).
6. Intereses de la infancia (Sesión 6, Ejercicio B).
7. Respuestas emocionales positivas (Sesión 7, Ejercicios A y B).
8. Temores y aversiones (Sesión 7, Ejercicios A y C).
9. Aptitudes, aficiones e intereses (Sesión 9).
10. Información proveniente de tus sueños (Sesión 10, Ejercicio A).
11. La meditación y las vidas anteriores (Sesión 10, Ejercicio A).
12. Sentimientos y experiencias religiosos (Sesión 10, Ejercicio B).

13. Modelos presentes en tu vida laboral (Sesión 11).
14. Modelos presentes en tus actividades económicas (Sesión 11).
15. Modelos presentes en tus relaciones a nivel familiar (Sesión 11).
16. Modelos presentes en tu vida social (Sesión 11).
17. Modelos presentes en tus relaciones amorosas (Sesión 11).
18. Ensueños sobre tus vidas pasadas.

Ahora que has terminado de revisar los ejercicios realizados hasta este momento, ya puedes juntar toda la información que posees. ¿Recuerdas la analogía del rompecabezas que mencionamos anteriormente? Pues estamos en esa etapa en la que hay que encajar o casar piezas. Así, por ejemplo, si resulta que la ropa que llevabas puesta en la Sección del Armario de la Fantasía era el traje típico de un país que te gustó especialmente en tu viaje alrededor del mundo, éstas serían dos piezas de tu rompecabezas que encajarían. O bien, imagina que descubres que tu mobiliario presenta claras influencias orientales y al examinar tu cuerpo decides que una de las pistas es que tienes unos pies muy pequeños y, por otra parte, eres una de esas personas que suelen someterse a los deseos de los demás. Fácilmente podríamos especular que estas pistas juntas sugieren un pasado en el cual fuiste una mujer oriental.

Las posibles relaciones existentes entre las diferentes pistas son tan complejas como la persona en sí, así que es importante que repases varias veces las contestaciones de los primeros dieciocho puntos de este ejercicio, buscando piezas que encajen. En estos momentos, es muy posible que no puedas situar todas las piezas. Es también muy probable que descubras que hay diversos grupos de pistas, y que algunas pistas encajen en más de un grupo. Eso es normal, porque lo probable es que las mismas influencias se dejen sentir en más de una vida.

Así, por ejemplo, una mujer enamorada de la cultura mexicana descubrió un conjunto de pistas que hacía pensar en una vida agradable y otro grupo que sugería una vida opulenta. Posiblemente esa mujer se encarnó dos veces en México, en una encarnación fue una mujer pobre y en la otra una mujer rica. Otra interpretación podría ser que los dos conjuntos de pistas indican la existencia de un conflicto de valores surgido en una única vida que se desarrolló en México. Con el tiempo y a la luz de otras informaciones que le vayan llegando, esta mujer podrá esclarecer su teoría de las vidas pasadas en México.

Lo importante es que el repasar y agrupar las pistas te hará reflexionar mucho sobre tus vidas anteriores. Las ideas que se te ocurran mientras buscas grupos de pistas interrelacionadas serán el núcleo en torno al cual se desarrollarán tus teorías sobre vidas pasadas, el núcleo alrededor del cual éstas cobrarán para ti una significación práctica. Teniendo esto presente, has de reflexionar detenidamente sobre el último punto de este ejercicio:

19. Examina tus respuestas a las preguntas 1 a 18 y toma nota de aquellos grupos de pistas que encajen unos con otros.

Ejercicio B

Al llegar a este punto, has ido lo más lejos posible en el análisis de tus pistas. Has reunido las más significativas con el fin de hacer una síntesis del trabajo realizado por ti en este curso. Y has buscado las semejanzas existentes entre las diferentes pistas y las piezas que encajan. Ahora ya puedes utilizarlas para construir una teoría sobre tus vidas anteriores.

El primer paso que has de dar es seleccionar una característica, una habilidad, una inclinación o un modelo positivos de entre toda la información que has reunido hasta el momento. Puede ser algo que salte a la vista, o bien una pista que esté más escondida, pero que, no obstante, despierte tu curiosidad. Puedes escoger libremente cualquier aspecto de tu persona que haya salido a la luz en cualquier sesión, la única condición es que sea positivo.

A continuación, trata de imaginar cómo pudo originarse esa característica en una vida anterior. Analiza todas las posibilidades que se te ocurran. En esta etapa has de pensar, razonar y contar historias. Dedica unos minutos a crear un guión relacionado con tus vidas anteriores que explique, justifique o incluso adorne tu pista. Si el dato con el que estás trabajando pertenece a un grupo de pistas, deberás tener en cuenta las otras pistas de dicho grupo y considerarlas como fuentes de ideas.

No importa que la pista que has seleccionado parezca intrascendente, siempre podrás hacer algo con ella. Vamos a suponer, por ejemplo, que caes en la cuenta de que casi siempre que sales a cenar en algún día señalado o para celebrar algo eliges un restaurante japonés. Efectivamente, puede haber muchas razones para elegirlo: tal vez, vayas allí porque es el único restaurante bueno de la ciudad, porque tiene mejores precios que los otros restaurantes, porque otra persona siempre te lleva allí o porque era el restaurante preferido por tu familia cuando eras niño. En todas las decisiones siempre intervienen muchos factores. Pero como nos interesa sobre todo detectar en ello un reflejo de anteriores encarnaciones, vamos a dar por hecho que tu elección se debe a la influencia de vidas anteriores.

¿Qué tipo de información puedes extraer de una pista como ésta? Primero, pensarás que una de tus vidas discurrió en Japón. En segundo lugar, podemos deducir que fue una vida agradable, porque va acompañada de celebraciones. ¿Qué clase de vida pudo ser? Para contestar esta pregunta has de ser un buen detective y explorar diversas posibilidades. Una teoría podría ser que tuviste una vida cómoda, tal vez fuiste comerciante, o incluso noble, y que la mayor parte de tus necesidades estuvieron cubiertas. Y el hecho de que te gusten tanto las especialidades de la cocina japonesa podría ser una especie de recuerdo físico de esa vida tan agradable. Por supuesto, si eres un buen detective, descubrirás asimismo un guión muy distinto al primero. Tal vez fuiste un pobre campesino japonés que nunca tuvo suficiente para comer, y has traído a esta vida el ansia de comer para saciar el hambre que experimentaste en tu pasado.

Al tiempo que construyes tu propia historia, has de tener muy presente que esto no es más que un ejercicio. Disfruta utilizando de este modo tu creatividad y dedícale el tiempo que quieras. Adorna esta historia con todos los detalles que se te ocurran, incorporando todas las pistas extraídas del resumen del curso que encajen bien. No te limites a contar lo que sabes, no expongas simplemente los hechos en sí o la historia documentada del lugar donde se desarrolla tu narración. Escribe todo lo que te venga a la mente, aunque te parezca que no tiene mucha relación. El tomarte esta libertad a menudo produce resultados sorprendentes.

Contesta las dos primeras preguntas que figuran a continuación, y luego pasa al punto 3 y escribe tu propia historia de tus vidas pasadas.

1. ¿Cuál es la pista positiva que has seleccionado de entre la

información que tienes sobre tus vidas pasadas, con el fin de trabajar sobre ella?

2. Indica qué otras pistas parecen encajar con la anterior. Puede que desees consultar la pregunta 19 del ejercicio anterior.

3. Escribe una historia que podría justificar la presencia de esa influencia en tu vida actual. Al escribirla debes contestar preguntas como: ¿Qué sucedió? ¿Cuándo y dónde ocurrió? ¿Por qué? ¿Qué personas participaron? Ahora ha llegado el momento de imaginar todos los detalles que quieras. Debes incorporar todas las pistas relacionadas con esa historia y dejar que tu imaginación se encargue de lo demás.

En la segunda parte de este ejercicio vas a contestar unas preguntas adicionales sobre tu historia. Pero antes de empezar a hacerlo, vamos a dedicar un minuto a comentar estas preguntas.

La primera te pide que expliques cómo, en tu opinión, se refleja esa influencia en otros aspectos de tu vida. Remitiéndonos al ejemplo presentado anteriormente, según el cual te gusta la comida japonesa, sería algo tan fácil como darnos cuenta de que también te encanta la seda fina y que tu vajilla preferida es de diseño oriental.

Si eliges una habilidad, podrías contestar explicando cómo utilizas esta aptitud en el momento actual. Una vez más, hemos de decir que no ha de tratarse de algo muy importante. Así, por ejemplo, una persona a la que se le da muy bien bailar puede indicar que se divirtió muchísimo una noche que fue a bailar, o que le gusta ver películas o programas de televisión en los que lo fundamental es el baile. La persona que tiene esa habilidad posiblemente ensaye algún baile cuando esté a solas en su casa y escuche en la radio una música apropiada. Por supuesto, si la influencia seleccionada es muy intensa, posiblemente se deje sentir todavía más en la vida del sujeto.

La pregunta siguiente es parecida. Se te pide que indiques todas las experiencias de tu vida actual que se asemejan a elementos de la teoría que has creado sobre tus vidas pasadas, sin fijarte en si tales sucesos tienen o no una relación directa con la pista escogida por ti. Vamos a suponer que una mujer se ha inventado una historia sobre un horfanato francés muy pobre para explicar la enorme paciencia que tiene con los niños en esta vida. Y si, además, esa persona se las arregla con muy poco para salir adelante en esta vida, cabe también deducir la relación existente entre esa característica y su teoría sobre sus vidas anteriores.

La pregunta 6 te pide que pienses de qué forma podrías utilizar tus inclinaciones y habilidades procedentes de vidas anteriores para mejorar tu vida actual. También en este caso, tu respuesta puede ser muy simple, o muy complicada si así quieres que sea. Volviendo al ejemplo de la persona a quien le gustaba celebrar cosas comiendo comida japonesa, posiblemente disfrutará también asistiendo a clases de cocina japonesa o decorando la zona de comedor con motivos japoneses. O tal vez desee leer libros sobre Japón para ver si le atrae igualmente alguna otra faceta de la cultura japonesa y de su estilo de vida. Tras pasar cierto tiempo investigando la cultura japonesa, puede realizar un viaje a algunos lugares del mundo con el fin de explorar nuevos lazos con otras culturas.

Estos consejos habrían de servirte para poder contestar las tres preguntas que figuran a continuación:

4. Indica aquellas facetas de tu vida actual en las cuales se refleja la influencia que has escogido.

5. Mientras construías tu teoría sobre tus vidas pasadas, ¿notaste alguna similitud con cosas que te han sucedido en tu vida actual? Puede que no estén relacionadas con tu pista inicial, y no es necesario que sean el núcleo de tu historia.

6. ¿De qué forma puedes utilizar las inclinaciones existentes en la historia de tus vidas pasadas con el fin de mejorar tu vida actual, de hacer que sea más entretenida y más productiva?

Se trata de un ejercicio que posiblemente desearás repetir varias veces, eligiendo, por supuesto, una pista distinta cada vez que lo repitas. Y lo mismo sucede con el ejercicio complementario que figura a continuación.

Ejercicio C

En el último ejercicio hemos explorado las posibles explicaciones que puede tener la presencia de una influencia positiva en tu vida actual. En este ejercicio vamos a ocuparnos de algunas influencias que no son tan positivas.

Nuevamente, el primer paso que has de dar consiste en volver a repasar las notas que tomaste al realizar el primer ejercicio de esta sesión, en el cual has resumido las pistas y las ideas más importantes reunidas por ti a lo largo del presente curso. Pero esta vez has de seleccionar una circunstancia molesta de tu vida actual, cualquier relación, modelo o temor que consideres que es un problema. Puede tratarse de una influencia muy importante o no tan importante, según quieras. Tal vez decidas abordar un problema que lleva muchos años preocupándote. O, como es está la primera vez que tratas de realizar un ejercicio de este tipo, quizá prefieras trabajar con algo que sea intrascendente, comparado con aquello. Puede que decidas centrarte en una debilidad física, un modelo que te crea problemas en cierta relación interpersonal, o simplemente una aversión poco clara a cierta región de tu país. Eres libre de escoger el aspecto negativo de tu vida que te apetezca sea cual fuere.

Cuando hayas terminado de repasar tus notas y hayas realizado la selección, deberás emplear tus dotes narrativas para componer un guión sobre tus vidas pasadas que justifique la existencia de esta influencia negativa en tu vida actual. Una vez más, has de tomarte la libertad de contemplar cualquier posibilidad. A veces, cuanto más locas son nuestras fantasías tanto mejor, pues de ese modo nos expresamos libremente, y a veces se manifiesta así nuestro yo verdadero. Has de acordarte de examinar las otras pistas que hayas agrupado con la pista seleccionada.

Ahora vas a realizar la primera parte del ejercicio, para ello has de contestar las tres preguntas que figuran a continuación:

1. ¿Cuál es la pista negativa sobre tus vidas pasadas que has seleccionado para trabajar sobre ella?

2. Indica las demás pistas que has agrupado con ella. Estas no han de ser negativas.

3. Escribe un guión sobre tus vidas pasadas que justifique la presencia de esta influencia en tu vida actual. En tu historia, has de describir qué sucedió, dónde y cuándo sucedió, por qué sucedió y quién participó en ello. Debes incluir todos los detalles que se te ocurran, por muy locos que parezcan, y recuerda que has de contar con las otras pistas que están relacionadas con la pista negativa que constituye el núcleo de tu historia.

La segunda parte de este ejercicio incluye los tres puntos que figuran más abajo. No obstante, antes de empezar a escribir tus respuestas a estas preguntas, posiblemente te sea útil leer el comentario que sigue a cada una de las preguntas.

4. Indica las elecciones realizadas por ti que refuerzan o mantienen la influencia no deseada que afecta tu vida actual.

Al señalar cuáles son las decisiones tomadas por ti que mantienen viva esa influencia molesta, analiza las situaciones en las que se pone de manifiesto ese aspecto de tu vida. Por ejemplo, vamos a suponer que no te gustan nada las multitudes. Para explicar la aversión que sientes, tal vez hayas construido una vida pasada en la cual te asustó e hizo que perdieras el control una masa de gente. Además, puede que te hayas dado cuenta de que en tu vida actual existe un modelo de comportamiento que refuerza esa influencia, como es el hecho de evitar el bullicio de las avenidas comerciales y preferir las tiendas a las que acude menos gente.

5. ¿Qué opciones te ayudarían a perder ese hábito? Esta pregunta nos hace avanzar un poco más en nuestra exploración. Y siguiendo con el ejemplo de la aversión a las grandes multitudes, para vencerlo podrías empezar a asistir a algún acontecimiento deportivo. Podrías evitar las aglomeraciones que se producen al comienzo y al final de tales acontecimientos llegando pronto al estadio y saliendo del mismo un poco antes de que finalice el encuentro. Más adelante, es posible que te veas a ti mismo visitando algún punto de interés turístico sin preocuparte lo más mínimo por las masas de turistas.

6. Describe una escena en la que te imagines a ti mismo realizando algo que te hará cambiar hasta vencer esa influencia desfavorable.

Este punto final no es una pregunta, más bien te da la oportunidad de desarrollar tu propio guión o plan de curación, que hará que cambien tales influencias. Para que cambien, posiblemente tendrás que perdonar a otro, o tendrás que perdonarte a ti mismo. Normalmente, se dan las dos cosas. A veces se tarda mucho tiempo en superar una de esas influencias, y es necesario trabajar mucho. Otras veces, se vencen en seguida. En algunas ocasiones, hemos de dejar que cicatricen las heridas, antes de poder tomar alguna medida positiva. Y en otras se puede pasar a la acción inmediatamente.

Hemos de hacer una advertencia para aquellos casos en los

que se nos plantean dificultades en nuestras relaciones con los demás. Es muy importante que tengamos en cuenta que estas influencias desfavorables son *nuestras* influencias, se derivan de *nuestros* recuerdos. Posiblemente nos cueste tener esto presente, cuando nuestros problemas tienen que ver con otra persona. Pero hemos de tener muy claro que debemos trabajar para cambiarnos a nosotros mismos, no para cambiar a otra persona.

La otra persona, aunque participe en esa situación, probablemente se verá influenciada por una serie de recuerdos muy distintos. Nuestras influencias y recuerdos no coinciden con los del otro. Por tanto, sólo podemos mejorarnos a nosotros mismos. Podemos hacer que mejoren nuestros sentimientos, nuestras emociones, y las reacciones que experimentamos ante las influencias y recuerdos provenientes de anteriores encarnaciones. El vencer los recuerdos desagradables procedentes de vidas pasadas es ciertamente una labor que se desarrolla dentro de nosotros. Es peligroso, inadecuado, nada eficaz y destructivo esperar una respuesta positiva por parte del otro cuando tratamos de utilizar nuestros propios recuerdos de vidas pasadas para cambiarlo según nuestros deseos.

El trabajar a nivel interno para superar influencias negativas procedentes de vidas anteriores nos da la oportunidad de triunfar, al igual que nos ayuda a alcanzar el éxito el basarnos en influencias positivas. Instrumentos como la oración, la meditación y el establecimiento de unos ideales pueden sernos muy útiles. Puede que desees utilizar estas herramientas más tiempo de lo que dura este curso. Descubrirás cómo su aplicación coherente ayuda mucho a superar las influencias desfavorables provenientes de anteriores encarnaciones.

Ten la seguridad de que, con independencia del tiempo que dediques a ello o del método que elijas, este esfuerzo puede ser uno de los más importantes que realices en esta vida, y ten paciencia contigo mismo. Y, sobre todo, has de darte ánimos a ti mismo y de atribuirte el mérito que tiene el hecho de estar dispuesto a cambiar.

Sesión 14

Tu Vida Futura

Esta sesión, la última de nuestro programa, te ayudará a analizar tu próxima vida, la que estás construyendo en estos momentos. No se trata simplemente de tener la oportunidad de ver el futuro; es también algo mucho más importante, tienes la oportunidad de tomar una serie de medidas que determinarán cómo va a ser tu futuro. Al mirar hacia delante, podemos hacernos una idea de adónde vamos. Si nos sentimos satisfechos con el curso que ha tomado nuestra vida, podemos seguir por el mismo camino. Y, por el contrario, si nos parece necesario, podemos empezar a tomar decisiones que nos llevarán en otra dirección.

Del mismo modo que nuestro pasado influye en nuestro presente, nuestro estilo de vida actual conforma nuestro futuro. Las impresiones que llevemos con nosotros al final de esta vida serán los recuerdos de nuestra próxima encarnación. Y siempre tendremos libertad para conducir nuestros pensamientos y acciones de tal forma que dejen una huella provechosa, y no una cicatriz dolorosa, en nuestra alma. De ese modo, podemos construir un futuro mejor y un mañana más dichoso.

Ahora, has de relajarte nuevamente, ponerte cómodo y respirar profundamente un par de veces. Realiza los preparativos que consideres necesarios para esta ensoñación, tanto si ello implica obtener la ayuda de un amigo, como si requiere grabar una cinta con el texto de la experiencia, o lo que fuere. Utiliza el procedimiento que te parezca más eficaz para relajar tu cuerpo físico y tu mente consciente. Deja a un lado las tensiones de tu mente y de tu cuerpo, de tal forma que al empezar a soñar despierto estés relajado, tranquilo, preparado para dar rienda suelta a tus pensamientos. Y cuando la historia de tu vida futura se haya desarrollado y hayas salido de esta experiencia, descubrirás que despiertas a esta vida con una nueva visión esperanzada de ti mismo y de tu potencial.

Imagina que estás de pie en la habitación que más te gusta de tu casa (5 seg.). Aquí te sientes cómodo. Te sientes bien contigo mismo. Tienes la agradable sensación de que estás sacando el mejor partido de tus aptitudes, que estás haciendo lo que necesitas hacer en esta vida (5 seg.).

Paseas la mirada por la habitación y te sorprendes al descubrir una puerta que no habías visto antes (5 seg.). Sientes una gran curiosidad por descubrir adónde lleva esta puerta. Te sientes muy seguro de ti mismo mientras te acercas a la puerta y la abres (10 seg.).

Cuando la puerta se abre lentamente, te das cuenta de que ésta es la puerta del futuro. Al principio, hay un suave resplandor al otro lado de la puerta, una luz que te atrae (5 seg.). Al tiempo que vas adentrándote en esa luminosidad, comprendes que más allá está tu próxima vida.

Empiezas a caminar más deprisa según te acercas a esa nueva vida (10 seg.). Empiezas a vislumbrar a personas que serán importantes para ti en la próxima vida, y lugares que formarán parte de tu experiencia (10 seg.).

Mientras vas adentrándote en aquello que se extiende ante ti, empiezas a comprender cómo va a ser tu próxima vida. Según va desarrollándose la escena, ves a personas que ya conoces y que se relacionan nuevamente contigo. Algunos desempeñarán papeles muy similares a los que tienen en estos momentos; otros desempeñarán papeles muy diferentes a los actuales. Y descubrirás nuevas causas para que estos individuos formen parte del grupo de personas que es importante para ti (10 seg.).

Tómate todo el tiempo que necesites para experimentar esta nueva vida. Reúne todos los detalles que puedas encontrar. No has de fijarte solamente en las personas y los lugares que aparecen en el guión de tu vida futura, sino también, y sobre todo, en lo que opinas sobre ti mismo en esa vida futura.

Deja que tu vida futura vaya desvelándose mientras quiera hacerlo. Que esa escena permanezca en ti el mayor tiempo posible.

Ejercicio

Cuando la historia de tu vida futura haya finalizado, has de contestar por escrito las preguntas que figuran a continuación. El fin que se pretende alcanzar en este caso es ayudarte a tener unas ideas más claras sobre lo que acabas de experimentar y que esta experiencia te sea lo más provechosa posible para tu vida actual.

1. Muy brevemente, o con mucho detalle si así lo prefieres, describe la experiencia que has tenido.

2. Indica cuáles son las influencias positivas existentes en estos momentos que imaginas jugarán un papel en la conformación de tu futuro.

3. ¿Puedes tomar ahora algunas medidas que intensifiquen tales influencias positivas, de tal forma que se dejen sentir en tu vida futura con tanta fuerza como te gustaría?

4. ¿Has percibido alguna influencia negativa que, aparentemente, pudiera afectar al futuro que has visualizado para ti?

5. ¿Se te ocurre alguna elección que puedas realizar en tu vida actual para reducir o eliminar los efectos producidos por esas influencias negativas en tu futuro? No te limites a exponer aquello que puedes dejar de hacer. Trata de presentar una o más alternativas positivas que puedan sustituir a acciones que en tu opinión podrían estar generando pautas o modelos negativos para tu mañana. "Voy a dejar de criticar innecesariamente a mi cónyuge", he aquí un primer paso que está muy bien, pero "Voy a elogiar a mi cónyuge por lo menos tres veces al día" probablemente será una medida más útil todavía.

6. ¿Deseas hacer algún otro comentario sobre el ensueño de tu vida futura?

Conclusión

Ahora que has llegado al final de este programa, es sumamente importante que comprendas que obtendrás los mayores beneficios y satisfacciones en las semanas y meses siguientes. Según vaya pasando el tiempo, te irás dando más cuenta de cuáles son las influencias de vidas pasadas que se dejan sentir en tu vida actual y aprenderás a utilizar mejor lo que has ido aprendiendo sobre ti mismo.

Son muchos los procedimientos a través de los cuales puedes avivar tus recuerdos de vidas anteriores. El más importante es su aplicación. ¿Por qué? Porque nuestro entendimiento nos ha sido dado para que lo utilicemos y llegue a formar parte de nuestra vida. La información que nos ha llegado sobre los valores que hemos desarrollado en nuestras encarnaciones anteriores nos hace ver con claridad las habilidades en las que debemos hacer hincapié en esta vida con el fin de hacerla más creativa y más plena. Por otra parte, al conocer las debilidades que hemos tenido en el pasado sabemos cuáles son las áreas en las que podemos modificar las elecciones que realizamos, con el fin de superar estos defectos.

Ya verás como según vayas operando con las influencias de vidas anteriores, aun cuando éstas aparentemente carezcan de importancia, descubrirás más cosas sobre ti mismo. Tus vidas anteriores se te revelarán, no sólo de forma fragmentaria, a través de los recuerdos o los sueños, sino en su integridad, lo cual posibilitará la identificación por tu parte de las diferentes encarnaciones que operan en tu vida actual.

Según vayas avanzando, descubrirás asombrado cómo se relacionan con tu vida ciertas personas, situaciones y acontecimientos que encajan con tus teorías sobre vidas anteriores y que por tanto contribuyen a confirmar lo que tú has descubierto. Es de todo punto posible que tales hallazgos resulten muy enriquecedores para ti, pues el hecho de comprender tu propio pasado te ayudará a hacer frente a las distintas situaciones de un modo constructivo y a amar a los demás. Y al tiempo que las ideas adquiridas por ti sobre tus encarnaciones anteriores vayan produciendo unos efectos positivos en tu vida actual, irás recibiendo confirmaciones adicionales sobre su validez.

Existen, por supuesto, otros procedimientos de los que te puedes valer para verificar tus hipótesis sobre tus pasadas experiencias. La investigación objetiva podrá ayudarte a explorar y confirmar aquellos aspectos de tus teorías sobre tus vidas anteriores que te resulten más misteriosos.

Puedes llevar a cabo una investigación tan seria como podría ser la comprobación de unos documentos históricos o tan intrascendente como el hecho de buscar cosas que te resulten familiares y ver si están presentes en tu entorno físico, en revistas o imágenes que has visto, o en las películas o programas de televisión que has visionado.

Puede que también desees comprobar la validez de determinadas teorías sobre tus vidas pasadas hablando sobre ello con algún amigo en quien confías. En tal caso, has de describirle a esa persona tus hipotéticas encarnaciones y preguntarle si ha observado la existencia en tu vida actual de alguna pauta o modelo que podría respaldar tus ideas, o por el contrario negarlas o bien añadir algo al respecto.

Al tiempo que acudes a esas fuentes externas en busca de algo que confirme tus teorías sobre tus vidas pasadas, has de tener muy presente que la comprobación más importante es la utilidad que tienen en tu vida actual. Debes sentarte a solas con regularidad para evaluar hasta qué punto el trabajar con esas influencias precedentes de vidas anteriores ha supuesto para ti una ayuda en tu vida actual o te ha dado esperanzas. Este es el mejor sistema para evitar irse por las ramas, para no verse tan inmerso en esas supuestas experiencias del pasado, que no se pueda vivir una vida fructífera en el momento actual.

Posiblemente repasarás varias veces los ejercicios y ensueños contenidos en este curso, tratando de obtener una imagen más completa de tu pasado. O, quizás quieras quedarte a solas para revisar tu trabajo, cuando veas surgir una serie de pautas o modelos nuevos. Incluso puede que desees repetir algunos ejercicios en su integridad, dando una serie de respuestas nuevas que bien añadan algo a las teorías sobre tus vidas pasadas que ya habías empezado a formular o sugieran otras encarnaciones que no sospechabas que pudieran haber existido. El día de tu cumpleaños, el día de tu aniversario o el día de Año Nuevo son momentos muy buenos para esta puesta al día.

Realmente no tiene límites la ayuda que puedes conseguir a través de este curso. Cada vez que leas sus páginas, tendrás la oportunidad de conocerte más en profundidad y de conocer más a fondo tu vida actual y podrás ver con más claridad las posibilidades que te brinda el futuro. Vayas donde vayas a partir de ahora, recuerda que debes tratarte con el amor y el respeto que mereces.

Buena suerte en tu nueva aventura.